十周年纪念珍藏版

中国式
管理行为

曾仕强◎著

北京联合出版公司
Beijing United Publishing Co.,Ltd.

图书在版编目（CIP）数据

中国式管理行为：十周年纪念珍藏版 / 曾仕强著.—北京：
北京联合出版公司，2015.8（2022.6重印）

ISBN 978-7-5502-5530-2

Ⅰ.①中…　Ⅱ.①曾…　Ⅲ.①管理行为—研究—中国
Ⅳ.①C936

中国版本图书馆 CIP 数据核字（2015）第 128722 号

中国式管理行为（十周年纪念珍藏版）

作　　者：曾仕强
出 品 人：赵红仕
选题策划：北京时代光华图书有限公司
责任编辑：王　巍
特约编辑：郄军席
封面设计：水玉银文化
版式设计：曾　放

北京联合出版公司出版
（北京市西城区德外大街 83 号楼 9 层　　　　100088）
北京时代光华图书有限公司发行
文畅阁印刷有限公司　　　新华书店经销
字数 279 千字　　　787 毫米 × 1092 毫米　　　1/16　　　22.5 印张
2015 年 8 月第 1 版　　2022 年 6 月第 7 次印刷
ISBN 978-7-5502-5530-2
定价：58.00 元

目录 Contents

I

‖ 第四章 ‖

沟通的真谛

‖ 第五章 ‖

人我的分寸

‖第十章‖
合理的兼顾

　　个案研究是学习管理的有效方法，但是在中国社会推行起来相当困难，因为我们自己的个案很难建立。由于我们的习惯，通常"报喜不报忧"，个案已经失真，研讨的结果势必大受影响。如果据实编写，则难免有好有坏，于是有些人不高兴，有些人会受害，甚至有些人会因而提出抗议，当然后患无穷。不得已退而求其次，拿外国的个案来研讨，就算殚精竭虑，费尽心思，结果大都不能切合国情，顶多收到脑力激荡的效果，对实际管理的用处并不大。

　　行为科学以科学方法对人类行为做有系统的研究，自 1950 年以来，对管理的助益，十分显著。不过，专门拿西方人的行为来研究，只能够明白西方人的行为，却很难了解中国人的所言所行，毕竟没有太大的用处。

　　本书尝试以中国人的行为，用个案分析的方法，以期从中国人的行为来看我们自己的管理。我们不采取完整的个案，以免涉入太深，引发很多后遗症。我们采取片段的事实来加以分析和说明，应该比较贴切。由于范围不够广泛，内容不够深入，仅能勉强分成基本的理念、工作的原则、沟通的现象、沟通的真谛、人我的分寸、两可的拿捏、是非的判断、凌乱的秩序、会商的技巧以及合理的兼顾等10个项目，分别予以探讨。

许多朋友都承认，我们不需要刻意强调中国式管理，但是中国的风土人情，却实实在在影响到中国人的管理，丝毫不容忽视。大家异口同声："运用中国人自己的方法来解决中国人的问题，的确事半功倍。"

有些人则认为：人的行为大同小异，中国人和外国人的行为说起来也差不多。这种看法很对，只是站在管理实务的立场，它刚好和理论界重视"大同"部分相反，强调的是必须注重"小异"的部分。所以我们常常指称中国人如何如何，实际上并不是"中国人如此，西洋人相反"，而是"中国人和西洋人在这些方面有程度上的差异"。不是"有"或"无"，而是"多"或"少"，才不至陷入"二分法"的不利困境。

还有一种常见的问题："究竟'中国人'的定义是什么？"我们的态度，秉持文化的立场："凡是接受中华文化，以中华文化为依据而言行的人，不论其血统、出生地、国籍为何，都是中国人。"如果根本不重视中华文化，甚或鄙视中华文化，不依中华文化而行的人，在我们眼中，都已经不算是中国人。

中国人当然可能产生若干偏差行为，违背中华文化。但是，这些人明白正道以后，若能回归原点，产生正当的行为，便是堂堂正正的中国人。

有些人对中国人怀有成见，以致一辈子不了解中国人的行为，因而也不明白中国式管理的真谛。有些人则自以为既然生为中国人，当然知道中国人的所言所行，不愿意花费时间和精力来研讨中国人的行为。这两种"过"与"不及"的心态，正是今日众多中国人不了解中国人行为的基本原因。

由于我们的包装哲学和西方人有很大的差异，中国人的行为，很不容易依照西方的标准来省察和评估。当代中国人的毛病，事实上就是喜欢用西方的观点来观察中国人的行为，以致样样看不惯。但是内心深处，却又存在着某些中国人的牢不可破的观念。看的、想的是一套，做的又是一套，逐渐增强今日中国人"嘴巴上说得好听，实际上办不到"的恶习。久而久之，口是而心非，形成言行不一致的习惯，更为不幸。

出版本书，是希望大家能够把管理的道理，依据中国人的行为，切实付诸实施，并求其圆满而有效。

许多朋友表示，书中的案例经常能遇到，而所提解决方法，的确也给予相当的帮助。这些鼓励，使我们在明知不够齐全的情况下，仍然提前付梓，以期抛砖引玉，有更多高明之士，来做这一方面的研究。

世界上的事情，看起来十分复杂。然而归纳起来，不外乎若干类型。平日把这些常见的个案放在脑海里，什么时候遇到类似的情况，便可以将相关的问题和可行的方案，一并纳入考虑。对于解决当前的困难，研判未来的发展，应该有相当的助益。尚恳各界贤明，不吝指教为幸。

曾仕强

序于兴国管理学院

中国人的管理行为特性

我们只有一个地球。西方人从西方看地球，东方人从东方看地球，竟然产生两种不同的看法。影响所及，形成东西方管理行为的差异。

西方人观察宇宙万物，发现所有生物，都发端于一个基本细胞。基本细胞分裂为二，二分裂为四，四分裂为八，这样发展下去，终于形成植物、动物与人类。

中国人考察宇宙万物，发觉"易有太极，是生两仪，两仪生四象，四象生八卦。"如此生生不息，和西方科学所发现的事实，可以说完全一样。

中西双方都认为宇宙万物，都是一生二所衍生的结果。

但是，进一步推究"一怎么能生二"时，彼此就有了不同的看法。

西方人认为"一个基本细胞分裂为二"的原因，是由于"二构成一"（马绍伯先生指出：二构成一，就二看，是两种现象）。"二构成一"，当然很容易分裂为二。

我国先哲也肯定"太极是阴、阳所构成的单元",不过"二构成一"之外,尚有"一内涵二"的用意。(马先生说:"一内涵二,就一看,则两种现象皆发于同一本体,老子所谓'同出而异名',正是如此。")

西方重视"二构成一",总是以个体的对立看事物:公司有劳资方的对立;同人有优劣的对立;企业生存竞争,亦有其冲突的对立。

中国古人认为对立固然存在,却也相辅相成。由"一内涵二"的取向不难发现"对立存在于统一",所以《中庸》说:"万物并育而不相害,道并行而不相悖。"(万物同时生长而彼此不相妨害,道理一齐实行而彼此不相违背。)有公司才有劳资方的存在,彼此应该互信互谅;同人间有优才显得有劣,有劣也才显得有优,大家应该互助;有同业的竞争,才能力求精进,必须合理合法以谋公平合作。

"二构成一"在管理上产生西方人"一切依据是非来判断"的科学化行为。对就是对,错就是错,相当简单明了。

西方管理,喜欢问:"Which is right? A or B?"而他们的答案,往往都很肯定,不是"A is right",便是"B is right"。若是"A is right",那么A就成为共同遵守的标准;如果"B is right",那么B就顺理成章地成为标准。他们把判断是非的结果,明定为公是公非,称为"标准化"(用科学的方法,研究制定事物的标准,并力求切实施行)。

为求组织成员共同遵行既定的标准,必须一切说清楚,同时要求符合同一标准,于是明定为制度。大家一体遵行制度,叫作"制度化"。

制度是组织所有成员一切分工合作的基本规范,是管理的出发点。任何成员,其行为合乎制度的即为"对"的行为,否则便是"错"的行为。前者为组织所欢迎,后者则为组织所不许。

A和B之间,有一条直线(如图1)。A大于B则A对,B大于A则B对。是非有所争执的时候,采取"多数决"的民主方式,居于A和

B 的彼此"制衡"，来决定孰是孰非。争执获得协议之后，立即修订原有的制度，成为今后未再度发生冲突之前的标准。

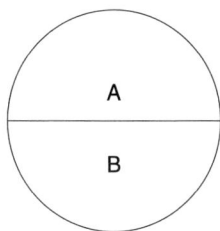

图 1　二构成一

西方的"二构成一"观点，形成他们的"制衡思想"，并发展为经由谈判，分出大小或是非，以便共同遵行的"制衡行为"。

这种行为，其理论基础乃是"个人主义"（individualism）。"谈判"指"满足各自的需要而进行的交易"，"是非"在确立个人的权利与义务，而"制衡"则在维护并增强个人的权益。

"一内涵二"在管理上产生中国人"圆满重于是非"的人性化行为。我们常说："这样做是对，可惜不够圆满。"可见"把事情做对未必就是把事情做好"，中国人要求"把事情做好"而非仅止于"把事情做对"。

中国人当然也问："甲对或是乙对？"只是答案很少是"甲对"或"乙对"，却多半是"甲对，乙也不见得错"或"乙错，甲又能对到哪里去？"除非实在是十分明显而简单的事情，否则我们总觉得"是非难明"！

中国人重视是非，却更了解粗理很好讲，任何人开口便可以说一大堆道理；细理不好讲，仔细推敲起来，每一个人所说的道理都存在着若干疑难；微理很难讲，再深究下去，到了十分精微的地方，似乎永远说不清楚；玄理犹可讲，没有办法时，往往会把道理说得玄而又玄；妙理不可言，真正的道理"多半妙不可言"，同时觉察"语言、文字本身就是一种沟通的障碍"，因而非常谨慎，不敢擅下判断。所以老子说："道可道，非常道。"（能够说得清楚的道理，已经失去它的普遍性，带有某些特殊性了。）

相信资深的主管，都有这种经验：某件事情出了差错，关系者一共只有甲、乙、丙三人，甲说得理直气壮，但是乙、丙又何尝不是如此？我们常常指责中国人爱说理由，个个都是找借口专家，弄得主管左右为难，不知谁对谁错，实在与"公说公有理，婆说婆有理"有相当密切的关系，因为道理人人会讲，是非却很难明断！

我国的太极图像，并非凭空玄想而来。太极代表"圆满"，根本上是一个主体。在此同一主体内，产生"是""非"两种相异的现象。"此亦一是非，彼亦一是非"，成为中国人的"太极思想"，发展为"听一句话，要先问清楚究竟是谁说的，以便决定是否遵行"的"太极行为"。

这种行为，其理论基础即为"交互主义"（mutualism）。中国人既不完全奉行"个人主义"，也不完全奉行"集体主义"；中国人既有"个人主义"思想，又有"集体主义"思想。常听到中国人说"输人不输阵""团结起来才有力量"，但是言犹在耳，发现情势不对，率先溜之大吉。然而却有人说到做到，临阵绝不脱逃，至死不渝。中国人的原则，完全居于"看你对我如何，我就如何待你"的"交往"性，通俗地说，叫作"彼此、彼此"。

我们放眼看去，宇宙万物无一不是圆弧形的。凡直线形的，都是"人为"的，而"人为为伪"，形式化的东西，中国人比较不喜欢，其道理在此。

太极思想，彼此之间不是一条直线，却是阴阳对称、自然顺畅的圆弧曲线（如图2），形成管理上"不明确"的"分寸"。中国人必须善于把握自己应守的分寸，无过与不及，的确相当困难，需要历练与智慧，因此有些人十分厌恶，甚至到了怨恨的地步。

日本人学习中国文化，便是由于智慧的限制，无法变化自如，所以学到后来，既没有曲线，也没有直线，只剩下一个圆形的外壳（如图

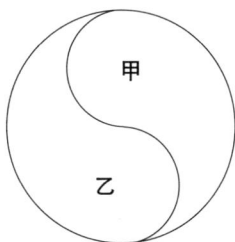

图2　一内涵二

3）。日本人自称"大和民族"。大者太也，和即是顺，说起来就是"过分求圆满"，形成"太顺的'事大主义'"。

图3　大和太顺

"太顺"的部属，绝对服从的结果，固然有利于力量集中。但是，万一决策有重大的错误，而此一决策者又"大而有力"，则大家盲目服从，势必害己害国。历史上日本军国主义盛行，自杀飞机愚行，大屠杀蛮行，不就是最好的证明？

日本人为了寻求"大和"，往往弄得没有是非。他们一心一意追求利益，成为世人轻视的"经济动物"。"日本第一"中蕴含着重大的危机，因为他们缺乏适当的制衡，活像一辆刹车不灵的汽车，走顺路时很愉快，危急时真不敢想象。

"大和思想"发展为日本人"一不怕死、二不怕苦、一切为团体荣誉而努力"的"大和行为"。其理论基础即是"集体主义"（collectivism）。

太极行为的根源，是"人性"。凡人皆有喜怒哀乐之情，未发时谓之中，发而中节便是和。中国人所讲求的"和"，是"用"的一种境界，而其"体"则为"中"。体不离用，用不离体，其间的不同，只在已发与未发。未发的"体"，没有不善的；已发的"用"，便有善有不善。《中庸》特别指出"发而皆中节，谓之和"，就是说明我们所追求的"和"，乃是已发的善的情，而摒弃了不善的情。

成中英先生以孔子"一以贯之"的纵贯和横贯两种关系来解释"持中致和"的道理。他说："'和'是横的一贯，'中'是纵的一贯。文化本身应该有中与和的道理，这是中国哲学最基本的智慧。"西方人，特别是美国人比较简单，凡事只要想到自己的权益，"不要让自己的权利睡着了"，每一个人都为自己而争，最后总能达到制衡的结果。"两人独立，个人自由"所产生的个人行为，因利害关系相结合，"A friend in need is a friend indeed"，成为美国人坚强的信念。

日本人也相当单纯，凡事只需顾及对方，比比"究竟谁比较大"。你大我听你的，我大你听我的。这种"上级生"精神，成为他们的行为准则。

中国人就很复杂，不但想到"我"，还要顾及"你"，更不能忘掉"他"。我们上下、左右、前后都必须同时深思熟虑，面面俱到，才不会不知不觉中树敌，招来无穷的后患。在横的方面，要"和"，对任何人的感情，都应该发而皆中节，保持恰到好处的人际关系。在纵的方面，要"中"，对于人事的处置，应该有自己的原则，时时刻刻都不离这一根本。中国人不能不坚持原则，否则人家会批评他"没有定律""缺乏制度"，甚至"胡作非为"。坚持原则又不能到处得罪人，弄得鸡飞狗跳，妨害安宁。"持中致和"即是既要坚持原则又能和谐相处，所以"和"就是广结善缘，用"广结善缘"来"坚持原则"，既会做人又能做事，叫作"致中和"，乃是真正的圆满。

不能"致中和"，结果必然"和稀泥"。今天大家由于痛恨和稀泥而怪罪致中和，有似"一朝被蛇咬，十年怕井绳"，未免因噎废食吧！

太极行为是人性化管理的表现，目标放在"致中和"。现代有些人不明了"太极行为本身十分正确，只是长久以来过与不及，产生不少弊病"的真相，铁口直断其为偏差行为，再加上不断采取西方或日本标准来测试，愈看愈觉得落伍而毫无价值。我们不妨改称为"中和行为"，以免引起不必要的误解与无谓的争议。

中和行为的第一特性是"不执着"，中国人满脑子"那可不一定"，增加了管理的困难，诸如：

1. 不容易听信别人的话。

2. 不重视团体规约。

3. 不完全遵照上级命令行事。

4. 不认真接受工作规范。

5. 不相信企划。

6. 不能真正科学化。

7. 不容易完全标准化。

8. 不能够大家一致，总认为我应该特别。

高阶层主管，对同样一件事情，可以表示"关切"，也可能十分"震怒"，完全视情况而变异，目的却只有一个：先表明和自己没有关系，再看做这一件事情的人是谁，可能引起什么样的后果，然后来调整后续的反应。

中阶层弄不清楚高阶层究竟会"关切"还是"震怒"，当然有责任尽量往下推卸，以便"关切"时跟着"关切"，"震怒"时跟着"震怒"，安全第一。

基层人员经常"押宝"，有时押对有时押错，久而久之，干脆不押，凡事能推即推，能拖即拖，否则也咬文嚼字以察言观色，多方斟酌而模棱两可，我们能责怪他吗？

"不执着"在管理上有许多好处，例如：

1. 头脑灵光。善于应变，对于变动快速的环境具有良好适应力。

2. 自动调整。在工作进行中，能随时适机调整，不断随机应变，以求达成目标。

3. 弹性应用。具有极大弹性，能承受企业内外环境变迁带来的多种压力。

4. 把握情势。有利的情势来临时，能及时加以把握，不受原定计划的限制。

5. 不畏艰难。水来土掩，兵来将挡，天大的困难，中国人只要有心去做，都有办法解决。

"人"和"机器"的比较利益，仅在于人有较大的弹性。我们现在极力设法增大机器的应变力，仍然和人有一大段距离，所以机器永远无法完全代替人。

中国人的"不执着"，正是弹性大的表现；美国人看日本人变来变去，没定准；日本人看中国人简直飞来飞去，没定处。中国人不执着的特性，堪称世界之冠，说得难听一点，中国人喜欢变鬼变怪；好听一些，中国人擅长应变创新。"变鬼变怪"其实就是"应变创新"，这是中国话的奇妙，因为中国话一如中国人那般：不确定啊！

台湾地区近几十年来的经济发展，是不是和我们"不执着"的行为特性密切相关呢？请深思后再下断言。

"致中和"的第二特性，是"不受管"。中国人经常说"谁要你管？"却很少听到"请你赶快来管我"这一类的话。

"我做了这么多年，难道还要你管？""你想管我？先把你自己管好再说！"

任何主管，要管他的部属，他的部属一肚子不高兴，心里盘算着：

"好，你想管我，那么我就想办法气你。不把你气死，你就老要管我！"结果主管多半真的被气死了，因为中国人多的是气人专家。

人不能管，谈什么管理呢？不用担心，中国人有的是办法。我们的管理态度是：先看能不能管。能管就管，不能管的人，要"理"。你理他，他才会理你。如果再理不好，那就应该"安"他，你尽力安他，他自愿卖力，这是中国人最高明的"安人"。安人比理人高明，理人比管人有效，可惜大家一心一意想要管人，才把人与人之间的关系搞乱了，也不可能好好工作，谈不上什么绩效。

我们常问道："人都安顿好了吗？"答案如果是"安顿好了"，则非常放心，一定没问题。西方人说"OK"，中国人一句"安啦！（放心吧！）"比它更为灵光。

"不受管"会增加管理上的许多麻烦，诸如：

1. 不喜欢承受压力。愈是压他，他愈是表面应付，内心不愉快。

2. 不爱看规约。你要他签字，只要大家签他就跟着签，很少会认真去看，更谈不上记在脑子里。

3. 不愿意上级不断盯住他。要他这样，要他那样，他表面上在听，实际上未必以为然。

当然，"不受管"也有许多好处，例如：

1. 不必管他。善于领导的主管，懂得安他、看得起他，让开一步不去管他，他就会自动去做。

2. 不必操心。操心根本没有太大的用处，因为你越急他越不急。只要安他，让他身安心乐，他就会自动去操心，变成他急你不用急。

3. 不必制衡。中国人不喜欢被管，本来就是一种制衡，用不着再多方设法、安排制衡的力量，到头来不过流于形式。譬如我们原来并没有什么工会的组织用来和资方对抗。现在学西方的方式，也组织起工会，到头来被少数人所控制，变成交换利益的工具，结果工会不像工会，大家心里反而不服气。

中国人的"不受管"，也是不一定的。当他做得顺手的时候，最讨厌人家管他；但是一旦遭遇困难，特别是走投无路的时候，他就会大声喊叫："为什么你都不管？"

需要时要你管，不需要时又不要你管，这才是中国人不受管的真相。中国人"不"之中含着"要"，"不要、不要"然后"要"，"不露、不露"然后"露"，"不会、不会"然后比任何人都"会"，实在值得我们好好体认一番。

"不受管"含有"受管"的成分，关键在于"需要"。贤明的管理者，应该让他觉得有需要才来管他，亦即平时早有充分准备，只待时机来临，亮出锦囊妙计，而不是和部属一起在困境中愁眉苦脸。预测、前瞻不是平日说着玩的，却是紧急时要露一手的。

"致中和"的第三特性，"爱讲理"。现在我们对"情、理、法"有着很大的误解，一直用西方"排在前面的为优先"的"排队"观念来看，认为中国人最重视的是"情"。殊不知中国人有其"居中为吉"的次序观，"情、理、法"三者，"理"居其"中"，所以最为重要。"情、理、法"在中国人心目当中，可以说同等重要。但是，真正比较起来，还是理更重要。

中国人很重视"理"，表现在"人人爱讲理"的行为上，我们一再流传："读书，要明理""做人，要懂得道理"。深信"有理走遍天下，无理寸步难行"，因而"理直自然气壮"。遇到争执，总是"请老先生评评理"。事实上，中国人最受不了的一句话乃是："你这个人怎么不讲理！"

"爱讲理"会增加管理上的许多困难，诸如：

1. 理不易明，很难沟通。道理多半是相对的，究竟孰是孰非，很难判断。如果样样要讲道理，实在不容易沟通，因为中国人"全身都死掉了，嘴巴还是硬的"，几乎人人不服输。

2. 各说各话，很难协调。任何场合，特别是公开的场合，大都各说各话，只有嘴巴没有耳朵的结果，增加了协调的困难。就算有，结论也是各有不同的认定。

3. 固执一理，形成意气。人有成见、偏见，并不可怕，但如加上"固执"，那就万分可怕，中国人"不执着"却容易固执己见，易于形成面子的意气之争。

4. 立场改变，理随着变。中国人重视立场，往往计划时是儒家，执行时变道家，到了考核时，一副释家菩萨心肠。而在位时是儒家，不在位时变道家，更为明显。

5. 理说得多，实行得少。有些人误认为"沟通就是多言"，因而"尽在那里说道理，以致没有时间真正去实行"。"沟通"与"多言"完全是两回事，要沟通，却不可多言，这才是有效的沟通。

爱讲理也有许多管理上的好处，例如：

1. 让他自己讲。中国人爱讲理，又常常认为自己所说的才是道理，别人所讲的都不尽合理。在管理上只要有办法"让他自己讲"，他就赖不掉。

2. 一切求合理。对中国人而言，管理即是"管得合理"。只要小心警觉理不易明，随时谦虚能容，而且力求合理，中国人自然接受。

3. 理直气就壮。无论众人如何议论纷纷，自己如果真的有理，便不必害怕，更不必计较。气壮的意思是自己心安，并不是"壮起胆子和人家斗气"。

4. 有理者得人心。有理终究得人心，但是得人心者更容易显得有理，所以"由情入理"，才是合情合理。只要不存心讨好，得人心是有理的有效证明。

5. 有理约束人。有理便可以依据道理来约束他人，不过要先让对方觉得不讲理时，才施以约束，所以中国人说"法"的时候，喜欢连带着说"合理合法"。

"合情合理""合理合法"，"情"和"法"两者，都要把"理"拉进来，足证中国人最讲道理。一切管理行为，不执着到合"理"的程度，不受管也合"理"地接受管理，那就是真正合乎中国人的"管理合理化"！

中国人的管理行为，一直在改变，但是这三种特性，大概都没有变。检视我们的日常管理情况，很容易印证此一事实。

一切都在变，中国人当然也随时代而改变。不过中国人所变的，乃是有形的部分，凡是看得见的，与物质关系较为密切的，中国人爱时髦，一直在变。至于那些看不见的、精神层面的部分，中国人把握得十分牢固，很少改变，要不然，为什么说"中国人永远是中国人"呢！

管理包括两个系统，一个是管理技术，注重计量方法、数理模型和电脑的应用；另一个是行为科学，注重组织理论与人力因素。前者全世界通用，并无国界的区分；后者因各国风土人情而异，在中国人的地区实施管理，最好能因应我们的特性做适当的调整。

中国人的管理行为，看起来千变万化，所谓"一样米养百样人"。但是中国人一直讲求"持经达变"，因此"万变不离其宗"，变来变去，依然不执着，不受管。我们只好把握住道理，让他变得合理，而又自己管得合理，相信已经充分顺应中国人的特性。

综合起来，中国人的管理行为，乃在：一切求合理。

我们普遍认为：合理就好。

彼此都合理，当然可以实施合理化管理，最合乎人性的要求。

第一章

基本的理念

‖ 导 言 ‖

　　中国人的基本理念，说起来相当简单，做起来并不容易。因为正反之间的差距十分细微，稍微不留意，就会"失之毫厘，谬以千里"，走上偏差的途径。

　　和谐绝非讨好——一般人的错觉，总以为"中国人喜欢被讨好"，只要肯用心去讨好中国人，自然左右逢源，什么事都办得通。其实，中国人很不容易讨好，因为我们的警觉性很高，遇到有人讨好，立即提高警觉："他为什么对我这么好？"因而怀疑"他究竟安的是什么心"，以至于"心里好笑"，处处加以防备。

　　历史上有很多事实证明，喜欢被讨好的人，最后容易被小人所包围，因而拖累了自己。这更加让后代的中国人，对存心讨好的人，敬而远之。

　　看开而非看破——看开不是看破，一切都看破，就会消极而退缩。一切都是空的、假的，我们心里明白，但在未破之前，仍旧把它当作真的。等不等得到、获不获得成，根本无所谓，却能够"当一天和尚撞一天钟"，兢兢业业地撞下去，叫作"看开"。中国人主张"尽人事以听天命"，便是看开的表现。我只管尽自己的力，至于成功不成功，并不计较。这不是一般人所批评的"尽力主义"，好像对成功不抱太大希望，而是进一步了解"成功"本身也是假的。此时的成功，也不过是以后的失败。历史上每一朝代的开创，终究免不了末代的危亡。

任何人看不开，就会只许成功不许失败，苦恼多于欢欣。人生不如意事十之八九，哪里受得了？

圆通绝非圆滑——一般人分不清"圆通"和"圆滑"的异同，以致把"圆通"当作"圆滑"，滋生众多的不满和厌恨，殊为遗憾！"圆通"和"圆滑"在过程中看起来，完全一模一样，都是不断地"推、拖、拉"。但从结果来看，却完全不一样。推、拖、拉到最后没有解决问题，叫"圆滑"。推、拖、拉的结果，把事情圆满解决，便是"圆通"。过程相同，结果完全不同。

中国人非推、拖、拉不可，如果一味认为推、拖、拉是坏事，那就会到处看不惯，甚至整天不愉快。

合理地推、拖、拉，把推、拖、拉的功夫发挥到出神入化的地步，才是真正的圆通。

尊重而不盲从——有些人一直以为中国人喜欢玩乖乖牌，似乎只要顺从，就有前途。实际上中国人并不欣赏完全听话的人，甚至把他们称为"奴才"。

中国人重视的，是"有所听有所不听"的人，亦即"尊重他人的意见"却"不会盲目顺从"。

尊重不一定是"口服心服"，它代表"你对我好，我没有理由不对你好"，以及"你尊重我，我当然也尊重你"的"交互"心态。中国人相信"敬人者人恒敬之"，便是此理。

作为一位堂堂正正的中国人，和谐绝非讨好、看开而非看破、圆通绝非圆滑、尊重而不盲从，才是光明正大的合理心态。

和谐绝非讨好

个　案

王先生来了，主人李某招呼他坐下，随口问他："喝点什么东西？"王先生循惯例回答："随便，随便！"

请问：

1. 中国人喜欢说随便，真的是随便怎么样都好吗？

2. 李某怎样回答才算合理？

3. 王先生可能产生什么样的反应？

4. 万一有新的变数产生，又该如何调整？

5. 如果王先生对我们而言，十分重要，我们会如何反应？若是并不重要，又会如何反应？

请把您的高见简要地写下来：

_____

_____

_____

分 析

1. 李某听见王先生说随便，当然心里有数。中国人的"随便"，并不是一般人所认为的随随便便，因为它至少具有三种含义：

第一，客人不知道主人这里究竟有什么好东西，猜来猜去，反而弄得大家都没有面子。

第二，让主人自己衡量，好好斟酌，把合理的东西拿出来，这样才显出自动自发的诚意。

第三，客人根据主人拿出来的东西，可以估量出自己在主人心目当中占有的地位，才能够充分了解彼此具有什么样的关系，来决定采取哪一种谈话的方式。

2. 李某既然明白对方的心意，便暗自思量：家里还存有半瓶XO，但是，讲好张总经理下一次来的时候要好好喝几杯，当然不能拿出来。

而且，像王先生这样的朋友，论交情很不错，可是在利害关系方面，似乎不能够和自己的顶头上司张总经理相比。于是李某断然决定，泡一壶乌龙茶请他。

3. 王先生满心欢喜，主人的确有诚意，并没有真的随便倒一杯白升水给他，也没有相当随便地拉开冰箱倒一杯冰红茶充数。

承蒙他看得起，给我冻顶乌龙茶喝，可见在主人的心中，我王某还是相当有分量的。

中国人心里高兴，所有的乌龙茶都是冻顶的；如果不高兴，一切洋酒也会变成本地酿造的假冒品，要不然就是别人送的，用不着感谢。

王先生很高兴，觉得主人十分热忱，自己也就开怀畅谈了起来。

4. 谈着谈着，门铃又响了。李某打开门一看，糟糕，来的人竟然是刚才想起的张总经理。

"欢迎，欢迎！请进，请进！"嘴上嚷着，心里也忙着：张总提前光临，大概是想起那瓶XO，这下该怎么办才好？

"总经理，这是我的老同学王先生。"

"请坐，请坐！"

一阵寒暄，李某已经想好了一套解决问题的方法。他大声地喊叫太太："惠君，我刚才找了半天，你到底把那半瓶XO藏到哪里去了？"

太太毕竟是同居人，十分有默契，马上听懂先生的话意，也大声地回答："我昨天清洗厨房，怕把它弄脏，特别藏起来的。"

声到人也到，太太手中拿着XO。李某准备好酒杯，顺手接过酒瓶，笑嘻嘻地人各一杯。然后又大声告诉太太："既然酒找到了，那鱿鱼丝跟牛肉干呢？"

于是大盘小盘一起出现，总经理很有面子，王先生也很高兴，因为自己也沾了光。

5. 王先生对主人若是十分重要，相信主人早已打听仔细，王先生喜欢哪一种饮料，并且早就准备妥当，不敢再问"喝点什么东西"。如果并不重要，主人问是问，却一点儿也不在乎，很可能话刚问完，不待王先生回应，白开水已经端上来了。

说　明

李某大声喊叫太太，这是中国人的绝招，在人际关系的运作中，具有化危为安的决定性作用。

中国人很有意思，都知道"两个人如果大声说话，便是讲给其他人听"的道理，而且能够掌握时机，运用自如。

想想看，张总经理提前到来，显然是担心那半瓶 XO 被喝掉了。如果只顾虑王先生的面子，请张总经理一道坐下来喝乌龙茶，张总心里一定很不高兴："你以为我真的那么空闲，到你家喝这种粗茶？"

但是王先生来的时候，很聪明地说了一句"随便"，闽南话叫作"请裁"，竟然是文言文，不是白话文。李某听得懂"请裁"的意思，正是"请你自己裁量，看看拿什么东西给我最合理"，当然不敢大意，真的随便拿一杯白开水出来。

当时凭良心也想起这半瓶 XO，结果没有拿出来，现在张总一到，立刻改喝 XO，将来传扬出去，岂不变成十足的马屁精？

不拿不行，会气煞张总；拿也不行，王先生面子受损，一定到处抱怨，把自己形容得势利又现实。左也不是，右也不是，总算让一句大声话解决了。

王先生听说李某"刚才找了半天"，一颗心顿时安放下来。李某把我当成好朋友看待，刚才我来的时候，已经有意思把 XO 拿出来，只是"找了半天"也没有找到，原来是李太太"怕把它弄脏，特别藏起来的"。

有人说这是中国人的阿 Q 精神，管他怎么说，至少不会大小事情都看不开，动不动就要闹自杀。

张总经理更是开心，王先生是主人的"老同学"，再怎么交情深厚也喝不到 XO，还是我这个老总行，哪怕是"特别藏起来的"，到了紧要关头，也该及时显露出来。

当然，最开心的，莫过于李某夫妇，真的是夫唱妇随，十分有默契。夫妇之间的一问一答，搭配得天衣无缝，把原本非常尴尬的场面，一下子化解开来。所有的人，都觉得圆满，岂非一大乐事？

中国人讲求"和为贵"，我们解决问题的方式，和西方不同。主要的差异，在于西方人解决问题，以科技知识为工具，拿宗教信仰做背后支持的力量。他们相信"知识即力量"，也相信"信主得永生"。前者来自希腊传统，后者得自希伯来精神，形成现代西方人的"二希"途径。

中国人则自古以来，发展出另外一条"追求极大和乐"的"和谐"途径，用和谐来解决所有的问题。

实际上，了解中国人性格的人，很容易就看出"中国人太喜欢争，而且一争起来往往不择手段，多半不遵守游戏规则"，所以不能鼓励中国人竞争，却应该走出"不争之争"的道路，"用不争来争""以让代争"，也就是在"和谐"当中化解"恶性竞争"，以免两败俱伤，甚至同归于尽。

对于那半瓶 XO 而言，张总经理、王先生和李某都是竞争者，如果摆明的胜利者属张总经理，那么王先生的面子必然挂不住。依据"中国人有仇必报，而且报复期特别长"的定理，将来受害者一定是李某自己。

若是为了顾虑王先生而委屈了张总经理，后果如何，更是不必多费口舌，中国人心里都很明白：吃不了兜着走。

有人会产生这样的误解：对中国人来说，讨好他总是没有错的。这种存心讨好的心理，不知道害死了多少人！

第一，中国人很不容易讨好，常听说"把身上的肉割下来给他吃，他还会嫌咸"，可见一斑。

第二，中国人警觉性很高，十分提防人家讨好他，老是觉得"他不可能无缘无故对我这么好，是不是在动什么脑筋"。

还有，中国人一旦发现人家存心讨好他，不是谢绝、不领情，便是吃定他，丝毫没有情分可言，两者对讨好的人都是不利的。

喜欢被人家讨好的人，最后被小人包围，拖累了自己。喜欢讨好别人的人，由于讨好所有的人，结果等于没有讨好任何人，势必采取押宝的方式，押对了固然可以得势一时，但终究会败下阵来。而万一押错了，徒然费尽心机而毫无所得，亦将会悔恨不已。

喜欢被讨好和喜欢讨好人，既然都缺乏实质利益，中国人明白道理的，当然不屑为之。

不以"讨好"的方式，不抱"讨好"的心情，却能够得到他人的欢迎，在他人心目中建立自己牢固的位置，这才是我们人际关系的精髓所在。要做到这一点唯一的途径，便是"在圆满中解决问题"。

知识很重要，但是知识之外，人际技巧也很重要，如何既和谐又能够圆满解决问题，便是在知识之外，还需要一些艺术气氛。

王先生来了，主人李某在心里毫无准备的情况下，便顺手倒一杯白开水给他，不久张总经理到来，李某将何以自处？

中国人问一句："喝点什么东西？"显然是随时可以适应环境的埋伏。

就算只倒一杯白开水，也应该说："开水还没有开，先来一杯凉白开，好吗？"将来翻转就会顺利得多。

李某聪明，王先生也实在不含糊，什么话都不回答，光说"随便、随便"。

试想王先生不经意讲出"来一杯茶吧"或者"有咖啡吗"这一类的话，可能造成什么样的场面？

"随便"绝对不是含糊，而是"在和谐中找到合理"的一种代名词。中国人如果真的随随便便，一定没有前途。

大声问太太 XO 在哪里，不能存有讨好任何人的意图，才能够成功地达成任务。

因为存心讨好王先生，李某就不会想起那半瓶 XO 却拿不出，而是当王先生来临时就拿出来，心想张总经理来时，再买一瓶也不迟。存心讨好张总，就不会兜圈子，直接拿出来。

鱿鱼丝和牛肉干出场时，王先生竟然也不会起疑，更是和谐的气氛产生了解决问题的威力。

要　则

1. 听见"随便"，马上提醒自己要保持高度警觉，千万不能够太随便，以免引起对方的不满，反过来害了自己。

2. 和谐可以化解许多不必要的猜忌和怀疑，经常保持和谐，对人际关系很有帮助。

3. 和谐不能够存心讨好，也不能掉入和稀泥的陷阱，必须用心体会，仔细调整，以求合理。

请写下您的心得：

_____

_____

_____

_____

_____

看开而非看破

A 单位主管空缺，王甲、李乙、张丙都有意争取这一职位。

但是，他们心里有数：争得不剧烈，显得没有什么力量；争得太剧烈，反而引起决定者的不愉快，认为"凭什么非他不可"，岂非弄巧成拙？

论关系，谈实力，三位都差不多，可以说难分上下。主管空缺只有一个，争来争去，很明显是一胜两败。

王甲、李乙、张丙都无意跳槽，用不着孤注一掷。所以他们不约而同，采取"不争之争"的策略。既然没有获胜的绝对把握，又不愿意争不到就离职他去，干脆就"不争"来"争"，看看结果如何？

不久，李乙获得晋升，很高兴地走马上任。王甲、张丙落选，难免闷闷不乐。

老板做得很漂亮，分别安慰王甲和张丙，说是"原本要升你的，不料有一些流言，才临时改变"，希望"不要灰心"，并且承诺"只要好好工作，以后机会还很多，一定不会忘记"。

　　王甲和张丙的反应有一些不同。王甲微笑着回答："升不上去没关系，我会好好工作，以后还请多多提拔。"张丙则显然很不服气，愤慨地说："升不上去没有关系，我会好好工作。不过平白遭受流言的伤害，我实在不甘心，希望能够彻查，以明是非。"

　　请问：

　　1. 主管出缺，通常有哪些状况？

　　2. 如果您是老板，对王甲、张丙的印象如何？以后真的有机会，会先考虑王甲，还是张丙？

　　3. 如果您是李乙，获得升迁，会做出什么样的反应？

　　4. 如果您是王甲或张丙，没有获得升迁，会做出什么样的反应？

　　5. 不争之争和据理力争，各有什么优缺点？

　　请把您的高见简要地写下来：

　　✍ _____

　　_____

　　_____

✿ 分　析 ✿

　　1. 主管出缺的原因很多，归纳起来，也不外乎下述三种类型：

　　第一种是强势的升迁型。老板非常赏识他，让他晋升，也让他安排继任人选。在这种情况下，王甲、李乙、张丙根本用不着争，因为没有争的机会，只有看平日和主管的关系，够不够让他把自己安排上去。

　　第二种是弱势的升迁型。老板让他晋升，也问他谁来继任。但是，只接受他的推荐，不一定如他的意。甚至他根本就不推荐。

还有一种是空白的出缺型。包括原任主管平调或离职，退休或死亡，以及新增单位的主管。犹如一片空白，所以引起抢夺位置的竞争。

2. 落选的人，当然不可能恼羞成怒，除非他愤而离职。"升不上去没关系"便成为大家不约而同的惯用语，并不代表真正的心意。倒是下面接着说出来的话，可能发自内心，构成自己未来发展的助力或阻力。

王甲微笑地说："我会好好工作，以后还请多多提拔。"这种"看得开"的态度，必然为他将来的升迁带来良好的契机。因为老板听了，会觉得他很善于领会老板的话意，也能够体谅老板的心意，因而对他产生歉意，以后有机会，自然优先考虑王甲。

张丙愤慨地说："平白遭受流言，实在不甘心。希望彻查是非，以明事实。"听起来很有道理，也是"不要让自己的权利睡着了"的一种表现。但是，老板会觉得他根本听不懂自己的话意，把安慰的借口当作是真的。如果听懂自己所说的，不过是一种借口，却坚持要彻查，那就是不够体谅的态度。

老板可能口头答应他一定查明，心里则好笑得很，转而庆幸自己没有升错人，暗中告诫自己，此君"看不开"，最好不要招惹他。

3. 李乙获得升迁，应该抱持喜忧参半的心情。喜的是自己的实力获得大家的肯定，忧的是此后的责任更加重大。不能够得意忘形，马上喜形于色而惹得很多人不满。谨慎、谦虚、和气，应该是升迁时特别注意的要旨。

4. 未能获得升迁，不见得一定是坏事。准备得不够充分，升上去势必难以胜任，徒然增加痛苦。上级不支持，就算升上去也很难做事，不如自己反省问题出在哪里，冷静地自我改善，以待下一次。说不定上级故意用不升迁来考验自己的反应，那就应该更加妥善因应，自然会带来良好的后果。

5. 据理力争看起来十分勇敢，其实再怎么说，都是一种意气之争，充分表现出自己沉不住气。不争之争当然也是另一种情势的争。一方面十分和谐，一方面是应该做的才做，不应该做的千万不能做，表现出君子的风度。用不争来争，丝毫不露出竞争的痕迹，十分高明。重要的是心中确实这样想，争的结果并不重要，顺其自然比较好。

说　明

部属最好有机会追随强势的主管，只要尽力而为，好好协助他，便可以"同登龙门"，这是最有效的升迁途径，不需要经过激烈的混战。

然而，强势主管毕竟是"可遇不可求"的，遇不到这种机会，一点办法也没有。同时强势主管多半要求严格，而且一丝不苟，追随这样的主管，升得快死得也快。升不上去又让他有不好的印象，那就更加倒霉。

遇到弱势主管，部属得不到强有力的支持，也很难在主管晋升的时候，获得顺理成章的升迁。但是，在背景不够强的环境中，才能够真正磨炼自己，使自己更加机警稳健，就算必须竞争才有升迁的机会，也是成败操之在我，总是值得自豪的。

主管平调或退休，多半是可以预见的。退休的年龄，成为有关人员共同注目的焦点。平调的主管，则是专长不合的一种迁移，明眼人看得相当清楚。这两种情况，必须及早准备，届时瓜熟蒂落，自然成功。

死亡出缺，通常称为"死缺"。怕是怕，还是要当，搬一搬座位，改一改风水，便可以心安理得。主管离职，接的人是谁？顿觉阴谋家露出真面目。其实，表面上是死亡或离职引起混乱的战争，实际上有心人早就摩拳擦掌，准备决一死战了。至于新增单位的主管，我们如果想得长远一些，也不难看出"先有人动脑筋，千呼万唤才增设出来"的不易之理。

不论哪一种类型，不管什么情况，在决定的关键时刻，都免不了一番争夺。尽管不争之争很早已经开始，最后关头，走势明显而白热化，最少也要让老板对自己加以考虑，才算真正达到"不争之争"的目的。

老板可能速战速决，理由是"夜长梦多"，愈拖问题越多，愈不容易摆平。何况主管职位空得太久，势必耽误要事。老板也可能采取拖延的策略，理由是"冷却一下"，大家才不会闹情绪。就算摆不平，至少也表示已经尽力在摆平。

这两种理由，都有道理，也都很牵强。可见理由是人编出来的，自己相信，那就是道理。

重要的是决定，锅盖得再紧密，终究要掀开。竞争的人不止一位，结果总是一家欢乐几家愁。

老板决定之后，对新任主管要激励一番，让他好好表现。对落选者安慰的话，当然一则要找出理由，再则要给他希望，所以说来说去，离不开"原本要升你的"，"以后还有机会"。

这些话本身并没有什么意义，主要的功能，只在测试哪些人看得开，而哪些人看不开，如此而已！

看开并非看破，看不开却必然看不破。我国的云门禅师说过这么一句话："日日是好日。"便是看得开的最好说明。

一个人的理想未能如愿达成，不妨在乌云密布的云层上面，假想有一道明亮的阳光。忧郁的心情，自然会变得明朗，这就是看得开。

孔子说："不义而富且贵，于我如浮云！"他不是看破，却是真正的看开。孔子并不是不在乎富与贵，他只是明白"努力和成功没有绝对的因果关系"，主张"尽人事以听天命"，希望我们"尽力去追求，却不必把富与贵当作永久存在的东西"。

有些人失败之后会成功，有些人则失败之后不会成功，这是什么原因？我们不是常说"失败为成功之母"吗？为什么有不同的后果呢？

仔细观察，很容易发现，那些遭遇失败却不怨天尤人、乱发牢骚，反过来好好检讨自己，进而充实自己，等待下一次机会到来的人，很有可能获得成功。

至于那些失败之后便归罪于别人，认为自己受委屈、吃大亏，因而到处发牢骚的人，就算下一次机会到来，他也把握不住，自然无法得到成功的果实。

王甲看得开，知道"多人竞争，不可能人人成功"，也明白"原本要升你"只是安慰的话，更了解"这一次不成，还有下一次"的道理，因此坦然地接受失败的事实，洒脱地微笑着，并且表达出"以后还请多多提拔"的愿望，等于开始下一梯次的部署，所以助力最强。

张丙看不开，心中始终不服气，说不定认为老板有意歪曲事实，竟然拿"有一些流言"做借口，真是令人不平，要求彻查真相，自以为"如果不反驳，等于默认"，因而据理力争。

老板可能承认自己编造借口，请张丙原谅吗？老板会由于张丙要求查明是非，便坦言自己的过失吗？他只是觉得好笑，这种话也听不懂，幸好没有升他当主管。

❧ 要　则 ❧

1. 一个人不可以看破，一旦看破了便无所争，失去竞争的原动力。在世俗的社会上，看破显得过分消极。一个人不可以看不开，否则只许成功不许失败，就算成功，后面的路也走不远。因为不可能没有挫折，一旦遇到挫折，依然通不过。

2. 看开不是看破，看破一切，就察觉所有一切都是假的。明知是假的，在未破之前，仍然是真的，叫作"看开"。

3. 看不开的人，十分苦恼。人生不如意事十有八九，哪里受得了？看破的人往往流于"不争"，群体就不会进步。看开而不看破，乃是"不争之争"的最佳原则。

请写下您的心得：

_____

_____

_____

_____

_____

圆通绝非圆滑

个　案

朱先生自己经营一家小型工厂，制造一些零件，分别供外商和本国厂商使用。他喜欢汽车，除了一部本国出产的汽车，也拥有一部华贵的进口车，但是他坚持一个原则：跟本国厂商去接洽生意，一定不开那部进口车。

他的理由十分简单，本国厂商多半是家庭企业，采购人员不是老板的亲戚，便是相当可靠的亲信，看见他开豪华的进口车，马上就会联想到他赚了他们公司很多钱，而提出杀价、延期付款或其他的要求，势必弄得自己焦头烂额。朱先生自认为是聪明人，当然不做这种对自己不利的事情。

至于外商公司，老板是外国人，采购人员心中只有公司，一切公事公办。看到朱先生有能力开进口车，则认为短时间内大概不会倒闭，和他打交道，不但可以放心，而且对公司也有交代，至少可以证明自己的选择能力还不差。

朱老板经常变来变去，弄得身边的人摸不着头脑。不过朱老板自己却坚守一个原则：碰到银行界的朋友便吹嘘自己公司的获利能力很强；遇见税务界的朋友则抱怨自己运气差，赚不到钱。

请问：

1. 朱先生这种态度，是圆滑吗？

2. 见人说人话，见鬼说鬼话，真的有这种必要吗？

3. 什么叫作"圆通"？

4. 不够圆通，可能产生什么后遗症？

5. 到底"圆滑"和"圆通"有什么区别？

请把您的高见简要地写下来：

✍ _____

_____

_____

🦋 分 析 🦋

1. 朱老板的态度是圆滑吗？可以说"是"，也可以说"不是"。若是一口咬定"这样的回答，根本就是圆滑"，那就没有什么好说的。

中国人最讨厌圆滑，任何人只要给人家一种"滑头"的感觉，便成为别人心目中"狡猾的人"，注定没有前途可言。常言说得好："看他一副滑头滑脑的样子，做事一定不牢靠。"

千万不可以圆滑，这是所有中国人都应该互相勉励的。很多人很痛心，大骂"推、拖、拉"的坏习惯，因为他们只看到圆滑，却看不清圆通。"圆通"和"圆滑"仅一字之差，但是"差之毫厘，谬以千里"，彼此的境界和产生的观感，相去何止十万八千里。

朱先生若是脑筋转不过来，只会在 yes 或 no 之间选择，便只能够在"开"与"不开"之间，选择其中的一项。

　　朱先生若决定开进口车，而且也不避讳让本国厂商知道，万一真的惹本国厂商眼红，诸般打击纷至沓来，吃亏的难道不是朱先生自己？

　　为了避免本国厂商的不愉快，朱先生只好决定不开豪华进口车，然而他辛辛苦苦地经营事业，难道连个人的乐趣都要被剥夺吗？何况开华贵汽车，并不是什么不良嗜好。

　　朱先生并不是在"是"与"否"之间做个抉择，却两者兼顾，满足自己的喜好，买下一部豪华进口车，并为自己定下一个原则："开豪华车见外商，驾普通车见本国厂商。"

　　他这样做，算是"圆滑"？还是"圆通"？

　　2. 朱老板遇见税务人员，倘若不抱怨自己赚不到钱，却吹嘘自己获利能力很强，请问大家对他的看法如何？

　　恐怕会觉得这个人脑筋有点问题。相对地，如果他对银行界朋友抱怨经营不顺，有朝一日想要贷款，是否开得了口？

　　我自己也何尝不是如此？西方朋友听了我的演讲，赞美讲得很好，我会回答："谢谢你的欣赏。"若是日本朋友夸奖，我会说："请多多指教。"如果是中国朋友，我必然说："哪里，哪里！"

　　有人会认为，何必见人说人话，见鬼说鬼话？实情实话岂不更好？相信没有人反对这种论调，也没有人否定这种说法。但是，当事人为了强调某一种立场，建立某一种关系，有时会稍微调整一下，这也是理所当然的。

　　朱老板说话朝三暮四，算是"圆滑"吗？还是为了"圆通"？

　　西方朋友赞美我演讲说得好，如果用中国式的回答"哪里，哪里"，相信对方一定莫名其妙；获得中国朋友夸赞，就说"谢谢"，他就算不会心里嘀咕："我不过是口头上说说，你就以为是真的？老实讲，还差得远啦！"至少也会觉得这个人过分自大，不够谦虚。

　　3. 究竟什么才叫作"圆通"？"圆通"就是"面对现实""负起责

任"，另外加上"不伤害面子"。"面对现实"和"负起责任"可以用"理智"和"科学"来处理；"不伤害面子"却需要以"感性"和"艺术"来实现。"圆通"既非纯科学，也不是纯艺术，它是科学加艺术，理智加感性，所以比较难以做到。

"不伤害面子"包括"不伤害自己的面子"以及"不伤害别人的面子"，需要细心和耐性以及经验的累积，才能够在面面俱到的情况之下，把工作做好，也就是"圆满达成任务"。"达成任务"比较容易，"圆满达成任务"毕竟相当困难。

4. 不够圆通，很容易伤害自己的面子。曾经有一位颁奖人致辞时，指出得奖人都是他的学生。结果，得奖人致感谢辞时，却把他遗漏了，这不是一件挺尴尬的事吗？

不够圆通，也很容易伤害别人的面子。老板当着单位主管的面，大声苛责员工，必然会使单位主管觉得颜面无光。

5. 圆滑和圆通，表面上看起来，完全一模一样，都是推、拖、拉，但是动机并不相同。凡是希望借着推、拖、拉来解决问题，同时减少阻力的，称为"圆通"。那些存心不良，只想用推、拖、拉来推卸责任或者拖延时间，根本不想解决问题的，即为"圆滑"。两者的结果也不一样．推、拖、拉的结果是把问题解决掉，或者大事化小，小事化了，称为"圆通"；推、拖、拉的结果是并没有解决问题，简直于事无补，当然是"圆滑"。

说　明

现代人由于对推、拖、拉具有成见，认为凡事推、拖、拉，都是不好的，以致不够圆通，增加许多阻力，也增加很多后遗症。

譬如介绍朋友的时候，经常听见当老师的人，直接介绍"这是我的学生"。而被介绍的人似乎并不认定介绍人是老师，反而淡淡地指称"我们现在合作一些事情"。请问是不是十分尴尬？不能够保证别人真愿意认自己为老师，怎么能够直截了当地如此介绍呢？

当老师的人，如果介绍"这是我的朋友"，对方紧接着说"王教授是我的老师"，是不是就能避开尴尬的场面？具有"要人家认自己为老师，不要自己认为是人家的老师"的意识，不就圆通多了？

老板发现部属有错，当着他的主管责骂他，就寓有"主管没有管好"的意思，主管当然没有面子。如果老板有耐心，只是摆出不好看的脸色，离开现场让主管教训他的部属，会不会收到更好的效果？这样的老板，显然比较圆通。

有人会说："那可不一定！"

如果老板摆出难看的脸色，主管却毫不在意，也不去纠正部属，岂非没有效果？这就证明了一种现象——中国人总认为自己圆通，却老是认定别人圆滑。自己朝三暮四，见人说人话，见鬼说鬼话，便是"圆通"。如果别人变来变去，见人说人话，见鬼说鬼话，则是"圆滑"。

因为，我们一向"只相信自己，不相信别人"，总认为"自己高人一等"。

缺乏"你好，我也好"的意识，充满"他不好，你不好，只有我自己好"的念头。从好处看，是"永不认输"；从害处看，那就是"别人都是圆滑，唯我懂得圆通"！

其实，人生是阶段性的发展，圆满境界绝非一蹴可及。只有开普通车能力的人，属"看山是山，看水是水"的第一阶段，几乎没有选择的余地。真正有钱的大老板，是"看山是山，看水是水"的第三阶段，买豪华汽车开来开去，根本不必有所顾虑。朱先生则是第二阶段"看山不是山，看水不是水"。说没有能力开豪华车吗？不请司机，自己驾驶，自己保养应该还可以。说有能力开豪华车吗？开出去的时候，常常需要有意无意地指明自己是车主，否则常常被误认为是司机，这种不上不下的尴尬位置，多亏他头脑灵光，否则便要苦恼万分。

要 则

1. 将心比心是圆通的先决条件，多以欣赏的眼光来体会他人的圆通，比较容易吸取他人的经验，而能迅速成长。常以厌恶的心情，来批评他人的圆滑，结果便只有生气的份儿，而失去学习他人宝贵经验的机会。

2. 圆通绝非圆滑。圆滑的人，大家都厌恨，也等于断了自己的前程。圆通的境界虽然很难达到，但却是不可轻易放弃的。具有圆通的本事，还得不因为怕别人看不懂而放弃圆通。

3. 不要完全排斥或放弃推、拖、拉，以免误将圆通当作圆滑。也不能够凡事都推、拖、拉，以免一不小心，就形成令人厌恶的圆滑。利用推、拖、拉的短暂时间充分考虑，怎么才合理，才可以达到圆通的境界。

请写下您的心得：

_____

_____

_____

_____

尊重而不盲从

个　案

　　我经常向总经理们提出这样的问题："如果您讲什么，干部们总是百依百顺，您觉得怎么样？"他们几乎没有例外地都会表示："不好，这样不好。"追问原因，则会得到同样的答案："我迟早会被这些人害死！"

　　我换一个角度，请教这些总经理："如果您讲什么，干部老是有意见，您觉得怎么样？"

　　他们通常都不需要考虑这个问题，就会马上回答说："那怎么行，存心要捣蛋，那还得了。"

　　请问：

　　1. 总经理为什么不喜欢百依百顺的干部？

　　2. 中国人是不是普遍喜欢听话的部属？

　　3. 总经理为什么不喜欢老是有意见的干部？

　　4. 总经理最欣赏什么样的干部？

　　5. 部属最好表现什么样的具体行为，才合乎总经理的要求？

请把您的高见简要地写下来：

✎ _____

_____

_____

🖎 分　析 🖎

1. 总经理心中明白，自己并不是万能的神仙，哪能担保所有的决策都十分正确？依中国人的看法，神仙打鼓也有失误的时候，所以部属百依百顺，对主管来说，真是危险万分。无论什么事情，只要总经理开口，干部便不动脑筋，顺口叫好。如果总经理的决策是对的，当然很好，表示上下一条心，步调一致。若是总经理的决策是错误的，不免会被这些有口无心的 Yes Man 害死的。

2. 中国人喜欢听话的部属，但是有三个条件：

第一，有意见不可以当着旁人的面说出来，以免主管难堪。

第二，没有意见也要再仔细想想，怎么才能够做得更好，而不是如同奴才那样，样样没有意见，做得不理想也不知道自己调整。

第三，嘴上说好，心里头却能够提醒自己，要用心做好，把成果做出来，否则就要把困难提出来，再和上司商量。

3. 总经理心里也有数，自己再笨再蠢，也不可能所有决策都错。干部样样有意见，很明显的是存心不合作，自然难以忍受。

干部完全听话，不好；完全不听话，也不好；必须把"听话"和"不听话"做一番合理的安排，才能合乎"中庸"的道理。

总经理不欣赏"凡事都有意见的干部"，正如唐明皇有一回忍耐不住，大声指责高力士："每一件事情都依你，朕还当什么皇帝？"部属样样有意见，就算真的比主管高明，也会弄得主管没有面子，因而老大不高兴。

然而，总经理也不放心"凡事都说好的干部"，特别是那些"话还没有讲完，他那边就已经答好"的人，真是叫人担心害怕。所谓轻诺寡信，大概就是这一类型干部的写照。

4. 总经理最欣赏也最放心的干部，是那些"应该听话的时候听话"，"不应该听话的时候不听话"的干部，也就是"听话听得合理"的干部。

有旁人在场，总经理的话一定是对的，不允许部属有任何不同的意见。但是，单独面对总经理的时候，就应该委婉地陈述自己的看法，或者提出困难和疑问，请求总经理协助解决。

总经理对的部分，当然要听话，不能够存心捣蛋。总经理有顾虑不周或者不切实际的地方，就不应该完全服从，以免造成恶果，惹总经理生气。

部属"有所听有所不听"，才能得到上司的信任与赏识。"有所听"是"作用"，"有所不听"则是"根本"。我们深深懂得"本立而道生"，因此更应该切实把握"根本"的"有所不听"，而不是处处留神"作用"的"有所听"。

着重"有所听"，就很容易落入"唯唯诺诺"的"歧途"。因为存心听话，就很难有把握做到"如果不合理，便不要听"的地步。

时时以"有所不听"为念，才能够不马上搭腔应好，而冷静地听完、思考、判断，应该说好时才说出口，不应该答好时则不说话。

5. 部属必须站在"有所不听"的立场来"有所听"，才能够确保"听得恰到好处"的良好品质。反过来，以"有所听"的立场来达成"有所不听"，则相当困难。

具体的行为表现，应该是下述三种方式：

第一，注意聆听上司的指示，边听边思考，最好能够在听话完毕以后，便马上判断是否合法、合理，是否有困难。

第二，如果上司的指示合理合法，当然要听话，这时要明显地回应很好，有问题则可以提出来请示。

第三，万一上司的指示不合理、不合法，当然不要听话。不过，最好不要马上表示自己的观点，亦即当场提出异议，让上司没有面子。应该表现出一直在思考的样子，不搭腔、保持沉默。

第一种方式的要点，在于听的速度必须快过说者，通常保持在 4 倍左右。避免听完再思考，因为如此一来，便会和第三种方式混淆不清，很容易引起上司的误解，以为部属有不同的意见。部属唯有边听边想，才能很快地有所反应，亦即听完之后，马上可以选择第二或第三种方式来表示自己的"听话"或"不听话"。

第二种方式是"听话"的信息既容易表现，上司也很容易接受。这种管道比较畅通，收受与发放之间，不易遭受扭曲，不致产生误解。

第三种方式是"有所不听"的信号，上司和部属平时应该彼此了解，才不致引起误会。部属听完指示之后，居然保持沉默，当然不可能是"听话"的表示，也没有什么"默认"的必要。部属保持沉默，便是"有话要讲"。既然有话，为什么不讲出来？为什么要保持沉默？这正是中国人的沟通艺术之一。

说　明

部属与主管看法不一致，马上把自己的意见表达出来，主管受得了吗？面子上过不过得去？就算表面上宽宏大量，笑着采纳不同的意见，内心的感觉又如何？无论怎样，部属毫无顾虑地表示自己的异议，是一种对上司的不敬，等于是一种对自己的伤害，何苦来哉！

部属有相反的意见，并不马上表现出来，正是对上司的一种尊重。部属听毕指示，沉默不语，即在发出这样的信息："我有不同的意见，不知道你要不要我讲出来？如果不要我讲，我便不讲。"既客气又合乎自己的身份。

上司接收到这种信息，如果不想让部属表示意见，便会接着说："我看，就这么办好了！"部属这时当然以不说为宜，至于是不是真的照办，那又是另外一回事。可见主管必须在察觉部属有异议时，再予详细的解说，或者干脆请他们把不同的意见说出来，以便进一步有所沟通。

如果上司有意听取部属的意见，便可以问："你有什么意见？"部属此时便不用客气，尽管把不同的意见表达出来，但须注意口气婉转。部属也可以不当场讲出来，因为会伤害到在场的其他同人，或者会让上司没有面子。有了这种顾虑，可以表现出相当为难的样子，让主管知悉"有意见，但此时此地不便直说"的苦衷，真正具有诚意的上司，就会另做安排，让部属得以畅所欲言。

并不是所有的部属，都可能得到上司如此这般的重视。部属尽管发出他的信号，如何处置仍然是由上司做主的，例如：

1. 对一向表现良好，值得信赖的部属，上司当然会倍加尊重，耐心地听取他的意见，甚至愿意另外安排合适的时间和地点，单独和他详细地商量。

2. 对偶有卓见的部属，主管可能提供一些机会，让他得以顺利表达。

3. 对若干爱草率、不负责任地表示意见的部属，主管多半会以忙碌为理由，委婉地拒绝听取他的意见，以免浪费时间。

部属仅仅用沉默不语来传达"有话要说"的信息，至于如何处置，依然由上司做主，这种尊重上司的态度，是部属必须具备的修养。

而上司了解部属的行为表现，知道他有话要讲，也能够合理地"有所听"或"有所不听"，这种尊重部属的态度，正是上司与部属之间合理的互动。

部属不必埋怨上司不公平：常常接受别人的异议，却不愿意听取自己的不同意见，简直是看不起我！至少也是对我怀有成见！

🦋 要 则 🦋

1. 部属最好自己反省，为什么上司不喜欢听取我的意见？是不是我平日所表达的意见，并无实质性帮助？或者表达的态度或方式有所偏差，以至于上司不愿意听取？只要自己充实、谨慎发言，必然会逐渐改变上司对自己的观感，因而越来越受到上司的尊重。

2. 上司不要责怪部属有意见不表示出来，却应该自我反省：是不是我平日的态度过分严厉，让他们觉得害怕？是不是我听不到几句便打断他们，不让他们讲下去？是不是我对他们不够尊重，使他们舍不得把意见说出来？

3. 双方都各自反省有无不当，上司就可以放心地让部属表示意见，因为他既不会平白浪费时间，也不致使上司难堪。不必再相信那些"中国主管爱用乖乖牌，部属能听话就好"的传言，事实上主管所重视的，是那些"有所听有所不听"地合理接受指示的部属。部属不应该存心听话或不听话，而应该时时刻刻提醒自己，最好站在有所不听的立场来有所听。唯有如此，才能够听得恰到好处，成为最受主管敬重的"时中"（时时刻刻合理反应）的部属。

请写下您的心得：

_____

_____

_____

_____

_____

第二章

工作的原则

‖ 导　言 ‖

　　中国人的工作原则，分析起来，不外乎"流汗不流血""做事不坐牢""卖力不卖命"以及"争气不争功"。

　　流汗不流血——流汗是应该的，对健康有助益，何乐而不为？流血大可不必，因为那毕竟不是好事情。

　　为了争取更多的权益，引起流血，令人觉得"勇敢"和"愚昧"之间的分野，好像十分细微。运用合理的方式，和谐地争取权益，是明智的举动。盲目地抗争，到了流血的地步，乃是万不得已的选择，能免即免。

　　现代化工作，流汗的机会大幅度减少。如何在工作之余，适当地运动，以求身心的正常发展。情绪合理平稳，工作顺利进行，也是避免流血的有效方式。

　　做事不坐牢——有些人一直指称中国人不守法，其实毫无根据。"守法"俗称"守规矩"，乃是中国人的基本原则。中国人"守规矩而不死守规矩"，亦即在规矩的范围之内，权宜应变。可以"随机应变"，绝对不要"投机取巧"。事情是要做的，牢狱是不能坐的，这才是中国人的不二原则。

　　中国人不喜欢完全听话的人，因此"合理的听话"，成为"做事不坐牢"的最大保障。上司的命令，合理则听之，不合理就不听。换句话说，合乎规矩的，全力去做，不合乎规矩的，不听也不做。

035

不坐牢的原则，是保护自己不违法的法宝。但是，不能因为不坐牢便不做事。应当做的，要尽力而为；可能坐牢的，绝对不为。

卖力不卖命——这一篇文章单独在某杂志刊载之后，好几家公司，都把它影印给同人，彼此传阅。可见肯卖力，却不愿意卖命的原则，迄今没有改变。中国人喜欢劝人卖力的道理，听起来、做起来都相当心安理得。中国人很难接受卖命的论调，劝人卖命的，要求大家拼命的，最好自我节制，因为说得愈多，自己所积的罪孽愈重。

中国人普遍"贪财、怕死、爱面子"，其中"怕死"便是"不卖命"，而"爱面子"则必须"卖力"。中国人一方面尽心尽力，一方面又用心保命。俗云"留得青山在，不怕没柴烧"，实在不无道理。

卖力不卖力，由他人裁决。不卖力得不到他人的认可，很难成功。卖命不卖命，由自己决定。劝人卖力，是做好事；劝人卖命，那就不是什么好事了。

争气不争功——中国人深明"好事不出门，坏事传千里"的道理，知道"功劳很快就会一笔勾销，而过失则常常被牢牢记住"。任何人做得再好，还是会被人忘怀，只剩下过失让人指指点点。这种"功没、过存"的情况，使中国人相信"不求有功，但求无过"的哲学，因而"争气不争功"。争气是减少过失，不争功则是不希望获得功劳。

人必须争气，争一口气，才能扬眉吐气。人不必争功，只为争来争去，到头来不过是一场空，何苦来哉！

争气，是大家经常用来互相激励的好话。争功，则是迟早找自己麻烦的事情，少做为妙。

流汗不流血

个　案

农历正月初五的清晨六时，王董事长虔诚地率领工厂高级干部，先拜天公，再拜安置在厂内的神祇，祈求开工大吉，员工平安。

第二天，有一个作业员在工厂里摔了一跤。旁边的人，不但不去搀扶他，反而幸灾乐祸地哈哈大笑，一时之间，"倒霉""活该""不小心"此起彼伏。

再过两天，又有一个同事在原地摔倒。他手里抱着一堆物料，失手飞散，有一个迎面而来的领班，不幸被打得眼角出血，送医诊治。

请问：

1. 王董事长为什么要祈求开工大吉？

2. 作业员在工厂摔了一跤，为什么旁边的同事不去扶他，反而幸灾乐祸地哈哈大笑？

3. 怎样才能确保流汗不流血？

4. 为什么工厂的工伤事故频率十分重要？

5. 职场中流血的原因，主要有哪些？

请把您的高见简要地写下来：

✍ _____

_____

_____

🌺 分　析 🌺

1. 个案中这一类打断正常工作的现象，都称为"事故"。事故可以分成伤害事故及非伤害事故两大类。

伤害事故又可以细分为被撞击、坠落、跌倒、卷入、呼吸中毒、扭伤、碰伤、触电、灼伤、烫伤，都是可能引起流血或致命的意外。

中国人十分清楚"天有不测风云，人有旦夕祸福"的道理，深知一切都是"不一定"的，亦即多少带有一些"风险性"，因此至圣如孔子，也不反对传统的祖先崇拜。

王董事长选好良辰吉时，以虔诚的祭拜来祈求开工大吉，便是为了满足员工"求安"心理的需要。至于第二天马上有人发生事故，并非由于神不保佑，而是他自己不小心。

一般公司行号，大多举行某些仪式，其用意和祭拜大致相同。如果完全不加以理会，员工遇到什么意外灾害，就会怨责公司不重视员工的安全，什么仪式都不举行。

2. 作业员在工厂摔了一跤，旁边的同事为什么笑他？难道号称最有人情味、最重视良心的中国人已经变了？变得丝毫没有人情味？变得根本没有良心？

答案显然不是如此。同事笑他倒霉，骂他活该，基本上都和人情味或良心扯不上关系。真正的用意，则是"不小心"这一句话所透露出来的信息。

中国人和西方人所追求的方向，并不相同。

西方人向外，尽量向外觅求。

遇到有人摔跤，立即探究原因，他为什么会摔跤？是因为地面有油？有障碍物？有工具？或者凹凸不平？为什么会这样？

这种精神，便是追根究底的科学精神。

我们是内向的，一切都在自己的心中，所以不假外求。

有人摔跤，最直接的反应是"为什么不小心"？一个人只要处处小心，时时谨慎，就不会发生事故。

这种精神，叫作"反求诸己"，乃是自己负责的修己精神。

金融机构挂上红布条，红底白字显得十分醒目："钱财露白，危险就来。"我们知道坏人很多，抓也抓不完，干脆自行当心，以求自保。

家中小孩与同伴打架，伤痕累累。家长先为他疗伤止痛，平静下来，照样会嘲笑他："既然打不过人家，就不要打，弄得自己伤痕累累，好看吗？"

这便是告诫他，要求别人不打自己，比较难。看看自己打不过人家，就想办法不打，总归比较容易。

向外求取原因，目的在改善不安全的环境和不完全的动作。向内寻找原因，目的在修治自己的粗心大意与心浮气躁。

3. 现代中国人，最好内外兼顾，双管齐下，才能确保"流汗不流血"。

"流汗"的现代含义，并不是真的流出汗来。越来越普遍的空调系统，使得我们用不着真正流汗，就可以把事情做得很多而且做得很好。

"流汗"已经变成"努力工作"的代名词，大家努力工作，似乎到达汗流浃背的地步。

流血比较可怕，表示工作到伤害了身体。不论是 24 小时以内就可以恢复工作的轻伤事故，还是 24 小时之内无法恢复工作的伤害事故，都不是我们愿意身受或看到的。

我们希望"流汗不流血"，一方面要"反求诸己"，力求每一个人自己小心；一方面也要"外求原因"，切实追查事故发生的原因，以防止再度产生。

例如第二天的摔跤事故，如果查明原因，乃是由于地面有油，就应该进一步分析：地面上有油，造成不安全的环境；同事洒油在地面上却未能及时擦拭干净，乃是不安全的动作。

于是把地面擦净，并且列入记录，希望以后"取用油后，如果发现地面有油渍，即须马上擦拭干净"。

这样，第四天的流血事故，就可以预先防止，不会相继而来了。

4. 考察安全的人，走进工厂，往往第一句话便问："贵厂的工伤事故频率是多少？"如果工厂的主管根本答不出来或者含糊其词，说不出具体的数字，就可以断定这位主管不是不注意工厂安全，就是对安全不感兴趣。

工伤事故频率表示工厂经常发生事故的次数。

例如某工厂现有工人 300 人，每日每人工作 8 小时，某月份共计工作 28 天，发生伤害事故 3 起，那么，这一个月的工伤事故频率就是 44.64‰，相当的高。

工厂的工伤事故频率能够逐年逐月降低，便已证明工厂安全确实获得改善。因为事故不会自己减少，必须经由人的分析与改正。频率降低，就是改善的结果。

5. 流血的原因，如果是环境的，包括工作场地、机器设备以及物料的危险性、工作环境的整洁，通常比较容易加以改善。

现在我们增加了一种可能流血的新原因，那就是"工厂暴力"或"街头暴力"。

工厂暴力是厂内若干不满分子，以较为激烈的行为，来抗议某些不公平措施或争取某些好像是应得的权益。

他们知道少数人的行动，引不起厂方的重视，于是威胁、利诱、鼓励同事积极参与。

凡是这种提议，总有"赞成的"和"反对的"两种态度，而赞成的分子通常都比较激烈，甚至在劝诱无效的时候，会动口兼动手，半君子半小人地软硬兼施，因而导致流汗又流血的火爆场面。

厂内闹大了，一不做二不休，干脆走上街头，企求获得更多的同情和助力，至少也造成声势，对厂方构成较大的压力。

🐚 说　明 🐚

我们丝毫不反对"有话要说，有权益要争取，有委屈要谋求改善"。

但是基于"流汗不流血"的原则，任何暴力行为，可能引起流血的行动，都不是大家所乐意接受的。

我们一方面要求环境保护，一方面重视工厂安全，却有意无意地把自己卷入流血的抗争，是不是明智的举动呢？

有意见当然可以反映出来，但所采取的方式和态度必须合乎理性。所谓"有理走遍天下"，理直可以气壮，但绝对不是壮到动武的地步。

同等标准的年终奖金，有的同事认为差强人意，也有的同事认为根本不合理。

于是认定不合理的同事，势必极力煽动那些认为差强人意而不讲话的同人，希望大家一起来要求工厂加发奖金。有些人勉强同意加入，有些人则坚决反对。

勉强同意的人，会增强争取的意愿，逐渐由平淡而剧烈。那些坚决反对提出抗议的人，则被责骂为"保皇党"或"厂长派"。

原本是邻居或好朋友的同事，如今开始有了"不两立"的意识。加上中国人不争则已，一争起来，很容易闹意气，形成"不是你死，便是我亡"的紧张气氛。

同时在方式上，也逐渐不择手段，这时候只要有一点激烈的诱因，就容易演变成为流血的惨境。

如果年终奖金获得合理的解决，同人之间的意见纠纷似乎应该随着消失。然而，事实上则全然不是这样，余波荡漾，仍旧久久难以消除彼此之间的不愉快。

中国人喜欢说"时过境迁"，过去就过去了，何必再提。

不过我们也常说"前事不忘，后事之师"，让我们记取教训，以免重蹈覆辙。

要中国人忘掉别人的旧事很容易，忘掉自己的往事则相当困难。

争取有功的人，沾沾自喜，俨然新的权贵。被骂为"保皇党"或者"厂长派"的同事，内心更不平衡：曾几何时，为工厂讲话也得不到好报，这算是什么世界？

表面上逐渐归于平息，心里头则始终存有隔阂，对于士气，不可能没有不良的影响。

奉劝喜欢"流汗又流血"的朋友，汗是可以流的，对健康有益，血是不必流的，上班并不需要献血。大家应该循着合理的途径，求取圆满的沟通，毕竟流血不是好事情。

要　则

1. 我们常把辛苦赚来的钱，称为"血汗钱"。唯有这种钱才守得住，也才值得赚。凡是容易进来的钱，大致都出去得很快。守不住的钱，常常害人也害己。

2. 血汗血汗，最好是流汗而不流血。有时候不小心，或者不得已而流血，应该极力加以避免，以维护自身的安全。

3. 流汗不流血，应该视为工作安全的守则。人人有此共识，工作场所保持安全第一，大家才安心。

请写下您的心得：

_____

_____

_____

_____

_____

做事不坐牢

某银行发生巨款冒领案，经理和承办人员都去坐牢。承办人员很不服气，认为："这种事情根本是我违背本意去做的，我并不想这样做，而是经理指使我去做的。我如果有罪，那也是罪在我的服从。"

大家不能够接受他的辩解，因为"你如果不做，难道经理会牵着你的手去做？"

然后我们又高声朗诵："服从为负责之本。"

请问：

1. 部属可以不服从吗？

2. 部属可以完全服从吗？

3. 主管若是命令部属做违法的事情，部属应该采取什么样的对策？

4. 现代化的部属，是不是应该一切说明白，据理力争，让上司也明白不违法的道理？

5. 请问什么叫作"服从为负责之本"？

请把您的高见简要地写下来：

✍ _____

_____

_____

❧分 析❧

1. 部属可以不服从上司的指使吗？答案正是中国人的看家本领："很难讲！"

张三不服从上司的命令，把事情弄得乱七八糟。上司很生气，讥讽地说："你自以为聪明，认为比我还要强，现在呢？强在哪里？如果照着我的话去做，会这么糟糕吗？"

张三心里依然不服气，"如果照着你的话去做，真的不会这么糟糕吗？"但是，事实摆在眼前，自己的成果实在不好，又有什么话说！

李四服从主管的指示，一丝不苟地去执行，结果并不好。主管很生气，骂他死脑筋："为什么有问题不赶快提出来？只知道死干、蛮干，是不是存心想害我？"

李四当然十分不服气，心里抱怨："你不是常常提醒我要服从？而今听话去做，也要挨骂？"不过，结果不理想，申诉也没有用，再怎么说，也没有人听得进去。

从这一个角度来看，中国人是"结果主义"者，一切依凭结果来判断，所谓"成者为王，败者为寇"，正是此理。

王五不服从上司的命令，却把事情办得十分正确而有效。上司很不高兴，认为王五根本不尊重他，心目当中没有上司的存在，因此多方表示不满，指称："如果按照我的话去做，结果必然更好。他的见解不够深入，能够做到这种地步，他就觉得满意，实在需要多多磨炼，才有可能更加成熟。"

朱七同样不服从上司的命令，也把事情办得条条有理。上司非常高兴，认为朱七懂得持经达权，适时调整，果然契合时宜。他一再赞扬："朱七把握住我给他的原则，能够随机应变，用'不变'的原则来应对'万变'的现象，这种'以不变应万变'的办事精神，才是他成功的真正原因，值得大家多多学习。"

如果认为王五的运气差，碰到不明理的上司，朱七运气好，遇见明理的主管，那就是一种"不能明辨是非"的错觉。王五和朱七同样不服从命令，获得两种完全不同的评语，一般人会觉得这是评论人的主观不同，也就是两位上司的价值观不一样，或者说是性格上的差异，其实并非如此。

假使我们把王五和朱七对调一下，结果呢？王五的上司照样不满意王五不服从命令的行为，而朱七的主管依然赞扬朱七见机行事，有应变能力。

为什么呢？因为王五"不服从让上司很明显察觉出他的不服从"，以致产生"你的心目中根本没有我"的反感，当然不愿意肯定王五的办事效果，却耿耿于怀王五的目无上级。朱七"不服从主管并不觉得他不服从"，只是看出"他为了求取良好的效果，尽心尽力地调整，希望能够圆满地达成我交给他的使命"，所以到处宣扬。

王五和朱七，在不服从的过程中，一定有其不同的措施，使得双方的上司有着不同的观感，因而带来不同的结局。

从这一个角度来看，中国人又是"过程主义"者，过程的变化，乃是"不以胜败论英雄"的最有力证据。

2. 完全服从，事实上就是盲从，盲目顺从上司的命令，根本就是奴才，具有下述三大特性：

第一，不用心，一切唯命是从，自己不可能有长进。

第二，不负责任，只知道依上司的命令而行，让上司负责。上司没有指示，也会以请示的方式，把责任推给上司。

第三，存心讨好上司，以完全服从来博取上司的欢心，却在上司决策错误时，反而害了上司。

3. 主管命令部属从事违法活动，部属为了确保"做事不坐牢"，当然应该坚决拒绝。不过在拒绝的过程中，应该秉持一个原则，那就是："不做，也不说。"

"不做"的原则比较容易了解，反正违法坐牢的事情不做，总是对的。

"不说"的原则比较难懂，为什么不能说呢？

第一，主管交给部属的工作，如果是违法的，可能有两种不同的情况：一种是有意的，主管明知违法，却故意指示部属去做；另一种是无心的，主管太忙，由于疏忽而未能察觉出违反法令，因而指使部属去做。

如果主管是有意的，部属一看违法，便说出来。这时由于并无实际行动，主管可以推说不知情，表面上赞美"部属机警"，及时发现弊端，内心却痛恨"部属不识相"，存心抓把柄，到处诉苦，把部属形容成一颗定时炸弹，弄得没有人敢用，对部属的前途，真是大有阻碍。

假如主管是无心的，那就更加糟糕。因为主管理直气壮地告诉大家，他实在太忙，并没有发现其中有违法的事情，部属一口咬定他交办违法的工作，不知是何居心？他一方面当面苛责部属，不要存心不良，一方面向上请求，把这种有意栽赃的部属调开，否则他坐卧难安，不知道什么事情就要被这种部属渲染得见不得人。

中国的恕道，绝对不是宽恕坏人，而是宽谅无心犯错的人。难道主管真的是神仙，一点错误都不可以犯吗？

第二，部属一看事情是违法的，便说出来。万一法令已经有所变更，主管知道得早，自己知道得晚，主管的话就很不好听："放心，在我这里做事，不会违法。因为我最讨厌违法的人，你最好留心你自己，千万不要违法才好。"世界上"不知"的人很多，"不知"不等于"无知"，有时只是知道得迟了一些，成为某一时段的"不知"，部属得知较晚，因而冒犯上司，值得吗？

第三，不论主管有意或无心，部属一看违法，便说出来，就已经和主管形成对立的态势。主管看了有"原来你和我不同一国"的感觉，以后做事势必困难重重。

部属不说也不做，主管当然会追查："那件事情办得怎么样？"

这时部属才说话："我正在找法令依据，一直没有找到。"主管如果把法令依据拿出来，部属放心，就应该马上去办。

主管拿不出法令依据，却交代"如果找不到依据，最好不要办"，部属便明白他是无心的，幸好自己没有到处张扬，否则错怪主管事小，自己令人害怕那才倒霉。

主管拿不出法令依据，偏又交代"不管有没有法令依据，赶快去办就是"。这时已经非常明显，主管有意把部属保送到"土城研究所"（牢狱的代名词）去"进修"，部属当然更加坚决，不去办它。可是一说出来，主管便可能否认，反而指称部属有意栽赃。部属不说也不做，主管一把事情闹大，大家自然明白主管的司马昭之心，更加同情部属的忍辱负重。

4. 有人说："时代不同了，现在是'良禽择木而栖'的时代，部属可以选择主管。"

我们也承认，部属最大的权威，表现在"五指并拢，手心向下，向桌面一拍："我不干了！"'"但是，偶尔为之可以，天天如此，请问吃什么？

良禽择木而栖，先决条件是有木可择，而且自己有本事可以选择，还能够栖得住。若是根本没有选择的机会，并且遇到什么样的主管，都得扮演好部属的角色，恐怕只好按照上面所说的方式来应对比较妥当。

一切说明白之前，最好想一想自己的判断力够不够？若是基本认识都不见得正确，如何说明白？

5. 服从为负责之本，表示部属的基本信条应该是把责任担负起来，达成预期的工作目标，完成合乎要求的工作成果。服从到什么程度？必须以这个根本要求来衡量决定：不能够盲目顺从，也不应该存心不服从。

说　明

人不可以不重结局，因为"盖棺论定"，结局可以给人一个总成绩。中国人最害怕"晚节不保"，便是最后的结局往往淹没了以往的表现。

但是，人不可以仅仅重视结局，因为"人生自古谁无死？"人的结局，不外是死。一切喜怒哀乐，无不来自过程。真正的人生，实在是起起伏伏的变化所带来的感受。

中国人最了解人生，所以"过程与结果"同等重视。承办人员违法坐牢，结局令人悲伤，因为无论如何，坐牢总是不愉快的。但是他不服从经理的指使，过程可能顺利吗？这才值得我们好好来研究一番。

承办人员向经理报告："这件领款案不符合银行的规定，我不敢做。"

经理会说："你怕什么？一切有我负责，不用怕！"

承办人员说："这种违法的事，我不愿意做。"

经理可能说："这哪里违法？我堂堂一个经理，会叫你做违法的事？你说话最好小心一点。这是变通，绝对不违法，而且转来转去，没有人看得出来，你放心好了！"

我们常常有意无意地诅咒"让别人去死"，告诉做部属的，违法的事，要坚决拒绝，不忍心让这些"鸭蛋"去碰"石头"，然后对着蛋黄蛋清摇头惋惜。

不错，正确的主张是：做事可以，绝对不要坐牢，但是，为了不坐牢而丢掉饭碗，那种滋味恐怕也不是局外人所能够体会的。

把服从和不服从合起来想，不要分开来看。很容易悟出"站在不服从的立场来服从"，意思是"不一定服从"也"不一定不服从"，才能够"有所服从"也"有所不服从"，因而"服从到合理的程度"。

合理不合理，很难判断。所以服从到什么程度必须用心思索，不可以为所欲为，或者凭着一知半解便立即做出不服从的反应。

站在不服从的立场来服从，才不致盲目服从。但是服从与否，是自己内心的事情，用不着表现出来，以免引起上司的不满，反而对自己不利。于是上司的命令，先以正面的服从来表现，以减轻上司的疑虑，然后再仔细考虑，服从到什么地步，以求合理。

🐍 要　则 🐍

1. 做事可以，做事很应该，绝对不能违法坐牢，这是部属听不听话的主要原则。对自己有利，也不会害及主管。

2. 上司的命令，必须自己衡量，应该服从到什么地步，才不致因盲目顺从而害了上司。因为服从不服从的判断，应该以把事情做好为基准，而不是以讨好上司为基准。

3. 坐牢是一种自作自受的恶果，虽然说很可能遭受冤枉，但是自己不够谨慎，也是责无旁贷。

请写下您的心得：

_____

_____

_____

_____

_____

卖力不卖命

上个月，公司指派5位同事，分别到外面接受不同的训练。回来后报告受训心得，引起大家很多的怀疑。

王君谈到"时间管理"，指出"工作时间并不等于上班时间，因为有些人不工作，从上班混到下班。我们应该把8小时做合理而有效的分配，充分发挥每一分钟的效能……"以下的话，似乎大家都听不进去。依据事后彼此的交谈和抱怨，都局限在这几句话的情况来判断，大家听到这里，已经觉得"又好气，又好笑"，再也无心听下去了。尽管王君侃侃而谈，听众却大多面面相觑。

李君受的是"良好工作态度"的训练，心得是"任何人投入公司，应该表现能干、肯拼的实力，才有良好的工作态度"。"能干、肯拼"又成为大家叽里咕噜的焦点，也是事后引起众多争议的话题。

焦君听了一大堆"对中国人民族性的分析"，由于他年纪较大，所以显得十分老到。首先说明"说的人这样说，不过我自己不太相信"，然后才说出："中国人特别重视情感，无论什么情况，总是把一个'情'字摆在前头，所以动之以情，他就会为知己者死。"这一番话，大家好像没有什么反应，心里想"我自己就是中国人，还用得着你来分析"，因而觉得"要分析也应该说出一些名堂来，这一套我老早知道，哪里需要再花时间去听讲"。

刘君是品管人员，他所受的训练也和品管有关。他强调消极地降低不良率，不如积极地确保没有不良率，因为降低不良率再怎么说也是一种不负责任的念头。就算再低的不良率，对买到不良品的顾客而言，仍然是100%的不良率。刘君说得口沫横飞，听的人并没有太大的信心，"零不良率"是不是有一点夸张呢？

龚君转述一则个案："老板到处拿订单，明明有利润，却弄得出现赤字，他把全体员工集合起来，要求大家努力增产。从明天开始，每人增加5%的产量。结果员工一下子就增产10%，惹得老板更加生气，抱怨大家平日实在太偷懒了！"

5位同事谈论的主题各有不同，但他们提及的重点，却离不开中国人的工作原则，那就是"卖力不卖命"。要员工卖力可以，想让员工卖命，免谈！

请问：

1. 王君的心得报告为什么让大家听不下去？

2. 李君的"能干、肯拼"有什么问题吗？

3. 焦君的说明有哪些值得学习的地方？

4. 刘君的"零不良率"能不能实际施行？

5. 龚君所转述的个案主要在传达什么信息？

请把您的高见简要地写下来：

✍ _____

_____

_____

分 析

1. 王君提及"应该把8小时的上班时间，做合理而有效的工作分配，以充分发挥每一分钟的效能"，大家马上想道："整整8小时，每一分钟都要充分发挥效能，这样卖命，值得吗？"

中国人的观念是忙里偷闲，稍微轻松一下，才能保住性命。如果一天到晚紧张，整整8小时都被紧紧盯住，那还活得长久？这样的工作，大概谁也承受不了。

其实，中国人一天工作8小时以上的，为数不少。而且也不乏一分一秒都相当紧张的，还不是照样活下去？可见中国人心理作用很大，不明说，让他卖力工作，他并不觉得自己在卖命。一旦明说要把时间严密地控制，而且把工作分析得十分清楚，以便正确地分配妥当。大家听到这种信息，心理上已经相当疲累，可以说是"未做先厌倦"。

如果换一种方式，把"时间管理"说成"既能够完成质量兼顾的产品，又可以减少时间的浪费，让大家省时、省力。同样做得那么多那么好，却有更多时间忙中偷闲，以确保健康，延长寿命"，相信更能打动中国人的心，使大家不但聚精会神地聆听，而且用心把它付诸实施。

2. 李君的报告，要大家能干、肯拼，更严重地伤害了同人的心。能干不能干，对我们中国人而言，答案只有"天晓得"。老板不给我机会，我再能干也表现不出来；老板肯给我机会，我再不能干，练久也可能成"精"，当然越来越能干。再说，肯拼不肯拼，并不是嘴巴说得就能算数。口头上肯拼，未必真的肯拼。何况肯拼不肯拼，也不应该由别人来倡导，"叫别人去死"的事情，谁都会做，却最好不要说。还有，"爱拼才会赢"原本是一首歌，唱的人指手画脚，听的人不当一回事，那就相安无事。若是听的人一肚子火，必然觉得"唱得比说得好听"，因而意念一转，说出"拼到死也不会赢"的气话，那就适得其反了。

中国人不说"能干"，喜欢说"肯干"，这才是高明。常听许多老板说："能干不能干，短期内实在看不出来。肯干最要紧，只要肯干，天下原本就无难事，有什么学不来的？"说得员工个个斗志高昂，摩拳擦掌，准备好好地表现"肯干"，以获得老板的赏识。

高明的老板，心里有"能干"的要素，却不在口头上表述出来，免得某些人没有面子。他们也许心里有"肯拼"的念头，却一直规劝员工不要太拼，以免伤害身体。这不是"口是心非"，而是以诚恳的态度，希望员工有肯干的热忱，还要"为公司珍重"，才能够长期努力。

"可以尽力，用不着拼命"，父母自幼耳提面命的教诲，铭刻在我们的脑海深处，哪里有高呼"肯拼、敢拼"所能够轻易改变的？说得太多，就成为真正的"口是心非"。有人痛斥这种"尽力主义"的观点，认为是马马虎虎、应付应付的挡箭牌，其实尽力必须加上尽心，才算真的尽力。一个人尽心尽力，要他拼命做什么呢？

3. 焦君开始报告之前，先说明"自己不太相信"，以缓和听者的心理紧张度，如果身份合适，效果很好。若是老板不欣赏他这种语气，那就显然得不偿失。

中国人普遍认为自己最了解中国人，几乎忘记了"不识庐山真面目，只缘身在此山中"的道理。天天如此，反而不知其所以然。不过"要分析，应该说出一些名堂来"，则是起码的要求。如果人云亦云，或者一知半解就断定如此，岂非害人又害己？

士为知己者死，史有明证。然而先决条件甚多，绝对不是简单一个"情"字，就可以叫人去死。何况中国人的"情、理、法"虽然把"情"字摆在前头，却未必代表中国人特别重情。我们是重"理"的民族，衡情论理，合理地解决问题，才是中国人的真面目。

中国人不喜欢死，认为"好死不如赖活"。中国人又喜欢求得好死，因为"迟早难免一死，实在不能活的时候，好死最要紧"。中国人的观念，是"转"出来的。不卖命是"根本"，不应该卖命的时候，自然不会卖命；应该卖命的时候，自然会卖命，那是"作用"。站在"不卖命"立场来"卖命"，这才合理。

4. 刘君提出"零不良率"的观念，日本味道十分浓厚。中国人心目中存在"神仙打鼓，有时也会错"的念头，要求百分之百完美，简直是"自找天谴"。

我们可以"希望"把不良率降低到零，却最好不要明白地"要求"零不良率。高明的老板，会以"不良率降低到零"为荣，认为这是员工"化不可能为可能"的"了不起"所在。不会拿"零不良率"当作要求的标准，使员工觉得自己在"达成任务"，而非"争取荣誉"。

同样一件事，有好几种说法。说"台湾经济是一种奇迹"，也可以说"台湾经济根本不是奇迹"，都言之成理。但是中国人宁愿采取前者的表达方式，把台湾的经济视为奇迹，大家都有面子。电视上主持经济节目的人，每次夸口台湾经济如何如何，总会遭受重大的"修理"，便是使人误解夸口的人，把"奇迹"当作自己的"实绩"，因而予以重击。

中国人有办法做到"零不良率"，但是，"零不良率"是员工努力做出来的，属于员工的荣誉。"零不良率"不应该由老板来规定，员工累得半死，结果只符合规定的标准，谁受得了？

5. 龚君所转述的个案，令人啼笑皆非的乃是老板的要求，员工加倍达成，使得老板更为生气。因为他的面子，完全受到伤害。"我只要求增加5%，他们一加油就增加10%，实在太使我伤心！"

可见"卖命"也要有卖命的技巧，否则"送人家东西，还要让人家嫌"，实在不值得。

🔖 说　明 🔖

"卖力不卖命"的主张并没有错。人生下来，总共只有一条命。命迟早会结束，但要结束得心安理得，才能够显得"重于泰山"。力气天天都有，今天卖光了，明天还有新的可以继续卖。何况今天的力气不卖，也不可能储藏下来，照样随着一天的时光，付诸东流。卖力是应该的，"拿人钱财，与人消灾"，不卖力根本说不过去。卖命是非不得已而为的，不可随便允诺。

任何道理，劝人家卖力的，中国人很容易接受。劝人家卖命的，最好不要提，因为听信的人越多，自己所积的罪孽就越重。

卖命不卖命，由己不由人。我自己决定卖命，别人挡不住；任何人劝我卖命，不过马耳东风，听听就算了，毫无效果。卖力不卖力，由人不由己。我自己决定不卖力，别人可以解雇我、指责我、处分我。劝人卖力，是做好事；劝人卖命，那就不好讲了。

🔖 要　则 🔖

1. 中国人应该卖力，亦即尽心尽力，同时应该保命，为自己，为公司，也为国家社会，留住宝贵的一条命，以便卖力、再卖力！保命卖力，所以卖力不卖命！

2. 卖力到什么程度？固然由自己决定。但是，后果也由自己承担。基于自作自受的法则，我们认为：既然接受工作，当然应该卖力。划不划得来，并非金钱所能够完全衡量的。对得起自己，不浪费自己宝贵的生命，才是卖力的主要依据。

3. 各种训练，有没有效果，主要看能不能真正付诸实践。要能够行得有效，必须符合当地的风土人情，否则空说无益，因为听进去也用不着。

请写下您的心得：

_____

_____

_____

_____

_____

争气不争功

个　案

某公司新旧总经理交接典礼，王董事长亲自主持。他循例先说一些旧任张总经理的贡献，肯定其 5 年任内的改革对公司有很大的助益。

然后介绍新任李总经理的简历，并且推崇他的宝贵经验和出众能力，相信公司在他的主持之下，必定有更为灿烂的未来。

张总经理致辞的时候，忽然间好像变成另外一个人，平日的果敢和气魄，顿然消失。

他十分客气地表示，由于过分重视绩效和士气，对于某些同人，似乎疏于照顾，希望大家体谅他的苦心，多多包涵。

他又表示虽然离开公司，但是仍然在本地任职，以后见面的机会很多，请大家秉持原来的爱护之情，不吝指教。

李总经理是新人，大家对他所知不多。他诚惶诚恐，生怕大家一下子不能够接纳他，所以致辞时尽量镇静而和缓，偶尔添加一些幽默，希望博得大家的好感。

这些情况，各公司、机构大致相同，好像有一定的模式，大家不约而同地说同样的话，采取同样的态度和语气。久而久之，似乎形成一套不成文的公式，非如此不可。

交接典礼的主持人，无论旧任总经理的退休、荣升、迁调或革职，一定要说些赞扬的好话。

请问：

1. 为什么交接典礼，差不多都要说些如此这般的话呢？

2. 王董事长先肯定旧的总经理，再推介新任，为什么？

3. 各人的表现，隐约可以体会到什么内涵？

4. 真的是功没、过存吗？

5. 如果是的话，我们努力做什么呢？

请把您的高见简要地写下来：

✍ _____

_____

_____

🌿 分　析 🍃

1. 人嘛，好聚好散。中国人凡事考虑得很长远，而且特别相信"山不转水转"，同时"不是冤家不聚头"，所以主张"要散，就应该好好地散"。

为了好散，我们相信新旧任交接典礼具有很大的功能。不但可以化解彼此的误解，把多年的恩恩怨怨淡化，而且能够减少以后的困扰或纷争，留下以后好见面的宽广余地。

至于能不能达成这些使命，决定于彼此的诚意和用心。特别是主持人的心胸，这时候表现得十分清楚，也影响到典礼的成效。

2. 董事长通常会首先感谢旧的总经理，再推介新任，以表示继旧开新的气象，以及不忘本的精神。原有的同人，心理上比较好受，因为董事长并没有喜新厌旧。卸任的总经理，致辞时会比较冷静而客气，不至趁机放炮，说出很多令人下不了台的难听话。新任总经理也比较容易接腔，不必一接任就去选边站，出面支持董事长，为其辩护，令人觉得有备而来，反而不容易加以接纳。

3. 张总经理就算再坏，也替公司担任了 5 年的重要职位，总归有他的贡献，王董事长趁着交接典礼，把它说出来，张总经理的心里会好受得多。

旧任总经理如果是荣升更高的职位，大概就不至于像泄了气的皮球，没有一个地方硬得起来。

他说不定会轻松地用开玩笑的口吻来欢迎新任总经理，并且提示他一些未解决的难题，表示自己有先见，只是未动手而已。

若是退休，多半会感叹韶光易逝，年华老大，因而对大家多多勉励，更感伤地和大家道别。

现在张总经理很明显地与董事会意见不合，被"莫须有"的罪名所套牢，不得不对某些可能让自己难堪的同人，再三致歉。毕竟英雄不吃眼前亏，何必冒险？

新任总经理如果是旧任的得力干部，受到多年照顾，又力荐新职，对于旧任总经理自是感激不尽。致辞时就会极力推崇老总经理的金科玉律，宣称今后"萧规曹随"，还请老总经理一本初衷，多加指导。

李总经理是新人，最担心的是大家对他欢迎与否，所以当前的急务，仅在争取好感，以后种种，留待他日再来计议。

其实，交接典礼总共不过几十分钟，简单隆重，转眼就成为过去。重要的是，交接典礼过后，旧任再好，再有重大贡献，终究要离去。新任再陌生，再摸不着头脑，还是要共处。

于是攻讦既往，歌颂现在。但见新人笑，不见旧人哭。以前的伟大处，逐渐褪色，甚至成为不可原谅的过失。现在的所有措施，无非求新求变，而且切中时弊，为全体员工谋取最大的福祉。

4. 功没、过存。过去的功劳，一笔勾销。往日的过错，不断地显现。同人之间，说起过去都摇头，提到眼前就表示有希望。世态炎凉，人间冷暖，在一交一接之后，才明显地流露出来。

王董事长为了支持新任李总经理，不得不对原任张总经理的所作所为，做另一角度的分析。

有意无意，透露自己从被蒙蔽到看清真面目，实在有难言之隐。

聪明的话，加上一句："不管怎么样，他辛苦了这几年，我还是十分感谢他。"闻者无不动容，更加怀疑张总经理究竟有什么对不起董事长的地方。

张总经理若是传给他的儿子，相信应该不会遭受攻击。相反的，儿子当上总经理，更是以老总经理为荣，处处拿老总经理的话作为重要依据。

这样我们才了解，为什么自古以来，历代皇帝极力要传位给自己的儿子，因为一旦皇位被别人的儿子所占据，便要改朝换代，一切归于幻灭。

张总经理如果力荐自己的亲信来继任，那么他晋升之后，依然可以遥控原来掌握在自己手中的公司，何乐不为？有势力而不求扩展，哪里能够形成更大的势力网？

不过，儿子也有反叛的可能，亲信更加不保险。

所以儿子也好，不是儿子也好；亲信也好，不是亲信也好，重要的是，要及早培养可以使自己经营理念继续发扬光大的继任者，这才是总经理的主要职责之一。

自己既不要同董事会形同水火，又有能力在自己离职时，推荐合意的继任人选，这才是真正风光的总经理。

总经理在任内表现良好，且有卓越的贡献，并不表示自己就没有过错。因为同样一支笔，可以倒向东，也可以歪向西，同样一件事，可以说成白的，也可以说成黑的。

往往一件好事，被渲染为不堪入目的坏事；明明一件坏事，却被巧妙地粉饰涂金，变成天下的好事。

总经理在任时的功劳，大家绝口不去提他；所有的过失，尽量加以扩大和丑化，任凭退任总经理三头六臂，也无可奈何！

时势所趋，形势所逼，很容易造成"功没、过存"的结局。中国人很早有见及此，才告诫我们"不求有功，但求无过"，看似消极，其实非常有道理。

5. 既然不求有功，但求无过，我们努力的目标，最好放在"不要产生过错"，而不是"尽力求取功劳"。

为什么不求功？因为功劳很容易被人遗忘。除了自己的子孙，谁还愿意牢牢记住自己的功劳？同时，由于时势的变迁，形势的转移，当年的功，很可能是今日的过。

大家在极力翻案的时候，根本不会考虑当时的情境与今日不可相提并论，却全然站在今日的观点来审视当时的决策，当然一无是处。

请问：公司的福利措施，是什么人制定的？答案不是"我"，便是"不知道"。公司的新产品，是谁开发的？答案不是"我"，就是"谁管他"。

自己的功劳，当然不会忘记。别人的功劳，记那么多干吗？

不求功的真正含义，是有功劳也要自行忘记，不要老是认为自己有功，这样才不会灰心、失望。

为什么但求无过？因为过失永远存在。过失所带来的后遗症，历久不衰，令人时常痛恨、责骂，实在很不幸。

何况当时的功，时过境迁，很可能变成过。再加上占便宜的人称赞为功，没有占到便宜以及受到伤害的人，必然诋毁为过。

请问：这一件事情，为什么会这样？答案是："还不是朱七搞的鬼！"怎么不能自己调班？答案是："前任厂长定下来的臭规矩！"

🐍 说　明 🐍

但求无过的真正含义，在于自己提高警觉，不要轻举妄动，自以为是。自己的过失，多半看不出来，更加要警惕，以免到处惹祸，给自己留下一大堆洗刷不完的过错。

"不求有功，但求无过"并不是什么都不做，而是有所作为的时候，必须留意它可能带来的功过。

肯定有功的，要以无功的心情去完成它，并且时时注意料想不到的过失，及时加以补救，以绝后患。万一是过的，立即悬崖勒马，以免坠入深渊，悔之不及。

李总经理就任之后，当然应该有所表现，才不辜负众人的期望。但是，表现归表现，却不必将自己的功劳建立在前任的过失上面。

总经理开始觉得过去的不合理，马上出现一箩筐"往昔的罪过"，这是不可避免的趋势，不可不防。

过去是过去，过去的一切决定，想必有当时的许多限制，不得不如此。现在是现在，现在的一切决策，当然依据现在的情势，做最合理的选择。

然而，现在是过去的延伸，没有过去，哪里有现在？过去那些看起来"幼稚"的做法，正是今日这些显得"成熟"的基础。

人往往喜欢彰显自己的才干，夸大自己的功劳，却很少察觉后人正在那里摩拳擦掌，准备批评自己的能力，贬低自己的贡献。

长江后浪推前浪，每一代人，都在否定上一代的价值。江水呜咽，看起来有很多人也在哭泣！

前后任是缘分，好不容易才有这么一交一接的机会，彼此都应该珍惜。

前任以后任为荣：幸亏有你，我的理想才得以发扬光大。后任也以前任为荣：多承打下这么扎实的根基，我才能够在上面跳跃自如。

人，要彼此谅解，更要彼此勉励。大家只顾自己的伟大，不顾他人的辛苦，这时候"功没、过存"的道理，就更加明显，因为几乎人人都有过，个个皆无功！

❧ 要　则 ❧

1. 好聚不如好散，留下以后好见面的余地。中国人比较重视祭吊，而不重视庆生，意思是前者大多出于真诚，因为此时再也要求不了什么，而后者则很可能怀有巴结、讨好、索求的成分，不可不防。

2. 交接典礼往往包含很多信息。如何去解读？要看各人的本事。最好不要存有成见，采取比较客观的心态，来观察、分析，以期对未来的发展，有所判断，也有所应付。

3. 功没、过存，是不争的事实。每做一件事，先想想可能造成哪些后遗症，事先想办法加以避免或减轻，应该是可行性分析的主要部分。不能够做了再说，以免得不偿失。

📖 请写下您的心得：

_____

_____

_____

_____

_____

第三章

沟通的现象

‖ 导 言 ‖

中国人的脑海深处，普遍存有"先说往往先死"的概念，以致"见面不谈正经事，专门胡扯"。"有意见也不一定说"，往往暗留一手，让别人先发表意见，然后见机行事，可能大肆抨击，也可能赞扬备至，一副见风使舵的模样，令人十分气愤。这种让别人站在明亮处，自己躲在黑暗处的作风，造成很多沟通的障碍。

不知道"先说先死"的人，常常死得不明不白。只知道"先说先死"，却落得难以沟通，对自己的前途非常不利。因为"先说先死"固然是不易的道理，而"不说也死"同样有许多铁的事实，不容否认。

"先说先死"和"不说也死"，看起来彼此矛盾，中国人却有办法把它们统合起来，做到"说到不死"的地步。化矛盾为统一，说起来正是中国人的独门功夫。

明智的人，必须在"先说先死"与"不说也死"的"品管上下限"（如果"先说先死"是品管的上限，那么"不说也死"就是品管的下限）之间，找出一条"说到不死"的活路。

中国人的聪明，表现在"不可不说"而又"不可乱说"，亦即说得恰到好处，令人拍案叫绝。

现代中国人受到西方文化冲击，在没有学到"先说先死"前，便勇敢地"有话直说"，弄得灰头土脸，依然不知道毛病出在哪里，实在可怜。

电视上一再呼吁大家"我有话要说"，使得许多人"对的说，不对的也乱说"、"懂的说，不懂的也胡说八道一番"，造成社会的混乱，更造成人心的不安。

人难免会胡说，只是不应该"一本正经地胡说"，让人家看不出他正在胡说。中国人一再告诫"不要听他的，要赶快去看他做些什么"，表示"行动胜过语言"，真正付诸行动，比说一大堆空话更受欢迎。

中国人喜欢"察言观色"，孔子告诉我们"说话的时候，眼睛不看对方，简直和瞎子没有两样"，便是一方面看他是不是同意我们的说法，一方面看他是不是了解我们的真意。

反过来说，我们说话的时候，别人也喜欢看着我们，一方面看我们是不是胡说，一方面也观察我们有没有用行动来证明我们的语言。

中国人十分习惯于"不明言"，亦即"不说得清楚明白"，却喜欢"点到为止"，以免伤感情，或者"看不出对方是否具有诚意"。

不明言的态度，不容易先说先死。因为一部分是我们说的，一部分是别人自己猜的，大家都有面子。谁也没有完全听从谁的，大家比较乐意顺从。否则，"我为什么要听你的？"而且，"你凭什么命令我？"

"不明言"也不会"不说也死"，因为你认为我不说，但我已经说了，至于清楚不清楚，明白不明白，那是程度上的差异，没有一定的标准。

"不明言"往往能够收到"说到不死"的效果，兼顾"说"与"不说"，居然可以不死，实在是奇迹。

中国人的沟通相当特别，绝对不是"我有话要说"或者"有话直说"就可以奏效的。如何领悟"先说先死"与"不说也死"的道理，真正做到"说到不死"，恐怕除了确切地说与不说之外，还应该切实以行动来支持自己。

先说往往先死

❦ 个　案 ❦

　　王董事长和李总经理是从小一起长大的好朋友，这种难得的友谊，促使他们在大学毕业之后，共同创业，不分彼此也不拘名分。董事长和总经理不过是形式上的称呼，实际上凡事商量办理。

　　他们不分大小，谁也不想去管谁，谁也不想替对方做决定。

　　近来，情况稍微有些变化。为了某些事情，双方的意见很难一致。以往遇到类似情形，两人总会坦诚地表示自己的意见，就算大声争吵，也不至于伤感情。现在却不是这样，见面时打招呼，却很少面对面地谈问题。大多数事宜，都通过朱秘书来联系解决。

　　朱秘书夹在中间，实在相当为难。遇到问题，请示王董事长，答案不外乎"你应该去问总经理"。转过头来请教李总经理，却又听到"你先去问问董事长"的指示。谁都不愿意先说，弄得朱秘书转来转去，很难得到具体的解答。

　　实在没有办法的时候，朱秘书只好含含糊糊地编造一套对方的说辞，结果竟然是"怎么可以这样"？因而说出刚好与对方相反的论点。

朱秘书转过来转过去，费好大的劲才能够解决一个问题，觉得苦恼万分，却又很难突破。

请问：

1. 王董事长和李总经理原本情意相投，为什么共同创业之后，反而貌合神离呢？

2. 为什么先说先死呢？

3. 朱秘书的沟通，主要困难是什么？

4. 王董事长和李总经理难道不了解朱秘书的苦衷？

5. 商场上的讨价还价和这个案例有什么关系？

请把您的高见简要地写下来：

✎ _____

_____

_____

✿分　析 ✿

1. 中国人常说"合"字很难写，意思是"合伙"事业不好办，很不容易好头好尾。往往创业阶段一过，好像蜜月期满，就要开始争吵似的，弄得大家都没有信心。

王董事长和李总经理当然也有情意相投的蜜月时期，两人都觉得合作事业十分顺利。不料，人员越来越多，事务越来越复杂，于是，由小误会而积成大误解，加上"人一旦开始怀疑，就会越来越疑心重重"，以至彼此貌合神离，心存芥蒂，却又无法当面澄清，恢复原有的信任。

探究其中的原因，说起来很有趣，竟然是"先说先死"在从中作祟。中国人最了解"先说先死"的道理，而"先说先死"，又是屡试不爽的规则。使得中国人有很多事情，居于不愿意或不方便先说，造成沟通的困难。积久带来误解，自然引起猜疑。于是疑上加疑，便不得不反目成仇。合伙人最后成为仇人，真是始料未及。

仇人归仇人，没有拆伙以前，依然是合伙人，叫作合伙的仇人。这时候寻求中介人士，两方周转，似乎都相信他又好像都不相信他。

2. 为什么"先说先死"呢？我们举一实例加以证明。有一次，参观化工厂的时候，行经仪表控制室，看见仪表板上，有若干颜色不同的指示灯，有亮着的，也有不亮的。有一个指示灯，则是一闪一闪的。

有人问："这个指示灯为什么会闪？"

厂长回答："因为液体快到临界点，如果到达临界点，它就不闪了。"听起来也蛮有道理。

想不到厂长刚刚说完，仪表工程师说："不是啦！那个灯坏掉了！"

大家看厂长，脸上无光，谁叫他先说，果然先死！

如果厂长不搭腔，用眼睛看仪表工程师，他就不得不回答："那个灯坏掉了！"

这时厂长便可趁机指责他："灯坏掉了，为什么不修理？弄成这样子，一闪一闪的，多难看！"

仪表工程师先说，厂长才可以责骂他，叫他先死。如今自己先开口，不幸又说错了。若是此时指责他，显得自己恼羞成怒，似乎不得体。

3. 朱秘书请示王董事长，王董事长虽然说不出一套道理，却直觉地认为朱秘书要他先说先死。他心里觉得好笑，嘴里自然而然就会这样说："你应该去问总经理。"

朱秘书请示李总经理的时候，由于李总经理同样是中国人，脑海里隐约存在着"先说先死"的观念，所以也不自觉地回答："你先问问董事长。"

两个人推来推去，谁都不喜欢先说，因为先说先死，什么人愿意牺牲？就算有人勇敢地情愿牺牲，一切由我先说，将来真的死了，不但没有人会衷心佩服，反而笑在心里，这才是中国人一直推、拖、拉，不肯先说的真正道理。

先说为什么会先死呢？道理几乎都是相对的，所谓"仁者见仁，智者见智"。先说的人说出这一方面的道理，后说的人很容易站在相反的立场，说出另一方面的道理。虽然双方都说得头头是道，毕竟后说的人，可以针对先说的人，做一番整理和修补，甚至大挖其漏洞，弄得先说的人，好像相当没有学问。

先说的人站在亮处，人家摸得很清楚。后说的人若是存心挑毛病，专门拣他的缺失，保证把他整得体无完肤。先说的人，说来说去顶多说出道理的一部分或者大部分，总有一部分被遗漏掉；后说的人，就可以针对这些缺失来大做文章，表现得很内行的样子。

朱秘书夹在两位老板之间，经常被弄得眼花缭乱，不得不编造一些某一方面的意见，引起另一方的反击，至少可以从中获取若干信息，再抽来剥去，比较有出现丝茧的可能。

4. 王董事长和李总经理难道不了解朱秘书的苦衷？他们当然心里有数，可是爱护部属是一回事，自己不可以先死，则是更要紧的一回事。相形之下让朱秘书团团转，也就成为"习惯了，也就好了"的最有效措施。

中国人十分讲道理，却又习惯于"你说东，我说西；你说西，我便说东"。反正有黑就有白，有东便有西，大家走着瞧。

5. 商场上的情况更是良好的佐证。首先开价的人，实在非常为难。开出高价，客人一看价格这么高，回头就走，问都不来问。开出低价，自己一定吃亏，谁愿意这样做？

开实在价不就解决问题了吗？却又不然。中国人喜欢杀价，讨价还价不成，又觉得没有面子，干脆不买，常常失去成交机会。

中国人为什么偏爱讨价还价？因为嘴巴长在那里，除了吃东西、说话之外，闲着也是闲着。为什么不动一下，用来杀价？如果一还价便少付 10 元，请问有什么比这更容易赚钱的？喊一声赚 10 元钱，哪里去找？

再说，谁知道喊价的人诚不诚实？万一他那边胡乱开价，我这边竟然深信不疑，岂不冤枉？

现在我们一方面呼吁大家推行"不二价"，却又常透过传播媒体，要大家"货比三家不吃亏"，这是什么道理？还不是信不过出价的商人？于是大家穿得整整齐齐，到百货公司看定价，再换穿便服，走向地摊去讨价还价，是不是又一次证明"先说先死"？

🐍 说 明 🐍

打乒乓球的人，深知"先抽先死"。除非实力高出对方很多，才敢率先抽球，否则一抽便死，几乎是不争的事实。产品开发，先投入的往往先死，造成"老二"占尽便宜的现象，也是大家极具兴趣的话题。

女孩子买东西回来，很有兴致让大家欣赏她所购买的物品，却不会主动把价格讲出来。如果有人问她："这件东西多少钱买的？"

机警的女孩子也不至于开口便把所花的代价说出来，她会回答："你猜猜看？"

中国人的智慧，除非一生当中永远搞不明白，否则一学就会，而且终生受用不尽。要大家抛弃"先说先死"的念头，恐怕相当不容易。

老子"不敢为天下先"，孔子也大骂"始作俑者，其无后乎"，难道真的一点道理也没有？假若大家都不怕死，争先恐后地力求先说，偏偏又说得不伦不类，或者根本似是而非，究竟是好还是坏？

王董事长和李总经理深知"先说先死"的害处，以至好朋友变成合伙的仇人。但是，他们的问题，并不是放弃"先说先死"的观点就可以解决的。就算他们争着要先说，结果也是白白地牺牲掉，这才是值得我们深思的课题。

🦎 要　则 🦎

1. 先说先死的道理，大家知之甚详，共同不知不觉地引以为戒，却因此而不敢先开口，不愿意先说出自己的意见，以至增加许多沟通的困难，必须用心加以克服，以提升沟通的效果。

2. 最好深入研究一个问题："人人都知道先说先死的道理，究竟谁应该先开口呢？"否则没有人愿意先说，老在那里说一些没有用的话，浪费时间。

3. 先说也可能不死，不过需要更高明的本事，才办得到。若能达到这种先说也不会死的境界，堪称沟通高手了。情势不利的人最好先申述自己的意见，让情势比较有利的人公正地给予"合理的建议"，双方才有圆满沟通的可能。

请写下您的心得：

_____

_____

_____

_____

_____

不说也是会死

个　案

　　总经理主持会议，希望大家多多发表意见。大家你看我，我看你，最后干脆低下头来看自己。总经理很不高兴，讥讽地说："平常不要大家说话的时候，就有人显得话特别多，现在要大家说话，却没有话说。"

　　公司某单位主管出缺，总经理在人事资料中，发现王君学历、经验都相当符合要求，便征求王君的直接主管李经理的意见。李经理说："我对他实在不很了解，因为他很少和我讲话。"

　　董事长希望总经理了解一下汪经理的近况，原因是："他近来很少说话，会不会有什么难言之隐？"董事长认为汪经理一向见到他都有说有笑，最近这一两次竟然打过招呼以后，就沉默不语，恐怕有些蹊跷。

　　总经理请朱专员陪同拜访客户，客户提出若干要求，总经理说来说去，似乎偏离了事实。朱专员躲在一旁，什么也不敢说。回来之后，总经理查明实际情况，立即把朱专员找过去，指责他明明知道总经理说错了，居然一副事不关己的样子，一句话也不说，简直是隔岸观火，大声地责骂他："我难道是要你去看戏的？看我丢脸，对你有什么好处？"

朱专员被骂得哑口无言，心里只是纳闷："原来不说也是会死！"

请问：

1. 中国人为什么不喜欢在会议中发言？

2. 王君学历、经验俱佳，李经理为什么不敢推荐他担任主管？

3. 汪经理近来很少说话，为什么引起董事长关注？难道少说话也不行吗？

4. 朱专员可以率直地指出总经理的错误吗？他应该怎么办？

5. 先说先死，难道不说也死？有什么好办法，可以说到不死？

请把您的高见简要地写下来：

✍ _____

_____

_____

🖎 分　析 🖎

1. 东方人的会议，本来就和西方人不同。拿日本人来看，他们在会议上经常表现的"三 S"便是"保持沉默"（silence）、"有人看见时微笑"（smile）、"没有人注意时打瞌睡"（sleeping）。

日本人并不推崇"能言善道"，反而欣赏"不善言辞，却专心去做"的人，不知道我们在研讨日本式管理时，有没有把这一点纳入考虑？

中国人不是不喜欢说话，而是中国话多半不容易表达得很清楚。话本身已经相当暧昧，听的人又相当敏感，于是"言者无心，听者有意"，往往好话变坏话，无意成恶意，招来洗不清、挥不掉的烦恼，何苦来哉？所以中国人对闲聊很有兴趣，见面不谈正经话，专说一些没有用的"五、四、三"。会议既然要谈正经事，大家只好面面相觑。不是真的没有话讲，而是谁也不愿意先说，因为事实证明：先说往往先死。

会议中敢于发言的人，通常是这三种人：一是怎么说都不会死的"红人"；二是反正说与不说都会死的"黑人"；三是被人家扣上高帽子，不知不觉地自以为正义凛然的"白人"。算来算去，说得好是应该，说得不好就会死的"黄人"，还是少开口或者后开口比较安全。

"红人"在会议中，常常狐假虎威，开口就是"开会嘛，便是大家要讲话，为什么不讲呢？"不料大家脸上没有表情，嘴上不说，心里却嘀咕着："哪天轮到你下台一鞠躬，你会讲这种话？"

"黑人"什么话都敢说，因为他抱着"大不了一死"的决心。他一不怕死，主席就怕他了，虽然心里十分恼怒，表面上也要虚与委蛇，好像是很有风度，其实这是中国式管理必具的"虚功"。

"白人"被捧得高高的，真的以为自己足以双肩挑重担，认为自己不说，大概没有人会说。这种人利用价值很高，结果却成为人人害怕的"破玻璃"，大家敬而远之。

"黄人"说也死，不说也死，处境最尴尬。必须运用智慧，才能合理地突破，所以中国人的道理最难讲，最不容易懂。

总经理看见大家不说话，居然不高兴，这也是中国人"占了便宜还卖乖"的作风。假若大家踊跃发言，讲得总经理下不了台，是不是又要拍桌子骂人呢？总经理看见大家不说话，实在应该发觉问题的症结，是"会前沟通不够"，以至大家不知道从何说起。

中国人注重会前会与会后会，会议本身，往往流于形式，如果不能把握此一特性，贸然指责中国人"会而不议"，鼓吹什么"不说话大错"，强调什么"我有话要说"，都在不知不觉地害死人。

但是，尽管自己也是"黄人"，尽管说话会死，必须提醒自己，不说话照样会死。

2. 王君学历、经验俱佳，顶头上司李经理为什么不敢推荐他担任主管？李经理讲得很正确："对他不够了解。"王君平日沉默寡言，问他几句话，常常只能得到简短的答复，给人感觉高深莫测。孔子欣赏木讷的人，却也主张言词必须通达。少说话很好，不至于言多有失。但是少说话绝对不是不说话，不说话大家不可能完全了解，有时会成为自己升迁的障碍，不可不慎。

3. 平日少说话，忽然话多起来，或者一向多话，居然不说了，都会令人起疑。这种比较明显的变化，多半被认为是心理不平衡的反应。

中国人好朋友才一道喝酒，一道喝酒时又要想尽办法把好朋友灌醉，弄得外国人莫名其妙，摸不清楚究竟有什么大道理。我们认为：朋友贵在相知，可是这些朋友到底是本性如此，抑或伪装成这等模样，实在弄不清楚。如果一直弄不清楚，就不敢当真把心交给他。彼此之间，就是好朋友，难免也存有一些戒惧。因此找一个机会，拉他一道喝酒，趁机把他灌醉，看看他醉后的表现与未醉之前有什么差异，以便判断这人的本质与习性，作为应不应该交心的依据。

现代中国人，若是只知把朋友灌醉，却未能把握时机好好观察，甚至对方尚未醉倒而自己已经糊里糊涂，那就毫无作用，失去原本设计的功能。

醉后一反常态，不是借酒装疯，便是平日尽力压抑，此时趁机反映出来，我们比较前后的差异，应该有所判断。就算没有醉酒，人也可能产生异常的现象，管理者必须详加考察，深入探讨异常的原因。不可掉以轻心，等到后果严重，才来设法解决，已经坐失良机。

董事长觉得汪经理一向见到他都有说有笑，最近一两次，却一反平日的作风，显得沉默无言，他马上提醒总经理，去了解一下汪经理的境况。这种做法，必须有一个先决条件，就是汪经理既不属于董事长派，也不属于总经理派。换句话说，董事长和总经理的关系相当不错。总经理不会把汪经理找来，出卖董事长说："你要小心一些，董事长的个性多疑，看到你近来不太讲话，已经对你起了疑心。以后在董事长面前，还是当心应付一下比较好。"

汪经理和总经理处得如何？也是董事长应该顾虑的因素。明知两人处得不好，又要总经理去了解汪经理的情况。如果不是强人所难，便是有意添油加醋，让两人相处得更不愉快。

董事长若是顾虑太多，干脆不讲。将来汪经理发作起来，做出对公司重大的破坏，董事长心里不安，事实上也会蒙受不利。说出来固然是一种冒险，不说出来也可能招致不良的结果。

4. 总经理请朱专员陪同，一起去拜访客户，必然是经过考虑的，认为朱专员对于客户以及业务多少都有一些认知。总经理的用意，当然是万一遭遇到什么难题，朱专员可以从旁协助。如今朱专员居然固执"先说先死"的传统，大装迷糊，难怪总经理火冒三丈，给予不客气的斥责。

朱专员真的可以率直地指出总经理偏离了事实吗？有些人喜欢说"当然应该如此"，理由是"总经理必须有此雅量，接受朱专员的陈述"，甚至进一步说"这样不但无损于总经理，而且使部属更加具有效率"。我们听多了，似乎忘记这正是典型的中国式"用别人的拳头捶打石狮"，然后大喊"不痛，不痛"。打的人疼得冒出一身冷汗，抓着手的人，还要不解地说："不可能呀！不应该觉得疼才对。"

我们建议朱专员及时补充或更改总经理的偏差，受害者是朱专员，当然不是我们。朱专员想必吃过几次亏，上过几次当，才会造成这种不闻不问的"活死人"形态。

5. 我们在接受"先说先死"的教训之后，必须赶快体会"不说也是会死"的道理。一味不说，同样死得很惨。

这样我们才能够明白，为什么中国人常常把互相矛盾的两句话连接在一起讲。我们讲究"先说先死"之后，马上接下去讲"不说也死"。"先说先死"和"不说也死"根本是彼此矛盾的两句话，中国人把它们连接起来，正是"化矛盾为统一"的伟大思想。想想看：说会不会死？再想想看：不说会不会死？千万不要抱着反正是死的念头，而不重视这种观念的圆融性。任何人只知其一，不知其二，就会死得令人无法同情，这才是真正的难题。

说到不死，其实是大家所极力追求的境地，如何才能达成，恐怕要多费一些心力，把这一章的学问贯通起来才有可能。

☙ 说　明 ❧

先说先死和不说也死，看起来十分矛盾。我们不应该把它们对立起来，从事二选一的活动，以免造成不利的后果。最好两者兼顾并重，秉持"不可不说，不可乱说"的原则，既不先说，也不不说。

把说与不说合在一起看，不要分开来想。以品质管理的观念，将说与不说当作品管的上下限。凡事在说与不说之间，看情势、论关系、套交情，衡量此时、此地、此事对此人应该说到什么地步，才算合理。

换句话说，不能够由于害怕先说先死而不说，而应该顾虑不说也死的不良后果，慎重审思怎样说才不致一开口就闯祸。

不说也死，是告诫我们，不沟通难以协调。大家都不说，根本无法沟通。不能沟通，当然无法协调。由于很多人受到先说先死的影响，不敢沟通，所以特别提醒大家，不说也死，希望大家早日摆脱先说先死的阴影，步入沟通的良好轨道。

❧ 要 则 ❧

1.不开口说话，要嘴巴做什么？虽然说沉默是金，不说话没有人会把我们当成哑巴。但是不说话，别人无法了解我们的意思，很难产生互动，对双方都相当不利。

2.喜欢有话就说而且有话直说的人，请务必多想想先说先死的道理，然后再想想不说也死的说法，然后对自己的有话就说以及有话直说的习惯，做一番反省，看看有什么应该改变的地方。

3.不可不说，当然也不能够有话便说。不说会死，但是有话便说很容易流于口无遮拦，同样相当可怕。不说不行，还需要慎言，才合理。

✍ 请写下您的心得：

_____

_____

_____

_____

_____

最好说到不死

🙢 个 案 🙢

　　龚专员陪同刘经理出席公司的汇报会。刘经理站起来，把本部门的情况，向大家做一番报告。龚专员洗耳恭听，发现刘经理遗漏了一件相当重要的事情。他不慌不忙地在便条纸上面写下"老李赌气要打架"7个大字，然后偷偷地递给刘经理看，希望提醒他，把"门卫老李为了星期天出货居然没有人事先通知他，气愤地要找人打架"这一件事也顺便说明一下，以免引起大家的误解，认为本部门办事不够谨慎才引起老李的不满。想不到刘经理看了一眼，便顺手把便条纸往口袋里一塞，提都不提一下，弄得龚专员丈二和尚摸不着头脑，不知道刘经理葫芦里卖的是什么药。

　　汇报结束之后，龚专员尾随刘经理回到自己的部门。他小心地问："经理，刚才为什么不报告一下老李的事情？"

　　刘经理说："谢谢你的好意，拿便条纸提醒我。但是，这一件事情我并没有忘记。我只是想来想去，总觉得不方便在开会的时候讲，免得老李恼羞成怒，吵闹得更凶，大家都不好看！"

请问：

1. 刘经理为什么会这样做？对于龚专员的好意，是不是有所忽视？

2. 龚专员这样做，对不对？

3. 龚专员若是一点儿动作都没有，刘经理可能会产生什么样的感觉？

4. 能不能举出若干相似的案例？

5. 说到不死，有什么要领？

请把您的高见简要地写下来：

✑ _____

_____

_____

🍂 分 析 🍃

1. 我们可以虚拟一下，老李赌气的主要原因在哪里。

原来星期天休息日出货，是不得已的措施。事先当然想到通知门卫，以便顺利放行。偏偏门卫室临时调班，改由老李值日。他一向自命为董事长的同乡，又是长一辈分的人，常常倚老卖老，谁的账都不买，这一天他自认为大礼拜大家休息，也懒得看桌上的联络单。货车要出货时，他又不问青红皂白，横加阻止，引发一阵无谓的争吵。老李下不了台，硬说是事先没有通知，把一切责任都推给承办的出货人员。

任何事情，都可能牵连若干因素，并不是单纯的"是"与"非"或者"对"与"错"。刘经理毕竟经验比龚专员老到，考虑的结果是：不提为上策。

刘经理这样处置，并不是不重视龚专员的善意提醒。但是，感谢归感谢，要怎样应对，还是需要自己审慎决定。

2. 龚专员虽然年轻，但是他的举动，亦属可圈可点：一是他没有莽撞地在会议进行中把这件事说出来；二是他不是漠不关心，反正没有我的事，经理爱提就提，不提便不提，与我无关；三是他还会事后追踪，探问究竟，作为今后与经理配合的依据。

汇报时刘经理报告完毕，龚专员很可能警觉地发现经理遗漏了老李发脾气的事件，于是急忙站起来，补充说明一番，相信这么一来，刘经理必然气在心里，对龚专员有失去控制、难以掌握的无奈。而龚专员也会承受"先说先死"的祸害，往后的日子，会增加许多苦头，也会大大减低经理对他的信赖程度。

事实上，刘经理不但不感激他的补充，而且事后必定气冲冲地把龚专员臭骂一顿："你以为你比我聪明，你认为我脑筋坏了？我坦白告诉你，老李的事我比你还清楚，比你还记得牢，只不过我比你谨慎，想了老半天，才决定不提的，没想到你自以为了不起，心目中根本没有我，大摇大摆地就把它说出来。"骂得很有道理，不该在汇报会上提的事情，为什么要提？

3. 反过来说，如果龚专员在刘经理报告之后，一点儿表示都没有，万一真的是刘经理一时大意，把老李的事件遗忘了，失去一次最好的解释机会，那么，今后刘经理想起这件事，必然对龚专员产生若干抱怨与不满。

他不但怀疑龚专员的工作态度，认为出席汇报会，根本心不在焉，耳朵、眼睛和脑筋，一样也没带去，这种人谁敢信赖？而且怀疑龚专员的忠诚程度，认为明明知道上司遗忘这么重大的事情，眼见解说的良好时机稍纵即逝，居然闭目养神，装聋作哑，干脆不闻不问，这种人可靠吗？龚专员深受"不说也死"的祸害，也将是不知何日才能翻身。

4. 小王陪老板到客户那里去谈判，客户提出某些要求，小王当场拿出计算器，熟练地计算一番，便说："可以，可以接受。"老板气得满脸发青，当着客户面不便发作，回来后厉声指责小王："到底你是老板，还是我是老板？你简直存心要把我气死！"

小朱同样陪伴老板到客户那里去谈判，客户也提出某些要求，小朱当场拿出计算器，熟练地计算一番，一句话都不说，拿给老板看。老板说："不行啊！不够成本啦！"客户看在眼里，笑在心里，这一套把戏，谁看不透？分明在作假，骗我做什么？

小丁有机会陪同老板与客户谈判，客户当场提出若干要求，小丁把计算器的结果显示给老板看，嘴巴则一面说着："不行啦，我们承受不了！"老板看见数字，心里明白，接着说："不行是不行，能不能再想想办法？"

小王触犯"先说先死"的禁忌，使得老板毫无退路，不管心里愿不愿意，只有接受客户要求这一条死胡同，当然非常不高兴。

小朱却又"不说也死"，客户一看他话都不说一句，马上知道计算的结果是可以接受的。老板空耍花招，也逃不过明眼的客户，徒然弄得彼此相当尴尬。

只有小丁最有本事，把中国祖传的障眼法运用得十分恰当。在真真假假、假假真真当中，客户左猜右猜，多半有点迷糊。

5. 不知道"先说先死"道理的人，往往死得不明不白。仅仅知道"先说先死"却不明白"不说也死"的人，一辈子吃亏，被"不说"害得死死的。

明智的人，必须在"先说先死"与"不说也死"的"品管上下限"之间，找出一条"说到不死"的活路，这才是符合品管要求的正常表现。"说到不死"是"要说"不是"不要说"，不过它提醒我们"不可不说"，却也"不可乱说"。如何在"不说"与"乱说"之间，说得恰到好处，便是"说到不死"的真功夫。

希望"我有话要说"的人，千万小心，磨炼一套"说到不死"的本领，才不会怨天尤人！

说　明

部属和主管一同出席会议，当然都有发言的权利。但是既然代表同一部门，总是内部先协调一下，免得引起内乱，招致其他单位的嘲笑。龚专员要发表意见，如果事先征求一下主管的同意，应该是比较妥当的做法。刘经理责骂他"心目中根本没有我"，的确是不争的事实。

龚专员说不定搞不清楚什么"先说先死"以及"不说也死"的大道理，然而他究竟是中国人，能够明智地化解双重危机，用便条纸来达成"不说之说"的境界。说他"说"了，他根本没有说；说他"不说"，他倒是真的说了。中国人常说什么"说得好像没有说一样"，正是此理。

刘经理如果抓住汇报的时机，公开向各部门做一番交代。他看到龚专员的便条，可以装作没有看见的模样，把纸条放进口袋里，然后十分自然地举手示意，再度发言。大家认为他相当客气，把正事报告完毕之后，再度起立，才把这件事提出来。刘经理一方面很有面子，不会让人家误会自己不提，叫部属来提，或者做主管的居然忘记了，还是部属机警，及时加以补充说明。同时他的内心，十分感激龚专员，认为他聪明有余，而且忠诚可靠，此后重用他、信赖他，自是当然之事。

相反的，刘经理如果认为此时此地不把事情抖出来，乃是明智之举。他打算私下向董事长报告，使董事长有面子来处理这件事，对大家都有利。他就会把纸条塞入袋中，然后若无其事地一声不响。心里仍旧感激龚专员的好意，而且暗地里赞叹，年纪轻轻，就这么机警而懂事，今后非重用他不可。

龚专员可以说是从"先说先死"和"不说也死"的夹缝中，死里逃生，走出一条"说到不死"的坦途。

小丁是不是欺骗客户呢？我们从部属配合主管的角度来看，部属应该尊重主管的裁决权。小丁当着客户的面，不可能明白地说："可以是可以，不知道老板同意不同意？"这种话不说还好，一说必然笑得客户仰面，气得老板低头！可见在这种场合，照实说是绝对行不通的。

那么，像小朱那样，沉默不说话，有什么不好？中国人太灵巧，马上联想到小朱的处境，说不出口，所以才一句话都不敢说。分析的结果，一定是承受得了，小朱才不敢说出口，否则他理直气壮，一下子就喊出来了。这种推断，对中国人而言，真是易如反掌。

既要尊重主管的最后裁决权，又要让主管真的有斟酌的自由，小丁的办法最好，便是口中念念有词，使客户费疑猜了。

打乒乓球的人，深受"先抽先死"的痛苦，不敢轻易抽球，结果难以招架，充分体会"不抽也死"，历经苦练，才能够达到"抽到不死"的境界，因而胜利在望。

要　则

1. 说到不死，其实就是说到合理的意思。只要合理，大家都能够接受，当然可以说到不死。每说一句话，先用脑筋想一想，妥当吗？是才说，不是的话再设法调整。

2. 中国人说话，要说到对方听得进去。若是根本听不进去，一开口对方就拒绝接受，甚至产生反感或不满，那就不可能说到不死。

3. 要对方听得进去，千万不能够存心讨好，因为讨好对方，并不是沟通的良好途径。不讨好，又听得进去，才称为妥当，才是合理的表达。

📖 **请写下您的心得：**

_____

_____

_____

_____

_____

行动胜过语言

王课长把张三私底下骂了一顿，指责他犯有三大错误，并且义正词严地说："自己的工作做不好事小，弄得全课受牵累才是事大。"张三不吭气，既不否认也不承认，只是默默地回到自己的岗位上，继续埋头工作。

过了两天，王课长又把张三拉到一旁，偷偷地说："我昨天找李四，把整个事情弄清楚，才知道你并没有错。不过，你既然没有错，为什么不吭声呢？"

张三心里有数，课长的话，虽然看起来有责怪的味道，指责自己不吭声，不为自己抗辩，其实，他是在道歉，真正的意思是："对不起，我错怪了你。"

李课长在业务汇报会上，公开批评朱五和龚七的工作态度很差，不但不积极，反而有故意推、拖、拉的现象，实在令人痛心。朱五和龚七站起来，一再保证并无此事，只是朱五忙于年度结算，龚七刚好弟弟要出国进修，难免有点分心。但是，李课长始终坚持他不会冤枉好人。

不久，消息传来，李课长要请大家吃饭。问了半天，问不出什么理由。于是，大家心里明白："那天在业务汇报会上乱发脾气，事后觉得自己太过火，又不便公开道歉，所以借请吃饭的机会，让大家消消气。"

林经理火冒三丈，和刘经理吵了一架。事后，林经理带着倪课长去找刘经理，把吵架的责任推给倪课长，说是倪课长说得不够清楚，才会引起这种误会。刘经理一看倪课长的表情，便知道他不过是代罪的羔羊。他也顺势推说自己也常常如此，于是握手言和，皆大欢喜。

陈董事长骂错了人，却在下一次会议当中不慌不忙地说：上一次会议，我把营业课长数落一番，相信大家都会觉得奇怪，像鲁课长那么认真负责而且表现良好的主管，董事长为什么还要给他难堪？各位要明白，我不是一个是非不明的人，要不然，凭什么当董事长？我只是想在鲁课长最艰难的时候，帮他一点忙，可是，我又不能替他做些什么，所以，我就故意公开指责他，让他在部属面前更有理由可以要求。这个坏人让我来做，各位看怎么样？

请问：

1. 中国人不容易承认错误吗？为什么同样承认错误，会产生这么多的花样呢？

2. 张三如果当场申诉自己没有错误，可能产生什么样的后果？对张三有什么害处？

3. 李课长和王课长的表现，有什么不同？

4. 林经理的表现，是不是已经达到道歉的目的？

5. 陈董事长的说辞，可能产生什么样的反应？

请把您的高见简要地写下来：

✍ _____

_____

_____

⚘ 分 析 ⚘

1. 中国人容易不容易承认错误？真的很难讲。

表面上，中国人不容易认错，也不肯承认错误。实际上，中国人很容易认错，也知道有过失就要承认。但是，各阶层的认错方式，非但不一致，而且会因人因事而不同。

有错误就公开承认，容易引起错误太多、常常认错的错觉。更糟糕的是，常常承认错误，似乎并不认真，不过口头说说，心中根本缺乏诚意，大家更不容易谅解。除非很少犯错，才敢有错误就承认。有错误不承认，大家十分厌恶，对自己非常不利。最好的办法，依然是看情况做出不一样的反应。

2. 王课长私底下指责张三，如果张三丝毫不让步，势必当场吵起来。万一声音大些就变成"顶撞"，那就是一种"犯上"的行为。事实上，部属如果每一次都有理由，上司也会觉得他死不认错，一方面可能不再指出他的过失，一方面也可能不重用他，甚至有机会就要把他调离自己的单位。

张三心里明白，我如果没有过失，就用不着害怕上司指责。同时，是非、对错往往是相对的，谁敢说什么人绝对没有错误？就心理反应来看：部属抗辩，上司发现自己怪错人了，觉得没有面子，便会小题大

094

做，赶快抓住小处大做文章，结果部属还是有错。相反的，部属十分坦然，既不抗争也不承认，上司就会觉得奇怪，一个人犯错还会这么笃定，难道是我看错了？于是，他会进一步去了解，由于没有面子上的压力，他会忘掉小节，偏向大处设想，因而认为部属并没有什么大不了的错误。但是，大错没有，小错依然难免，上司骂几句，也是应该的，这时，心里会浮起一些歉意，所以开口说："你既然没有错，为什么不吭声呢？"

真正引起王课长内疚的，是张三挨骂之后，回到工作岗位上，并没有发牢骚、生闷气。他那种若无其事，继续照常工作的行动，才是激发主管反省、抱歉的主要力量。

如果张三能够接受王课长并未直接明言的道歉，王课长就会在以后的日子里，用实际行动来补偿他对张三的伤害。中国人认为：实际行动比嘴上说辞要来得有效。

3. 李课长和王课长不同的地方，是他已经公开批评朱五和龚七，不可能私下了结。但是，要一位课长公开向部属道歉，理论上相当应该，实际很不容易实现。有些人在电视连续剧中，亲眼看见上司在会议上公开向部属道歉，当时便觉得怪怪的，真的需要这样做吗？就算下定决心，自己试试看，后果是不是真的像连续剧那样，大家十分感动，因而前嫌尽弃？每当要付诸行动的时候，总是阵前变卦，怎么都说不出口。

还有更糟糕的事实，有一位课长，强迫自己公开道歉，事后却斤斤计较于部属不能够在犯错时适时向他道歉，以致时时扮演法官的角色，逐渐失去上司应有的亲和力。

李课长不便公开道歉，又不能不适当地表达自己的歉意。于是，心生一计，用请客的方式，把有关的人聚集起来，在酒气菜色之间，表示向大家赔个不是。

上司请吃饭，可能有许多目的。如果明白说出来，大家就不必用心去猜测。不明言请客究竟是为了什么，大家用心打听，再经过"权威人士"的分析，当然心明眼亮，用不着公开宣示了。

4. 经理比课长大，愈大就愈不便认错，这也是无可奈何的事。林经理和刘经理吵架，如果再坚持下去，有一天会传到总经理那里，大家不好看。如果林经理向刘经理道歉，理论上是修养好，实际上很容易造成"常常犯错"的观感，毕竟不是好事。

林经理知道自己理亏，拖下去会不利。倪课长很可能会自告奋勇，希望出面顶罪，让上司好下台。双方很快达成默契，由林经理当着倪课长的面，向刘经理说明自己错误的缘故，完全是倪课长说得不够清楚所致。刘经理当然也不愿意事态继续扩大，赶忙指称自己也有这种经验，事情弄清楚就好，过去就让它过去。

虽然看起来林经理并没有道歉，事实上他的行动，已经达成道歉的功能。有人担心倪课长受委屈，实在大可不必。林经理固然对倪课长心存感谢，刘经理又何尝不了解这当中的道理？倪课长肯这样做，只有好处，并无害处。有人关心：到底是谁的错，为什么不把它公开出来？中国人的习惯，把错误改过来，下一次不要再犯，比较要紧。至于是什么人的错误，只要大家心里有数，不一定要弄得当事人十分难堪，让他有改过的机会，从此不再违犯，面子也保持住，岂非更好！

假若我们坚持林经理既然错怪了刘经理，必须正式向刘经理道歉，才是君子风度，那么，林经理公开向刘经理表示歉意，却暗地里想尽办法，扯刘经理的后腿，甚至设计破坏刘经理，又有什么好处？

当事人愿意道歉，没有必要反对他这样做。当事人希望通过其他方式来表达歉意，我们也没有理由批评他的做法。一切顺乎内心的意愿，才见真诚，也才有功效。

5. 陈董事长比林经理更高一招，他不拿任何人做替身，因为那样一来，他至少欠这个替身一个人情，势必又要想办法，找机会还他。他施展中国人的看家本领，把死的说成活的。原本是骂错了，却指明那是故意这么做，别有用心。

大家对陈董事长的说辞，可能产生什么反应呢？中国人的阴阳思想，很明显地有两种可能，一为欣然接受，一为深恶痛绝。

如果董事长平日为人公正，而且和蔼可亲，凡事能为大家着想，有好处也会想到众人。那么，他不明白认错，大家也知道他已有悔意，趁这个机会，把鲁课长认真负责、表现良好说出来，实际上已经还他公道了。

这时候，大家会认同：董事长就是董事长，小错难免，只要不是恶意的，大家不必记在心里，更谈不上要他道歉。大家所持的理由是：董事长向部属道歉，成何体统？公司只有一位董事长，董事长代表整个公司，就算错怪鲁课长，数落他几句，有什么大不了的事？

如果董事长平日私心很重，待人严苛，缺乏亲和力，凡事斤斤计较，有好处生怕员工知道。那么，他不明白认错，却强辩自己是故意的，大家心里愤愤不平，虽然敢怒不敢言，也会想尽办法，表达一下内心的不满。

这时候，大家会认为：董事长是公司的最高领导者，如果不能以身作则，以后有谁做错了还肯承认？平时董事长再三要求大家要勇于认错，哪里想到今天有这么恶劣的表现？今后对他所说的话，大概没有人会相信了。

🐍 说　明 🍃

身份地位越高，越应该知道自己的缺失或弱点，以便及早补救，这是大家一致的希望。然而，身份地位越高，我们赋予他自由的范围也越大，他可以运用不同的方式来表达他的歉意。我们只有一个要求：赶快用心设法补救，千万不要坚持"错就要错到底"。

实际行动的改变，就证明他已经认错，不一定要在形式上要求他，更不必强迫他公开道歉。如果在认错的方式上要求公平，那是自找麻烦，因为根本不合情理！

公司文化，是决定"以哪一种方式表达歉意"的主要力量，只要大家认同，便能够收到实际的功效。

真实的行动改变，比口头道歉要有力得多。行动胜过语言，光是嘴巴上道歉，不如表现在实际行动的变革上，这才是道歉的真正用意。

还有一种相当独特的"说到不死"的现象，值得我们深一层探讨。

有人说中国人经常不说实在话，我们承认这种事实。但是中国人不说实在话，却并不代表中国人普遍存在说谎或欺骗的行为。我们时常为了不激怒对方，顾及对方的面子，以及表示尊重对方，才不说实在话，其动机很少是为了欺骗，因此说起这种不实在的话来，并没有欺骗的感觉。我们也不认为这是善意的欺骗，反而指称根本不是欺骗。

把话说得妥当一些，虽然不真实，却也不是欺骗，目的在求说到不死。预防对方不高兴或动怒，把必要的道歉预先化解掉，算不算是一种行动胜过语言的变形呢？

🪷 要　则 🪷

1. 不要老是激怒别人以后再想办法道歉，而应该在行动或说话之前，多多思虑，妥为预防。不得罪别人，也就不需要道歉。

2. 万一考虑不周，得罪了别人。这时候是不能仅仅靠口头道歉就了结了的。最好想想办法，有没有什么实际行动，可以让不良的行为获得合理的补偿？毕竟行动胜过语言，更能够让对方谅解。

3. 中国人普遍不太相信对方的话，却十分相信自己的感受。行动所引起的感受，其效果要比口头说说来得好。以行动代替语言，往往有意想不到的功效。

请写下您的心得：

_____

_____

_____

_____

_____

第四章

沟通的真谛

‖ 导　言 ‖

中国人沟通有三大特色，一是有话不一定说出来；二是说出来可能含含糊糊；三是就算说得相当肯定，也不一定是真的。

把三大特色连接起来："有话不一定说，说得不清不楚，说得明白又不一定当真"，难怪常常把人气得死去活来。不过，中国人这样做，不见得完全没有道理。我们不妨把它仔细分析一下，把中国人这种"趋吉避凶"的作风，做一番合理的调整，以免大家越来越不明白，导致越来越难沟通的恶果。

中国人为求"立于不败之地"，一方面主张"事无不可对人言"，一方面则倡导"逢人只说三分话"。依据品管的概念，我们很容易了解，"事无不可对人言"如果是品管的上限，那么"逢人只说三分话"便是品管的下限。任何人沟通时站在"事无不可对人言"与"逢人只说三分话"的范围之内，权宜以求其通，十分安全。

"逢人只说三分话"是起点，一切条件合适的话，双方便可以加紧脚步，缩短彼此的距离，达到"事无不可对人言"的地步。万一条件不合，随时可以停留在安全限度内，确保立于不败之地。

三分话要说到不会死的程度，事实上唯有"说了等于没有说"，亦即"这三分还必须是比较不要紧的三分"，所以"不明言"常常是中国人用来点来点去的三分话。"点到为止"，不再多说的结果，常令人产生"为什么我说得这么清楚，他居然还听不明白"的感叹。

由于中国人擅长"不明言"，加上"中国话实在不容易听"，因此中国话常常不能用听的，却应该用"看"的。"看他说些什么""看他怎么说"，乃是中国人常用的法宝。站在不要听的立场来听，才不会一听就信，一听便倒霉。

中国人认为"天下无难事，只怕有心人"，听话要用"心"，不可专门用"耳"，才是有心人。完全用耳朵听的人，很容易变成"耳朵轻"，亦即随便听信小话，反而被小道消息所蒙蔽，并不是好事情。

用心看，主要看两样东西：一是说话时的脸部表情，一是说话方式。前者往往比言语本身更能表达内心的动态，而后者则帮助我们揣摩他的心理，包括说话的速度、说话的音调、说话的节奏等等，都应该"诚恳地用心看他怎么说"，从而比较容易明白他的真正用意。

第一章"基本的理念"中已经说过，中国人最不容易讨好，也害怕人家讨好。所以人与人沟通的时候，并不是"常常说一些好听的话"，也不主张"到处向人家说好话"。有许多人总以为中国人不重视制度，其实完全不是如此。中国人十分注重制度，因为凡事有制度可遵循，才用不着逢人就低声下气说好话。

说一些好听的话，是纯粹的"情"，事实上很难沟通，不容易达成预期的效果。站在制度的范围内说一些好听的话，才是"通情达理"，比较方便找到合理的协议，可见制度的重要，不容忽视。

有制度，却在执行时保留若干弹性，用来通情达理，看似不公平，实际上是"合理的不公平"，值得大家共同来追求。

三大特色

个　案

王五问李乙，"你脚痛不痛？"

李乙回答："差不多。"

李乙看见王丙，问他："吃过饭没有？"

王丙答道："哪里像你那么好命？"

王丙指责龚丁说话不算数，并且拿出录音笔要当面对质。

龚丁却毫不在意，指称录音笔录错了，因为他已经改变主意，而录音笔所录的，不过是改变主意前的意思。

请问：

1. 中国人为什么喜欢见面不谈正经事，专门说一些看似没有用的话？

2. 中国人答复人家的询问，为什么经常会出现含含糊糊的答案？

3. 含含糊糊，除了保护自己不受伤害之外，还有什么功能？

4. 为什么李乙问王丙吃过饭没有，王丙竟然回答"哪里有你那么好命"？

5. 为什么中国人说过的话，有时候可以不算数，并且不认为自己缺乏诚信？

请把您的高见简要地写下来：

✍ _____

_____

_____

📖 分 析 📖

1. 中国人沟通行为的第一特色，表现在"见面不谈正经事，专门说一些没有用的话，只要触及主要论题，大家就没有意见"。因为在我们的脑海深处，蕴藏着一个牢不可破的观点，那就是"先说往往先死"。聪明的中国人，避免对主要论题先行发表意见，以免自己站在亮处，遭受四面八方纷至沓来的打击，对自己不利。

就中国人的思考态度而言，世间一切道理，几乎都是两两相对的。任何事件，都可能"公说公有理，婆说婆有理"。先说的人，如果扯来扯去，说成两面道理，人家便批评他乡愿，"抹壁双面光"（指为人圆滑，八面玲珑），根本没有立场；若是说成片面道理，大家只要存心叫他好看，马上把另一面道理说出来，保准令他招架不住，既难过又难堪。

同时，中国人的主观取向相当明显。多数人不是自己没有意见，而是随时准备妥当，要迎合主管的意见，谁都知道"搭乘顺风船"，要方便、快捷、顺利得多。先说的人，除非十拿九稳，可以获得主管的大力支持，否则输的概率很大，何必冒此风险？

避免"先说先死"的唯一办法，恐怕就是有本领"说到不死"。具有这种"怎么说都不会死"的人，当然可以有话便说，不但不怕先说，而且处处争着先说。但是这种人显然并不多见，所以大多数人，深知自己条件不够优厚，下跌的支撑点不够坚强，以至不愿意或者不敢先说。

还有一种"不怕先说先死"的人，反正人生不过几十寒暑，死就死了，20年后又是一条好汉。这种烈士性格的人，当然可以放心地先说。正反两方，总有一方会肯定他是勇敢的斗士。

大多数中国人，自问本领不足以"说到不死"，而又缺乏烈士型的刚毅性格，那怎么办呢？不说话大家会暗地里骂他阴险，身处"不可不说，不可乱说"的夹缝，中国人除了"开口专说无管痛痒的话"，还有什么路可走？

现在有一些人，不知道是忘记"先说先死"，或是有意"我有话要说"，经常喜欢先说自己的意见，以至于争得面红耳赤，最后把自己的前途都说掉了，终日怨天尤人，又有何用？

2. 中国人沟通行为的第二特色，表现在"答复人家的询问，如果情况不够明白、语意不够清楚，就会答得含含糊糊"。因为我们的警觉性奇高，而且"爱占小便宜、怕吃亏"。任何情况，如果"不知是利是害"，我们就喜欢用含含糊糊的回答来趋利避害。

询问一位中国人："你脚痛不痛？"他立即提高警觉："为什么问这种问题？"然后告诉自己："在弄不清楚答痛有利或者答不痛有利之前，最好含含糊糊地答以'差不多'，为自己留下进退自如的余地。"于是他开口便答："差不多。"心里好笑："想用这种问题来害我？难道忘记了我是聪明的中国人？"当然他仍旧很诚恳地期待："到底要干什么？你最好说清楚一些，我也会十分合作地给你正确而明白的答案。"

3. 中国人也擅长用含含糊糊的答语来表示内心的抗议，却能够兼顾和谐的人际关系，收到"抗议却不让对方没有面子"的效果。例如，询问一位美国人："昨天下午三点钟到四点钟之间，你在做什么？"美国人可能直截了当地回答："那是我的私事，请尊重我的隐私权，不要过问。"询问一位中国人同样的问题，其实他的心里具有同样的想法，不过他不方便也不愿意直截了当地"有话直说"，却喜欢含含糊糊地回答："昨天？没什么，好像没有做什么。"意思是"你怎么可以在此时此地当着这些人的面问我这个问题？要私下问，我可能会告诉你"，或者"你究竟想做什么，问我这种问题"。中国人的隐私权，是"可收可放"的，对自己有利的时候，何必斤斤计较于隐私权呢？

反过来说，中国人也常常运用一些含含糊糊的问题来旁敲侧击，获得有利的情报。见面时请教对方"吃饭了没有"，多半不是想请对方吃饭。既然与吃饭并无必然的关系，中国人为什么见面时喜欢问人家"吃饭了没有"？难道真的是农村生活单调，或者民以食为天吗？问一句"吃过饭没有"，当然和农业生活有关，却更深一层地具有探测对方"心情好不好"的功能。

中国人知道，要和人家沟通，最要紧的莫过于明白他此刻的心情是否有利于彼此的沟通。我们也知道，开门见山地请教对方："你现在心情好不好，愿意不愿意和我进行意见交流？"不是得不到真实的答案，就是被大家笑死。于是，我们也配合生活上的需求，用"吃过饭没有"来取代"你此刻心情如何"，希望获得一些信息。

4. 对方回答"哪里像你那么好命？"我们便知道他此时心情不佳，不宜沟通。如果心平气和地回答"刚刚吃过"，或者"还早，我不习惯这么早用餐"，那么我们也就明白此时正是好时机，及早进行沟通。有些人认为自己正直，一切明说，结果处处伤人而不自知。说含含糊糊的话，未必表示不正直。只要秉持"我不扯谎，也不骗人，但是可以含含糊糊来保护自己和别人"的原则，正直而诚恳的人，照样可以运用含含糊糊的艺术来维护和谐的人际关系，并且达成有效沟通的目的。

5. 中国人沟通行为的第三特色，表现在"承诺的事情可以不认账，说过的话可以不算数，甚至面不改色地否认"。因为我们最清楚"形势比人强"的道理，"人在屋檐下，不得不低头"，所以当时会承诺，如今情势改变，干脆不认账。我们也知道，白纸写黑字都可以涂改，何况空口说白话，有什么凭据？说过的话，就算用录音机录下来，我们都可以理直气壮地指称"录音机错了"，因为"我自己改变过来，录音带并没有跟着我改变，可见它只代表我以前的看法，并不代表我现在的观点"。

一提起这种特色，几乎所有的人，都恨得咬牙切齿。然而痛恨别人是一回事，自己会不会依样画葫芦，又是另外一回事。

当自己身处"众寡悬殊"的情境，纵然自己再对、再有理，只要公然说出异议，不是被多数压下去，便是被视为叛逆分子，说不定就这样白白牺牲掉。有幸独排众议，而又居然脱颖而出，这一笔账也未必结清，所谓"不是不报，时候未到"，恐怕也包含这种情况在内。

于是，当众不表示意见，事后才强烈反对，或者当众表示支持，事后一概否认，便成为"权宜措施"的应变行为。站在自保的立场来看，应该是一目了然的。

📖 说　明 📖

中国人具有以上三大沟通特色，所以和中国人沟通相当困难。不过，徒然抱怨、指责，根本无济于事。我们必须依据中国人的沟通行为，寻找相应的对策，务求达成圆满沟通的效果。

针对中国人的第一沟通特色，我们必须"谨慎地说出第一句话，以诚恳的语气来使对方放心，了解我们不会采取敌对或者让对方没有面子的方式来进行沟通"。这样，对方才会逐渐放松，终于无话不说，顺畅地彼此交流。

第一句话就引起对方的戒心，使他觉得自己可能会吃亏，或者可能会没有面子，他就采取躲避的策略，躲不开的时候，也会且战且走。一旦对方想"溜"想"躲"，整个沟通的气氛不好，当然不可能获得圆满的结果。

正确的途径是：情势较好的人，先提出方向及大致的构想，然后让开一步，把空间腾出来，那些情势稍差的人，自然会说出各人的意见。情势较好的人，用"真诚听取"代替"咄咄逼人"，以"归纳众意"代替"我意已决"，比较容易顺畅而有效地沟通。

至于中国人的第二沟通特色，我们应该明白"中国话不是用听的，要用看的"，因而"不要专门听他的话"，却懂得兼顾"看他怎么说"。抓住中国人的"言外之意"，理解中国人含含糊糊的明确用意，才能够在含含糊糊的情况下获得清清楚楚的情报，并做出最合适的反应。

含含糊糊的背后，如果真有清清楚楚的用意，那么听不懂或者看不清的人，非但不可以指责对方，反而应该自己调整，用心体会含含糊糊的清清楚楚的结构，自然明白对方的本意。中国人常常取笑人家："我说得这么清楚，他居然还听不懂。"我们追着问他："既然他还听不懂，为什么你不可以说得再清楚一些？"这时候中国人会如此回答："我不敢说得更清楚了，因为他会受不了！"人家担心我们受不了，我们却丝毫不领情，责怪他说得不够清楚，岂不是辜负好人心？

作为一个中国人，最好努力培养自己的聆听能力。若是话都不会听，怎么能够达成圆满的沟通？对方说得太明白，我们就恼羞成怒；对方说得含糊，我们便怪他说得不够清楚。这种"只知道怨责别人，不知道自我检讨"的态度，根本不正确，不值得鼓励。

要破解中国人的第三种沟通特色，说起来也很简单，只要一切求合理，不以多数压制少数，不用强势欺凌弱者，承诺的人，就没有必要事后反悔，也就不至于不认账。

大丈夫能屈能伸，中国人的"屈伸性格"是天下闻名的。情况不利时，暂时委屈一下，等待时机转好，有利于我时，才能伸就伸，尽雪前耻，请问这有什么不对？

面对这样的大丈夫，我们最好不要无理要求，亦即不让他觉得受到委屈，那么他就没有事后伸张的必要。中国人主张设身处地，便是替对方想一想，有没有委屈、吃亏？实际上任何沟通，都必须双方退让一些，委曲才能求全。然而，压迫对方接受委屈，对方强自忍受，事后必定大力反弹，以致片面毁约，都在所不惜。如果采取"尽量不让对方吃亏"的态度，对方自愿吃一点亏，反而容易有效达成协议。所以不必怪人家说话不算数，却应该力求自己合理善待人家。

🍃 要　则 🍃

1. 中国人的沟通行为必须共同遵照"互相尊重，彼此承认对方各有50％的道理"，然后"让情势比较不利的一方，先申述自己的意见"，情势比较有利的人，公正地给予"合理的建议"，双方才有圆满沟通的可能。

2. 大家都"站在法的范围内，各自衡情论理"，以情为先，彼此尊重对方的意见，寻求合理的解决。实在无法达成协议，不得已才翻脸无情，依法执行。那是沟通破裂的权宜措施，因为以后会愈闹愈僵，终至难以收拾。

3. 凡是听不懂中国人的话、看不懂中国人行为的人，对中国人的沟通行为，都可能产生莫名的厌恶，甚至引起相当程度的反感，认为口口声声仁义道德，实际上却是既不诚恳，也缺乏应有的礼貌。我们应该深一层了解中国人的真正用意，一方面调整自己的态度，一方面了解对方的苦衷，以促进良好的沟通。

请写下您的心得：

_____

_____

_____

_____

_____

上下界限

个　案

　　王甲正在说明他对 A 供应商的看法，他说："我对 A 厂并没有什么深入的了解，只是觉得这么多年的交往，没有出什么差错，已经相当不容易。"

　　大家走开以后，王甲单独面对采购部李经理时，却完全改口，指称："我对 A 厂十分了解，他们的财务很困难，品质也不稳定，最好改向其他厂商采购，比较安全。"

　　后来李经理从别人口中得知，王甲在不同场合，所说的话似乎前后矛盾，便不客气地请问王甲："你对 A 厂的了解，到底有多深入？"王甲说："对其他的人，我不方便说，因为很可能会得罪人。但是对李经理不敢隐瞒，特别是牵涉到采购这种十分重要的事情，我当然不能不说实话，我真的十分了解。"

　　请问：

　　1. 中国人为什么普遍擅长同一人对同一事件，说出两种互相矛盾的话来？

2.人与人之间，到底应该"事无不可对人言"，还是"逢人只说三分话"？

3.人不对，要如何沟通？时不对，又该如何？

4.能不能将"事无不可对人言"和"逢人只说三分话"这两句彼此矛盾的话，合起来用得恰到好处？

5.这两句话，各有什么利弊？

请把您的高见简要地写下来：

✍ _____

_____

_____

分　析

1. 中国人之所以能够"立于不败之地"，主要在"同时说出两种互相矛盾的话"，使人找不到攻击点，无法击中要害。

我们主张"事无不可对人言"，理由是"大丈夫敢作敢当"，既然敢做，就不必怕人家知道。何况"天知、地知、你知、我知"，根本不可能长久隐瞒，把事实说出来，又有何妨？

然而，我们又主张"逢人只说三分话"，原因是"人心隔肚皮，知人知面不知心"，对人提防一些，总是没有错的。这三分还必须是不要紧的三分，所以说了几乎等于没有说，这样，才能够避免"祸从口出"，做一个"通达世故"的人。

看不懂的人，又要发牢骚了。如果"事无不可对人言"，怎么可以

"逢人只说三分话"？如果"逢人只说三分话"，又怎么能够"事无不可对人言"？这不但是矛盾，简直就是信口胡说。

2. 想一想"品管"的道理，便不难体会这两句矛盾的话，正好是品管的上下限。有些人指称中国人缺乏品管意识，那才真是胡说乱讲。

为了确保沟通的品质，我们分别设定它的上下限。"事无不可对人言"是"上限"，而"逢人只说三分话"应该是"下限"。

沟通的最高境界，是"充分交换意见"，必须双方都抱持"事无不可对人言"的态度，才能够圆满达成。但是，事无不可对人言，绝对不等于"一切都要说出来，丝毫没有保留"。所以尽管"事无可不对人言"，还是要注意下限"逢人只说三分话"。凡是"不必说的，说了反而增加困扰"、"不该说的，说了反而阻碍沟通"，当然不必说也不应该说。"无不可"的含义是"一切都可"，包括"可以不说"。并不是不可以说，而是可以不说。

不必说不表示不诚实，因为我们并没有欺骗，也没有扭曲事实，只是某些部分不说，并没有影响到沟通的品质，甚至可以提升沟通的效果。

例如，双方进行商务谈判，其中牵涉到海运问题，恰巧我方对海运具有丰富的经验，请问"可不可以谈"呢？答案固然是"无不可"，却显然偏向于"不必说"。因为对方如果不喜欢听，或者认为浪费时间而不愿意听，我们径自岔开，陈述自己的海运经验，是不是不恰当？会不会令人不愉快？

有些人喜欢在沟通进行中，把话题转向自己的私事，弄得大家啼笑皆非；或者一有机会，就吹嘘自己如何有办法，惹得大家无名火起，实在都是不重视沟通品质的管制，显出自己缺乏自我控制的素养。

不应该说也不表示狡猾，因为事实是这样没有错，但是牵涉到某些人的隐私，或者可能引起若干情绪上的不良反应，这就不应该说。不应该说而说，是一种"失言"。不应该说而不说，实际上是良好的修养，也是一种沟通的诚意表现。

3. 沟通必须注意"人""时""地"的配合，"人"不对，不应该说，说了反而惹是生非，增加沟通的困难。"时"不对，不应该说，这时候虽然得人，却由于他正在闹情绪，或者心不在焉，说了不但白说，还可能产生意料之外的后遗症，当然不应该说。得人、得时，而不在合适的地点或场合，还是不应该说。他本来情绪很好，也乐意和我们沟通，不料我们一说出口，当前的地点正好勾起他的怨恨或惆怅，如何是好？有时候因为第三者在场，也会引起他的不满，认为我们蓄意在第三者面前提起此事，简直存心出他的洋相。

人不对，说三分话已属太多，哪里能够事无不可对人言？人找对了，在畅谈之前，先说三分话，试探一下他的反应如何。或许我们看错人，这时候反应欠佳，还可以免掉一场大祸，幸亏我们只说了不要紧的三分。

人找对了，说三分话的效果也不错，彼此不约而同，看看地点或场合对不对。如果没有问题，恳切地谈下去。若是有些不便，易地长谈，那才是双方有默契的表现。

4. 沟通的时候，以"逢人只说三分话"做投石问路式的探测，不断调整，务求达到"事无不可对人言"的境界，这正是体现沟通品质的具体做法。

逢人只说三分话，既然属于沟通的下限。那么，这三分当然不应该触及重要的部分。关于这一点，双方必须有所共识，才不会引起误解。把优良的品质看成劣等，岂不冤枉？

首先，逢人只说三分话的人，保密性较高，一见面就把重点不分青红皂白地直泻出来，会不会令人想起"口无遮拦"这一句话？等到发现不应该说时，已经纸包不住火，想打住也无济于事了。

其次，逢人只说三分话是一种良好的职业道德。我们把金钱存在他那里，委托他代为保管生息。他毫不保留地说出来，请问职业道德何在？无意间闯出大祸又该如何？

5. 逢人只说三分话才不致招来祸害。自己身怀巨款，却毫不在意地说出来。万一遇到谋财的歹人，请问值不值得？那时候才想起逢人只说三分话，恐怕已经来不及了。就算侥幸财去人安，大概也会抱憾良久吧！

事无不可对人言，是指所作所为，十分坦然。但是十分坦然的事，照样见仁见智，并不是任何人、任何时间、任何地点或场合，都可以公开宣示的。

逢人只说三分话，如果是存心隐瞒，甚至歪曲事实，当然不是正当的行为。若是为了安全，为了有效沟通，非但不错，而且值得遵行。

🖎 说　明 🖎

为了保证沟通的良好品质，我们最好具备下述三种正常的心态：

第一，彼此都从"逢人只说三分话"起步。进行顺利的话，可以双方加紧脚步，以缩短沟通的时间而争取时效。双方都要摒弃"讨厌对方见面只说三分话"，更不可以"自己只说三分话，却希望对方不说三分话"，存心叫对方上当吃亏。

第二，彼此都认真检讨"人""时""地"能不能配合，并且在肯定"人"不对时机警地打住，而在"人"对"时"不对的时候，另候良机，或者改变自己以符合对方的需求，共同审视"地"的因素，迅速决定

"就地沟通"或"易地再谈"。这种调适，有赖于双方的互动，往往不是单方面所能够全部掌握的。

大家有此共识，知道良好沟通必须双方具有调适的诚意，那么互相退让以求适应，应该是轻而易举，而且也确实可以保证效果良好。

第三，彼此都要抓住重点，避免节外生枝。既然经过"逢人只说三分话"的尝试，证实彼此都找对了人，而且双方都有诚意，把时间、地点或场合很快调整过来，就应该"事无不可对人言"，直接把重点逐一沟通。但是，"事无不可对人言"既然是沟通的上限，也就告诫我们适可而止，不能够一路宣泄下去，徒然节外生枝，又生出一大堆问题，反而不利于沟通。

"三分话"要找到大家都能够接受的，事实上除了"说了等于没有说"的"废话"外，恐怕很难找到合适的话题。大家心理上排斥废话，看不起说废话的人，说废话时心里便不自在，于是干脆不说，而又无话可说，才演变成为今日到处可见的"要么相应不理""要么亲密无比"的两极现象，根本无法沟通。

相应不理是因为你不能说废话，而我也不愿意说废话，但是要紧的话又不能说，那怎么办呢？不说话就算了，大家都不知道说些什么才好，慢慢形成可怕的"疏离感"。

亲密无比的永远是同伙人或存心讨好的一群，他们不适合讨论，因为说出来的话是一致的。他们容不下不同意见的其他人，而又不愿意用"说废话"来尝试沟通，所以也无法和其他人沟通。

真正具有沟通力的人，应该站在"相应不理"和"亲密无比"的中间。以"事无不可对人言"来化解"相应不理"的尴尬与无礼，然后拿"逢人只说三分话"来节制"亲密无比"的盲目顺从与存心和稀泥。

凡事"过"与"不及"，都不合理。见面不说一些应酬话，说什么呢？见面仅说应酬话还能够说什么呢？善于沟通的人，最好明白应酬话只是"逢人只说三分话"的试探行为，如何再进一步而又安全无碍，才是值得用心的课题。中国人由"逢人只说三分话"到"事无不可对人言"的历程，可长可短，重要的因素，悉在"情"的交流，所谓"精诚所至，金石为开"，一点都不虚假。

交浅不言深，交情不够，最忌单刀直入、开门见山。但是，当够交情的时候，还不直说，那就很可能"失人"，平白失掉了辛辛苦苦培养得来的朋友。

实施的原则，十分简单，便是"站在不要说的立场来说"，以免乱说，以免说得伤人或害己，才能确保品质，说得恰到好处。中国人为了"不可不说，不可乱说"，着实煞费苦心。先想"不说可以不可以"，再思考"怎么说才能兼顾沟通的上下限"，这是品管的良好态度。

要　则

1. 很多人喜欢同时说两句互相矛盾的话，但是嘴巴只能说出其中的一句，另外那一句便只好放在腹中。会听话的人，必须同时把这两句听出来，合起来想才不会出差错。

2. 通常说出来的那一句话，大抵当作参考。而听不见、藏在说话者腹中的那一句，才是真心话，要特别小心。当然，有时候刚好相反，必须自己用心斟酌。

3. 两句互相矛盾的话，如果把它当作品管的上下限看待，可以保证沟通的品质，合乎要求的标准，就是无"过"与"不及"，比较容易掌握到合理的地步。

请写下您的心得：

_____

_____

_____

_____

_____

要用看的

✿个案✿

王某向总经理报告："刘老板送我 1 万元红包，我没有收。告诉他只要价格实在、品质合乎标准、如期交货，我们一定会购买他的零件，用不着讲究这一套礼数。"王某年轻又诚恳，末了又特别请示："我这样做，不知道对不对？"

总经理拍拍他的肩膀，欣慰地告诉他，这样做很对。一个人廉洁自持，不贪非分之财，显得格外清新可爱。从此总经理对王某更加器重，把采购工作交给他，也觉得相当放心。

李某也向总经理报告："朱老板送我 1.5 万元，我当然拒收。像朱老板这样的人，我们以后还是少跟他来往为妙。"

总经理笑笑，说："不收他的红包就是了，何必拒绝往来呢？"

请问：

1. 很多人觉得中国人没有一定的标准，似乎爱怎样便怎样，根本没有一套共同遵循的游戏规则。像总经理这样，对王某是一种说法，对李某又是另一种观点，究竟对不对？

2. 为什么中国人常常喜欢"看"他怎么说，却很少要求"听"他说什么？难道话是用"看"的，而不是用"听"的？

3. 要"看"他说什么，究竟怎样才能"看"得明白？

4. 说话的表情，可以看出说话者的心理吗？

5. 总经理这样判断，安全吗？会不会因为误判而造成后遗症？

请把您的高见简要地写下来：

✍ _____

_____

_____

🐚 分　析 🐚

1. 如果询问总经理，是不是因为王某的报告和李某不一样，就断定王某是真实的，而李某则很可能是编造的，总经理大概会如此回答："那倒也未必！"

王某的报告，有两种可能性。一种是真实，刘老板真的送给他 1 万元，而他也据实向总经理报告。另一种则是虚构的，刘老板并未送任何红包，王某编造这个故事，目的在表明自己的诚实可靠，使总经理更加相信他，放心让他承办采购业务。

李某的报告，同样有这两种可能性。只是他和王某不同，在报告朱老板送礼之外，更提出不跟朱老板往来的建议。

总经理是不是听到李某不跟朱老板继续往来，才表示这种事用不着看得太严重？总经理的答案，想必也是："那倒也未必！"

122

那就怪了！既不是从听到的话来判断，又不是对人有成见，总经理所依凭的，究竟是什么？总经理说："我也不知道。"他并非客气，而是行而不知，真的不明白自己何以如此。

我们可以替他找到答案，总经理的决定，是"看"出来的，不是"听"出来的。

2. 中国人常说："看他怎么说"，很少说"听他怎么说"。话怎么用"看"，而不用"听"呢？这当中确实有一些奥妙。

"这种话你也会听？"因为话可以胡乱说，不可以随便听。有些人一听就相信，结果常常上当吃亏，就算怨天尤人，又有何用？

话不能听的意思，并不是所有的话都不要听，却应该遵照中国人的行为总则，从"不"开始。也就是"站在不要听的立场来听"，才不会乱听，以至一听就倒霉，才能够听得恰到好处，而不吃亏。中国人不太听话，原来相当有道理。只是千万不可以过分，否则什么话都不听，变成"站在不要听的立场来不听"，那就是"为反对而反对"，不但倒霉，而且结果往往吃大亏。

完全不听不好，完全听也不好。中国人用"看"来辅助，所以说"看他怎么说"。这样一来，既听他的话，又看他说话的样子，综合判断，才可以决定信或不信。

事实上，西方人也有类似的主张。认为人的行为比语言更能说明内心的动机，"我们有时候根本听不清楚对方嘴上所说的话，因为他的行为说得太大声了！"

西方人的行为多半比较明显，甚至到了夸张的地步。从他们的行为来判断，似乎还容易一些。中国人不需要花费太多的时间，很快就能够看出西方人在玩什么把戏，一方面固然是中国人聪明，另一方面则是西方人的行为容易看得清楚。

中国人比较注意隐藏自己，使对方摸不清自己的动向，以求立于不败之地。我们的行为比较含蓄而不容易掌握，因此特别要"看"重于"听"，亦即"看他说什么"比"听他说什么"更为重要。

3. 怎样"看"呢？主要看两种表情，一是说话时的脸部表情，一是说话方式。

脸部表情往往比言语更能表达内心的动态，但是想从脸部表情看出对方的心理，实际上并不简单。最要紧的，是看他的眼睛。人的五官之中，眼睛是最敏锐也最诚实的一种感官。《孟子·离娄篇》说："存乎人者，莫良于眸子。眸子不能掩其恶。胸中正，则眸子了焉；胸中不正，则眸子眊焉。听其言也，观其眸子，人焉瘦哉！"（观察人的邪正，没有比观察他的眼珠更好的了。眼珠不能遮掩他的恶念，心念正，眼珠就明亮，心念不正，眼珠就昏昧。听了他的话，再看他的眼珠，人的邪正，哪里隐藏得住呢？）

视线的移动，也是很好的线索。说话时有没有隐瞒，男女的视线有些不同。隐瞒的话，男性会不敢正视，女性却反而凝视对方。

脸部的肌肉，特别是眼睛和嘴巴周围的表情，更明显地表现出说话的本意。一般说来，欢喜的时候，我们会下眼睑上扬，眼角显露皱纹，并且张开嘴巴，露出上面的牙齿，嘴唇向后方伸展，上唇扬起，甚至下颚有些颤抖。愤怒的时候，我们会眼睛睁大，两眉聚拢，鼻翼扩张，嘴巴拉长拉宽，露出下面的牙齿，并且嘴唇两角下垂，使劲向前凸出下颚。悲哀的时候，我们会部分或全部闭上眼睛，两眉聚拢下垂，鼻变得细长，嘴巴张开弯曲，而且嘴唇两角下垂，甚至下嘴唇有些颤抖。恐惧的时候，我们会眼睛张大，眉毛上扬，鼻翼扩张，嘴巴张开，嘴唇两角下垂，下颚则完全固定。而厌恶的时候，我们也会眼睛比平常稍细，双眉微皱，鼻翼向两旁扩张，嘴巴上扬，而且嘴唇两角下垂，下唇凸出，甚至下颚也上扬起来。

上司同样说一句"你看着办吧"，部属如果不看他的表情，谁敢断定他究竟是什么意思？愤怒的表情，表示"我希望你提高警觉，顺着办比较好"；厌恶的表情，表示"反正没有希望，你自己看着办就算了"；高兴的表情，表示"你的意见很好，看情况自己处置就是"；悲哀的表情，表示"事到如今，一切都已完蛋，你看着办吧，反正没有什么差别"；而恐惧的表情，则可能表示"事情危急，你比较清楚，用心看着办，因为我也不敢做什么决定"。

4. 依据说话时的表情，可以看出他的心理。我们和别人在电话中交谈，虽然不是面对面，看不见对方脸部的表情，但是我们也能够从对方的语调中，想象出对方的心情，正是此理。

首先，要注意说话的速度。如果知道某人平日的说话速度，那么他突然慢下来，就表示他心中怀有不满，若是忽然加快，可能在说谎，或者心中怀有愧疚。

平常沉默寡言的人，忽然话多起来，并且显得很不自然，那么，他的心中多半隐藏着某些秘密。

其次，要留意说话的音调。一般人说谎时，由于害怕事情被揭穿，音调会不由自主地提高。同时，为了反对他人的意见，也可能提高自己的音调。

再者，说话的节奏也很重要。具有信心时，节奏比较顺畅；缺乏自信时，常常会话说到一半，就张口结舌，打住了。如果提早做结论，便是恐怕对方提出反驳。李某向总经理报告朱老板送红包，又提出以后拒绝往来的结论，很可能要造成总经理除此之外，别无选择的错觉。

喜欢复诵说话者的言辞，表示自己一直在注意听；一边听话一边点头，表示全神贯注，心无旁骛。自问自答的人，多半相当顽固；既不肯定又不否定的人，往往具有神经质。

5. 总经理的判断，当然有两种可能：一种是正确的判断，不会看错人；另一种则是误判，看错人，甚至冤枉好人。

要做出这一类的判断，最好提醒自己：每一个人的观念都不太一样，必须平日多沟通，促进了解，把对方的价值观和人生观摸清楚，然后再来评断，通常比较正确。否则把坏人当成好人，将好人看成坏人，不但总经理自己吃亏，而且会引起组织成员的不安，影响到整体的发展。

说　明

中国人的警觉性普遍很高，因此有人怀疑脸部的表情可以隐藏起来，而说话方式的表情也可以作假。老于世故的人，大家很难从他的眼睛看出任何表征。所以若非经过多次观察，最好不要轻率地加以判断。

我们常说："人是旧的好"，便是旧人相处得久，一切习惯都大致明白，比较容易看出变化，也就比较放心。新人相处不久，彼此互不了解，要看他怎么说，事实上和听他怎么说同样困难。

尤其"逢人只说三分话"，有时这三分还是比较不重要的部分，那就更不容易捉摸了。"事无不可对人言"，他之所以"逢人只说三分话"，并不想欺骗，也不想隐瞒，而是"可以不说就不说，不应该说更不可说"，以免"先说先死"，说起来并无不对。我们不必责怪他，事实上责怪他也没有用。只有以诚恳态度对他，让他觉得"这个人可以说实话"，他就会"事无不可对人言"地一五一十说得明白清楚了。

可见听他说什么，以及看他怎么说，都要以诚为本。待之以诚，对方说什么，我们都比较可以相信。出之以不诚，对方同样会觉察，因而也以不诚待我，这时无论如何善于"听"话、精于"看"话，恐怕也难逃被骗的厄运，所以我们最好采取"诚恳地看他怎么说"的态度。

听什么？听那一句听得见的，已经发出声音的话。这一句话的目的，通常只能够当参考用，所以不必多听，也不能尽信。

看什么？看那一句听不见的，并且没有发出声音，也就是根本没有说出来的话。通常摆在腹中，比较可靠。

要　则

1.听那一句听得见的话，赶快看另外一句听不见的话，把两句话合在一起想，寻找出合理点，然后做出反应，通常比较妥当。

2.听话比较容易，所以太听话就会被当作奴才。看出那一句没有说出来的话，称为"揣测"，比较困难。看得准的人，一般就是会听话的人士，大家都很佩服。

3.过分喜欢猜测，容易掉入圆滑、狡诈的陷阱，必须特别谨慎。猜测到合理的地步，才有资格成为正人君子。不能不猜测，因为防人之心不可无。不可以过分猜测，因为害人之心不可有。

请写下您的心得：

_____

_____

_____

_____

不说好话

公司规定，去国外出差可以预借差旅费，用意在减少员工垫付的费用，乃是一种安人的良好措施。

王君好不容易盼到有一次出差去美国的机会，掩饰不住内心的喜悦，小心翼翼地请教可以借支的金额，办好手续，拿着预借的新台币，结汇成花旗银行的美金旅行支票，真是满怀感激，忍不住心里高呼：公司万岁，老板万福！

如期返回公司，一方面写报告，一方面谈观感，却也不忘记结报出差费用，扣除前借，还有一些剩余，请三五同事上小馆子，趁机吹嘘一些报告写不出来的见闻，亦是人生一大快事。

李某身居要职，经常海内外飞来飞去，除非像南极、北极或者太空这一类公司业务达不到的地点，否则出差国外，并不新鲜，也就显得平淡无奇。他交代助理办理预借手续，回来后却迟迟不把开支的单据拿出来，使得助理无从代办结报，他自己又天天忙碌，以致一拖再拖。财务

128

部门看到他有借支无结算，实在头疼。

眼看着日子一天一天过去，李某的差旅费，却是有借无还。尽管财务部门三番两次地好言相催，总是一句"忙啊！忙得没有时间"，就这样拖下去，好像永远没有结局。

类似的情况，实在屡见不鲜。要借用的时候，客气得很，归还时似乎你急他不急，再三催促，有时还显得颇不耐烦。一般说来，愈是高阶或者要职，愈有这种倾向。说他有意利用特权，他一定满口否认。但完全没有特权的念头，好像并不可能。

请问：

1. 这一类事宜，是管理问题吗？中国人的社会，重不重视制度呢？

2. 公司为什么规定国外出差可以预借差旅费？同样的规定，对王君和李某为什么产生不一样的后果？

3. 一切制度都应该定得十分周密吗？做得到吗？

4. 公司刚成立，或者刚开始遭遇到国外出差的事宜，要不要同时明定借支差旅费和逾期不结报的扣抵办法呢？

5. 实在无法沟通时，财务部门有什么办法可以解决逾期不结报的问题？

请把您的高见简要地写下来：

✍ ＿＿＿＿＿＿＿＿＿＿＿＿＿＿＿＿＿＿＿＿＿
＿＿＿＿＿＿＿＿＿＿＿＿＿＿＿＿＿＿＿＿＿＿＿
＿＿＿＿＿＿＿＿＿＿＿＿＿＿＿＿＿＿＿＿＿＿＿

🪷 分　析 🪷

1. 严格说起来，这一类事宜，不应该属于"管理"问题，应该更明确地归入"制度"问题。但是制度也是管理的一大要项,所以说是管理问题,亦无不可。

有人认为中国式管理似乎不重视制度,其实这是一种误解。凡是管理,不可能没有制度。不过中国式管理,明白"管理不可以无制度,然而制度化的管理却不是良好的管理"。因为有许多地方,不能切合人性的需求,也就无法达到人性化管理的效果。

2. 公司规定,国外出差可以预借差旅费。我们不难了解,预借的理由是奉派因公赴国外地区出差,而预支的金额,则依据出差的地区和期间,给予概略的估算,规定可以预借的数额。这样的规定,对王君来说,已经十分完备。他依照规定借支,又很快结报差旅费。王君和财务部门都觉得方便而且愉快,似乎没有什么不妥当的地方。

然而,对李某而言,这样的规定就显得软弱无力。他要借支差旅费,相当方便。财务部门要他结报差旅费,必须常常说好话,实在非常不合理。

财务部门能做些什么呢?催他,他不理。扣他的薪资,又苦于依法无据。向上级报告,未免小题大做,同时也表现自己无能,连催促结报差旅费这等小事都做不好。当面或者打电话骂他,万一他恼羞成怒,反骂过来,大家会不会支持财务部门,也是未定之数。算来算去,只剩下一条路可走,那就是"说好话"。几番拜托,请求都不能奏效,又将如何?

假若当时规定,出差后一个星期或者 10 天以内,必须申报差旅费。若是逾期不报,财务部门可以径自从出差人的薪资款项中扣抵,一个月扣不完,连续扣几个月,扣完为止。金额大的,甚至还可以加扣利息。那么,财务单位有法可依,就用不着说好话了。

3. 制度周严,可以减少很多管理上的麻烦,增强很多管理上的效果。但是，并不表示，一切制度都要定得十分周密，才能够拿出来实施。因为这不但不可能，而且也会产生某些反教育的效果。

公司刚刚成立，就抄来一大堆制度，根本缺乏实质意义。例如公司的出差事宜，若是完全限于国内地区，出差规定中却明定出差国外的种种办法，请问会不会引起大家的怀疑，究竟是为谁定的？会不会有人引用有关出差国外的办法，提出国外出差的申请呢？

没有事实的需要，凭空创立制度，是不是妥当？如果拿“前瞻性”做借口，那么我们要不要将有关出差月球的条文也列入现有的制度中？可见前瞻性的“前”，并不是没有限制的一味向前。

公司内只有老板一个人需要出国考察或推展商务，有没有必要列入制度？还是当作个案处理比较好？假若列入制度，大家会不会认为“原来是为老板而定，难怪那么优厚”？会不会有人也想出国，如果没有获得批准就会在背后议论纷纷？

这时候固然有此需要，却显然只限于特定的人，甚至有意限制在特定的少数人，我们多半会专案办理，不使其大肆张扬，以免节外生枝。制度一方面要符合实际的需要，一方面也应该考虑必要的用意。专案办理的用意，很明显的就是不希望把它变成通例。

凡事有了开端，等于面前出现了一条缝。大家等待和推挤的结果，自然会扩大裂痕，逐渐由一个人变成一小圈人，然后推及特定的某些人，再扩大为有此需要的人。

出差国外也不例外，由于资金较为宽裕，风气日趋民主，也由于出差费用相对于带来的利益，显得愈来愈便宜，公司开始将出差国外的办法列入制度，使大家知道，只要有必要，就可以依此而行。

4. 刚刚开始的时候，要不要同时明定借支差旅费和逾期不结报的扣抵办法呢？我们认为不可能也没必要。不可能如此，是因为任何制度，不可能在创立之初，就想及种种可能发生的后果，并且逐一把它制定在制度中。不必要如此，是由于任何制度，都有利有弊。公司一开始就想到出差人会久久不结报差旅费而明定扣抵的办法，便是我们时常批评的"防弊心态"。如果"防弊重于兴利"，大家会产生一种"处处把大家当作坏人"的反感。

如果出差人都像王君那样，回国后迅速办理差旅费结报，那么公司用不着规定得那么不近人情，好像大家都靠不住，想占公司的便宜。事实上借支的数目有限，未必每次都超过支付的金额。

就算出现李某的拖延事件，公司也不一定马上修订制度，增加扣抵的条文。财务部门可以把它视为专案，用特殊的渠道和方式与之沟通。财务主管如果处理得当，说不定还会受到这位要人的赏识，在老板面前多多美言，岂非因祸得福，把烦恼变成意外的快乐？

5. 实在无法沟通，财务部门可以在会议以外的场合，向人事部门提出建议，希望增加扣缴预支出差旅费的条文。让人事部门伺机请求老板，以免显得唐突而怀有敌意。

老板如果有办法劝告李某改善，问题迎刃而解。财务主管还要向李某说明事实上的困难，并且感谢其帮忙解决。老板答应增列条文的建议，一旦获得通过，财务部门有法可据，自然可以依法办理。同时大家也了解人事部门和财务部门的苦衷，而李某也会因为老板的支持而减少对财务部门的不合作。

就算条文增列，财务部门有法可据，也不可以未经沟通，便依法扣抵。因为这种本位主义作风，会使得大家很不谅解，认为财务部门实在缺乏人情味。

有法可据，财务部门仍然应该透过适当沟通，以求圆满解决。沟通的时候，当然要客客气气，不过却不必说好话。说好话会有"求人"或者"讨好人"的味道，这是不必要的。有礼貌、措辞委婉、态度客气，却不必求人，也不需要讨好人家。

说　明

在依法办理之前，进行必要的沟通。沟通的方式和次数，免不了视对方的身份地位而有所不同，此乃人之常情，用不着我们过分唱高调。因为这并不表示不公平，应该当作"合理的不公平"，比较公允而切合实际。

沟通之后，对方立即办理结报手续，皆大欢喜。若是仍旧拖延不报，财务部门实在也没有必要把他的薪资全数扣除，让他体会拿不到一文钱的滋味。不妨先扣他半数或三分之二的月薪，希望他赶快结清差旅费，以便领取正常的薪资。如果依然无效，次月再全数扣除，由于仁至义尽，就算对方恼羞成怒，大家也不会觉得财务部门咄咄逼人，丝毫没有人情味。

实际上，会拖的不过是个别人。财务部门可以个别处理，当成偶发事件来看待。换句话说，用比较轻松的心情来处置这些积欠的案件，应该会舒服一些。

制度备而不用，执行时稍微宽松一点。这种原则，用之于跟个人切身利害关系密切相关的事宜，特别是人事和财务，往往会收到意想不到的效果。

宽松的程度，并不一致，这也是容易引起争议的地方。但是，不谈人性化管理则已，要谈人性化，就不能够像切豆腐那样，一刀切下去，切成一条直线。表面上看，那是一视同仁，仔细想想，那根本是假平等，齐头式的公平。有人说小企业可以这么办，大企业会忙不过来，这种说法乍听起来有道理，实际上也是随便说的。规模再大，拖延的总是那几个，看着办就是。主要精神在于：有制度可依循，用不着说好话。

🍃 要　则 🍃

1. 说好话的目的与说妥当话不同。前者生怕得罪对方，不得不勉强自己说一些好话，恳求对方给我们一条生路。含有讨好对方的味道，并不是一种好办法。后者则是让对方听得进去，有助于良好的沟通。我们应该多说妥当话，少说好话才对。

2. 不得已必须勉强自己说好话，这时候要从制度着手，设法加以合理的修订，使自己有法可依，不必再说好话，才是彻底解决问题的有效途径。

3. 有制度可以依循，却不立即依法处置，先以好话来促使对方自己改变态度，也就是自动讲理。这种好话并不影响事情的顺利进行，不致因情害理，反而有由情入理的好处，我们并不反对。

🖊 请写下您的心得：

_____

_____

_____

_____

_____

第五章

人我的分寸

‖ 导 言 ‖

人我之间，如何拿捏适当的分寸，的确相当困难。我们的做法，似乎可以归纳成为下述四大原则：

弄清楚对方是谁——中国人认为"有人才有事"，而且"事在人为"，很不容易"对事不对人"，却常常把人和事连在一起。在中国社会，每听到一句话，如果不找出是谁说的，有时实在分辨不出它究竟是对的还是错的、是真的还是假的。我们喜欢问"谁说的？""谁决定的？""谁做的？""谁告诉你的？"几乎都和对方的身份、地位有关，可见弄清楚对方是谁，乃是拿捏人我之间分寸的第一步。

中国人比较偏向"差别性待遇"，以不同的标准来对待不同身份的人。这种"老吾老以及人之老，幼吾幼以及人之幼"的"推己及人"精神，表现在关心"是谁"，应该相当合理。

小心才不会上当——西方人向外求，以约束他人来防止自己上当；中国人向内求，拿小心来提防自己上当。我们很少去笑那些骗人的人，而是专门笑那些被骗的人，偏偏中国人在"被警察抓去"和"被人笑死"之间，比较害怕被人家笑死，所以大家互相告诫，小心不要上当！

一方面鼓吹"不二价"，一方面却又大声疾呼"货比三家不吃亏"。而事实上，我们更相信后者，并不轻易接受前者。

137

凡事求自己合理——小心不要上当之外，凡事还要先求自己合理。我们十分重视典章制度，却明白典章制度容易僵化而不合时宜，因此在典章制度的范围内，多半喜欢权宜应变，以求其通。什么叫作"通"呢？标准在"合理"。合理变通，一切合理解决，乃是大家愿意看到的事实。

中国人向内求，叫作"反求诸己"，意即"要求他人合理之前，先求自己合理"，以自己的合理来感应他人，使他人亦能合理，便是"彼此、彼此"的"交互"作用。

自己不合理，却希望他人以合理待我，结果经常不理想，这时怨天尤人，也是枉然。

自己先求合理，再来期望他人以合理待我，应该是合理的态度。

当心"程咬金"系统——西方人在正式组织之外，有非正式组织，中国人在正式、非正式组织之外，还有"程咬金"系统，常常出其不意，从半路中杀出来，而且杀伤力极强。如果在考虑正常系统之余，还能够兼顾"程咬金"系统，办起事来，自然安全得多。

中国社会，人际关系比较繁杂，在"你与我"之间，"他"或"她"的干扰，影响也很严重。我们除了顾虑看得见、想得到的"你、我、他"之外，还得小心看不见、想不到的"你、我、他"，也就是我们常说的"程咬金"。所以顾虑周到，便成为中国人拿捏人我之间分寸的必要条件。

人我之间的分寸，并没有固定的模式或标准，可以说是"因人而异、因事而异、因地而异、因时而异"，是"变动"的。首先弄清楚对方是谁，小心翼翼以免上当，然后自求合理，并且考虑可能产生的"程咬金"系统，比较安全而合理。

弄清楚对方是谁

个　案

　　杰克是美国人，有一天主管告诉他某件事情做错了，他的态度十分单纯，先看一看自己所做的有没有错，有即承认，没有便申诉。

　　老李是中国人，听到有人说他做错事情，他不忙着查看到底有没有错误，却比较关心："是谁说的？"

　　假如说的人职位比较高，他会采取这种反应：错了就承认，没有错则保持静默。

　　如果说的人职位和他一样高，那他会积极找对方的错，以便证明：我固然有不对，难道你就真的全对？

　　一旦发现说的人职位比自己低，多半会有意无意，把一只脚踩在说话的人头上，不踩死也叫他永远不得超生！

　　请问：

　　1.中国人普遍没有是非观念吗？为什么不能够像美国人那样，有错即承认，没有错误便申诉呢？

139

2. 中国人为什么对"谁说的"那么在意？

3. 对面子问题特别重视，就管理的角度来看，可能产生哪些影响？

4. 如果部属发现自己没有错误，便据理申诉，你觉得如何？

5. 杰克为什么可以只问事实的对错而不必重视谁说的？

请把您的高见简要地写下来：

_____

_____

_____

🍃 分　析 🍂

1. 依据个案所叙述的情况，中国人看起来真的是没是没非了？事实上绝非如此。我们且用模拟法来分析说明。

在中国社会，遇见人家说我有错误，我如果采用西方的行为模式，先仔细查核一下，发觉我并没有错误，于是据理力争，提出申诉。我的上司会不会接受我的申诉呢？当然多半会接受。因为事实毕竟是事实，不容任意抹杀的。但是，如果是我的上司说我做错了，而经由我的申诉，他发觉我并没有错，是他自己看错了。他一方面接纳事实，承认我没有错误；另一方面则由于他身为上司，竟然失察，把原本没有错的看成错误，因此觉得相当没有面子。

我的上司因为看错了而觉得没有面子，这时最要紧的，便是设法找回面子。他会十分老练地以"最聪明"的方式来找回面子：专心一意地找我的差错，只要被他抓着了，他的面子便全部回来了。

人非圣贤，孰能无过？上司一心一意找我的差错，我真的插翅难逃，当然迟早会被他逮个正着。

2. 在中国社会，遇见人家说自己有了错误，很多人不忙看事实，先问："谁说的？"

人家告诉我是老板说的，我一看根本没有错误，但是顾及他是老板的身份，不要让他觉得没有面子，我保持静默，一句话都不讲。

那不是背黑锅吗？没有错也承认错，敢情是怯懦吧？都不是。因为老板也好，上司也好，都具有一种心态，当他指责我有错误而我居然不讲话时，他就会觉得奇怪："这个人怎么搞的？我说他错了，他竟然不说话。"

只要他觉得奇怪，他就会进一步去了解，结果发现我并没有错，而是他自己看错了。不过，由于是他自己主动发现的，他不会认为没有面子，因此他会叫我过去："你没有错，要讲呀！为什么不讲呢？"他嘴巴上虽然如此说，心里却怀有相当的感激，因为我毕竟很懂事，不让他觉得没面子，所以满怀好意，对我十分客气。

这时候，我如果说："是啊，我本来就没有错！"于是双方对抵，互不相欠，我什么好处都得不到。

如果我懂变通，我会这样回答："有啦，多少有些不对！"那么我的好处必然不少，有时竟会连升三级。

为什么大家都同样努力，有的人却平步青云，节节高升？我们最好不要埋怨，因为有的人的确不同凡响，有"中国功夫"呀！

这些"功夫"会不会影响制度的正常运作？我们不敢说全然不会，却要愿意指出：人原本就是人，凡人都有情绪的起伏，不可能完全理智的。管理者是人，他必然有印象、好恶等等主观因素。而这些因素，对中国人来说，事实上影响更广泛些。

3. 中国人爱面子，从好的方面解释，乃是重视荣誉的表现，没有什么不好。管理上的若干措施，之所以能够收到相当效果，关键在于人有荣誉感。否则奖他亦无所动，惩他也无所感，请问奖惩又有何用？

爱面子从坏的方面解释，则是爱慕虚荣。严重的情况，往往导致爱面子爱到不要脸的地步，那就是本末倒置。"面子"是"情"，"脸"则是"理"。中国人讲情理，是以理为本，视情为末。换句话说，必须爱面子爱到不丢脸的限度，不丢脸就是合理，爱面子爱到合理的界限，才是合情合理。

重视荣誉是人之常情，更是促使员工有所行动的重要动机之一，如果正常鼓励，应该有利而无弊。但如过分爱面子，爱到不要脸的地步，便是爱慕虚荣而不切实际。这种令人厌恶的现象，并不是中华文化三大要件之一的"务实"所允许的。中国人常说任何事情都不可以过与不及，可见合理的爱面子才属正当；一旦过分，害处之多，为害之大，便不是三言两语所能说尽的。

孔子说："唯仁者，能好人，能恶人。"（只有仁人能够爱人爱得对，能够恶人恶得对。）管理者的好恶，只要合乎正道，亦即好恶的标准正当合理，好恶本身，是免不掉的人情之常。

4. 部属没有错，即据理申诉，上司因而觉得有失面子，这种好恶，合乎正道吗？我们且分四个层次来分析。

第一，上司有意颠倒是非，存心把部属没有错误说成过失。这种情况极少出现，因为上司有意出部属的洋相，方法很多，实在用不着出此下策。是非终究有水落石出的一天，存心颠倒是非，到头来造成上司自己的不实记录，更加难看。极少数走上短兵相接的局面，足证上司与部属之间，已臻水火不能相容，此时纵使申诉，又有什么实质作用？奉劝身处此种困境的部属，能走即走，不能走忍耐为佳，还是少申诉为妙。

142

第二，上司是个十足的迷糊，是非分不清楚，有时以是为非，有时却以非为是，偶尔亦有是非分明的时刻。反正一切都属"偶然"，那部属有什么申诉的必要呢？你说得再对，他都可能斥之为非，多费口舌，于事既然无补，不如安静下来，尽量去做善事，以求积存功德，能够经常碰上"是"的偶然，岂非更切实际？

第三，上司是非分明，因为太分明了，以致刚愎自用。我凡事精细，经过再三查证，才分辨是非；一旦分辨出是非，大家就不必多言，再说多少话我都不会更改原有的判断。遇到这样的上司，部属申诉，有没有用处？恐怕只是弄得面红耳赤。上司既然死不认错，部属细胞死伤不计其数，亦是徒然。

第四，上司无意颠倒是非，不是迷糊，而又不自以为是，那么，他只是无意犯错，把没有错误判成有。这种无心的过失，是应该谅解的。我们没有必要乘人之危，让无心错怪的上司难堪，所以用沉默来表示他有错误，使上司有自动察觉的机会，而自动校正。

5. 美国人比较容易对事不对人，凡事不必计较什么人说的，却比较重视事实本身的状态。同时美国社会，大家习惯于依法行事，而法是死板的，没有太大的弹性，因此比较容易分出对错。加上大家对于事情的对错，看法也比较容易取得一致。反正合法就是对，不合法当然是错，也就没有什么争论。在这些大前提下，美国人有错误就承认，没有错误便申诉，简单明了又行得通，并没有什么不好。

🐍 说　明 🐍

中国人不欣赏"表面心理"，因为它比较粗浅，说得难听一些，即是浅薄。我们都比较倾向"深层心理"，一层一层地剖析，可见功夫不是"盖"的。中国人对人类心理的掌握，委实独步于世，只是我们一向不喜欢明言，所以大家行之既久，反而不明其理。

申诉的态度很重要，严厉一些，就成为"顶撞"，这是主管最难忍受，也是对部属最为不利的。缓和一点，那要缓和到什么程度才算数呢？对李上司而言，已经够缓和了；对马主管来说，又嫌声音太大，态度不好，那该怎么办？干脆不申诉，就没有什么缓和不缓和、态度好不好等问题。真的不申诉，岂不是连自己都摸不清楚对与错，大家和稀泥，那还得了？于是我决定，有错误时勇敢承认，这时绝不致顶撞上司，也不会牵涉缓和不缓和，更不可能被指称态度欠佳。没有错误时，静默不语，在安然中表示自己并没有错，等待上司自己去发觉，是他看错了，我并没有错。以最柔弱的方式表现最坚强的申诉，乃是万无一失的方式。

上司如果不自动做进一步查核，是上司的错。他存心如此，部属"鸡蛋碰石头"，纵使据理力争，亦是得不偿失。他不懂得为上司之道，部属也没有教导他的责任，因为任命上司的人，都可以忍受，部属有什么不能忍受的？

既然如此，为什么对同等职位的人，却采取不同态度，务必积极找他的过失呢？这不是面子问题，也不是心胸狭窄的象征。他怎么说也是我的同事，发现我有差错，何不当面规劝？如果当面告诉我，我可能一时不高兴，只要他说的是真实情况，出发点又为我好，我终究会心生感激，哪里还会怀恨在心？现在他发现我的错误，当面不说，背后到处去说，才传到我的耳朵里。我追问之下，方知原来是他说的，怎么能够怪我不高兴？对付之策，也只有全力找他的差错，照样宣扬一番，叫他尝尝同样的滋味。

对职位较低的人，通常会没有顾虑，而且"当年别人教诲我，如今我也应该教诲别人"的"使命感"，很容易变成理直气壮的借口，整他一下，让他明白做人的道理：有话最好当面建议，不要背后胡扯。

这是孟子"上司、部属主敬"，而且要"彼此责善"的原则，无形中成为一种巨大的社会约束力；上司部属之间，互相尊重，都不会令对方难堪。但是，有错须当面沟通，不要拐弯抹角。中国人许多地方需要转弯，此处却不然。不过，权变必须得宜，才是变而能通。我们常说"持经达权"，运用原则是经，按照通用原则视个别情况去调整，即是变通。

先问清楚是谁说的，再做定夺，这就是一种"经"，如何应变，则是个别的"权"。

❧ 要　则 ❧

1. 中国社会通常以人为主，认为有人才有事，事在人为。因此一切事都离不开人，也就是离不开人的关系。我们听到一句话，先问是谁说的；看见一件事，先问是谁做的。可见人的重要性，不宜忽视。

2. 中国社会非常重视伦理，对于人的身份地位，十分关心。看见或听说一个人，总要进一步追问是什么样的人，并且依据身份地位做出不一样的反应，才算合理。

3. 凡事先弄清楚对方是谁，才来审思因应的方式和态度，目的在建立良好的关系，以便进一步达成预期的目标。初听起来相当势利，其实，只要保持合理的程度，就没有什么不好。

请写下您的心得：

_____

_____

_____

_____

_____

小心才不会上当

个 案

第十信用合作社（简称"十信"）是一个规模相当庞大的机构。大家把辛苦赚来的钱存进这个信用合作社，原本想赚取一些利息，增加自己的收入。不料信用社把大家存进来的钱贷放出去却收不回来，形成呆账，造成存款人，也就是债权人很大的损失。

十信事件爆发以后，债权人心急如焚，赶紧联合起来，共同讨债。电视台认为这是大家关心的新闻，纷纷派员现场采访。想不到摄影机一照，所有的债权人，不是躲躲闪闪，就是用报纸把脸遮盖起来，很不愿意曝光。

美国朋友看到这种画面，很奇怪地问："这些人欠别人的钱吗？"

我们回答："这些人是被人家欠钱的债权人。"

"那就怪了！债权人还要躲在报纸下面，怕人家看到他？"美国朋友有这种奇怪的感觉，一点也不奇怪，因为他们认为：只有欠人家钱的人，才应该把脸遮起来；被倒债的人，哪里有什么见不得人的地方？

请问：

1.如果美国朋友这样向你请教，你会如何回答这样的问题？

2.中西方的态度，为什么会产生这么大的差距？

3.要求他人不要欺骗与要求自己不要上当，哪一样比较安全、可靠、有效？

4.小心不要上当是不是表示不要相信别人？

5.中国人是不是专门欺侮弱者？我们的同情心发生了什么问题？主管和部属之间，在彼此的互相信任方面，应该采取什么样的态度？

请把您的高见简要地写下来：

✍ _____

_____

_____

📖 分 析 ✎

1. 西方人多半嘲笑那些骗人的人，却十分同情那些被骗的人。中国人却可能会嘲笑那些被骗的人："你看，叫你要小心，你偏不听，现在上当了吧，损失惨重，对不对？"

这些债权人如果不躲开镜头，将来播放出来，到处会听到这样的嘲笑声："是他，就是他，我在电视上看得很清楚，他被骗掉三百万。"

一个人被倒债已经够难过了，还要到处被人笑话，更不划算。所以赶快拿报纸遮起来，比较好些。

美国朋友听了，很可能摇摇头，依然一头雾水。

很多中国人也感慨地说："中国人实在糟糕，根本没有是非观念。"

148

禁不住又要赞美欧美"先进"国家，来数落自家人的不长进。

2. 其实，"嘲笑骗人的人"和"嘲笑被骗的人"，目的完全相同，都是在遏止"骗人事件"的发生。

西方人采取"向外求"的途径，因此设计成为"嘲笑骗人的人"。凡是欺骗行为，大家一致指责那些"骗人的人"，使其备受压力，抬不起头来。所以西方社会那些骗人的人，弯腰抱头，生怕别人看到真面目。

中国人采取"向内求"的途径，一切"反求诸己"，认为"人人各自小心，不要上当"，使那些想要骗人的人，无从得逞。我们设计一套"嘲笑被骗的人"来提醒大家，千万不要被骗，否则还要惹人笑弄。所以中国社会，那些被骗的人，赶快用报纸遮住自己，以求减少不必要的难堪。

西方人的想法很对，只要大家步调一致，共同指责骗人的人，便可以吓阻、防止骗人的行为。

中国人也许想得更多一些，我们觉得"要求别人比较困难，要求自己比较容易"，既然"求人不如求己"，当然"反求诸己"胜过"约束别人"。

3. 假定有一个中国人，他诚实地向大家要求："请各位不要骗我，因为我最容易上当。"试想后果如何？不想骗人的人，固然不会动他的脑筋，而那些想要骗人的人，势必把他当作目标，"他最容易上当，不骗他骗谁？"

诚实的要求过分软弱，我们来强硬的："请各位不要骗我，否则我要自杀！"结果呢？想骗人的人第一个骗他，因为骗了他而他又自行了断，更加没有后患。

可见求人不骗我很有问题，我们改成联合性的诉求："请各位不要骗我，不然的话，我要联络大家，一致来制裁你！"有没有吓阻作用？没有。联络大家？大家会听你的？到时候大家反过来笑你，你更难看。

这样我们才会明白，为什么堂堂法治社会，银行、合作社到处张贴"财不露白"的警示字条，原来"一切还是自己小心"的好。

4. 如果说"小心不要上当"，便是"不要相信别人"，那又是天大的错误。

中国人是阴阳思想的民族，阴中有阳，阳中有阴。说"不相信"含有"相信"的成分，说"相信"也含有"不相信"的成分。

"相信"或"不相信"是"二分法"，相当可怕。阴阳思想不希望出现"二分法"，所以说，"无过与不及"。

主管应该相信部属吗？答案是"不可以相信"，也"不可以不相信"。主管相信部属，万一部属欺骗他，大家就会嘲笑主管，"三两句话，把他骗得团团转"，结论是"缺乏判断力"。

主管不相信部属，大家并不以为然，因为"疑人不用，用人不疑"，部属得不到主管的信任，怎么能够做好工作？

部属应该相信主管吗？答案也是"不可以相信"，但也"不可以不相信"。

部属相信主管，万一主管叫他做违法的事，结果落得坐牢，大家就会嘲笑他："主管叫你做，你就做。难道他叫你去死，你就真的去死？"

部属不相信主管，大家也会指责他不了解中国人"不怕官，只怕管"的道理，人在屋檐下，竟然敢不低头，真是不自量力。

5. 如果中国人专门欺侮弱者，谁吃亏我们就笑谁，谁倒霉我们就笑谁，那么，中国人的同情心到哪里去了？

对于陌生人，我们根本无从笑起，因为彼此没有"关系"，产生不出任何联想。对于认识而交情不够深的人，我们不会当面笑他。我们可能背后嘲笑他，当面则尽量不提起，万一对方自己说出来，我们就会支持他，痛骂欺骗他的人。

中国人只有对自己人，对熟悉的人，或者有利害关系的人，才会"痛心"地嘲笑他，目的在"加深他的印象"，使他深切体认"人家在你面前同情你，实际上背后都在笑你"，因而决心"自己小心不要上当"。

主管自己小心，才会时时用心，判断部属的所言所行是不是合理。"可以相信的时候，疑人不用，用人不疑。""不可以相信的时候，知人知面不知心，人心善变，不可不防。"这些话看起来互相矛盾，却是因"时"而制宜。

部属自己小心，才会时时用心，留神主管有没有做出不正当的决策。"可以相信的时候，主管就是主管，他不会害你的，不信他信谁？""不可以相信的时候，主管不是神仙，就算真的是神仙，有时也会犯错，主管的决定不合理，你盲目服从，简直是瞎了眼睛，至少也证明完全不动脑筋！"

主管当然应该相信部属，但是只能相信到合理的地步，遇到不合理的地方，就不应该相信他。

主管可以要求部属绝对诚实，不过部属会不会绝对遵守这种要求，毕竟谁也没有把握，所以主管自己小心为是。

部属当然应该相信主管，否则无法办事，但是盲目地相信，绝对地服从，除非是特殊情况，例如士兵对长官，不然的话，迟早会害惨主管。

因为主管的决定如果是错的，部属又毫不犹疑地相信，必然全盘皆输，大家一起倒霉，这时主管就会十分痛心地对部属说："我叫你去死，你就真的去死！好吧，大家一起死好了！"

部属相信主管，也是以合理为限度。主管是不是事事合理，谁也料不准，所以部属自己小心一些，比较保险。

🐍 说　明 🐍

十信事件的债权人，也有不用报纸遮住脸的，包括一些被推举为发言代表的人。既然要发表声明，总不能像 AIDS 患者那样，用纸筒剪开三个洞，然后套在头上。因为被倒债毕竟没有严重到见不得人的地步，身为代表，只有硬着头皮，化暗为明了。

还有一些把讨债、还债当作家常便饭的人，已经习惯成自然，就用不着躲躲闪闪。当然，也有一些不知道公开露面有什么不好的，生平第一次上当，并没有尝过上当还会招人嘲笑的滋味，所以堂而皇之，理直气壮地当面诉说。

既然上当，就算是"该来的躲不过"。首先装成自己不是受害者，唆使别人抛头露面去讨债，等待时机成熟才加入行列，并不吃亏。到时候债权人在一起，你用不着笑我，我也用不着笑你。

这时同仇敌忾，表现出"谁说中国人不能合作"的气概，私底下混熟了，也会透露"老兄，你怎么也那么不小心"，"我以为我的学识低，才会上当，没想到像你这么有学问的人，事先也看不出一点征兆"，然后彼此又下相同的结论："我老早就看出有些不对劲，只怪我太相信他们了！"

想想骗人的人，当然不对，简直毫无人性。再想想自己，也未尝全对，谁叫你不小心？"防人之心不可无"，难道这句话落伍了？

人是群居动物，彼此互相合作，才能生存。人应该相信别人，这是天经地义的事情。但是过分相信别人，同样引起别人欺骗的兴趣，以致上当，也是不争的事实。

西方人向外求，用"约束他人"来防止自己上当；中国人向内求，拿"自己小心"来提防自己上当。现代化的中国人，是不是发挥一下我们的"包容性"，一方面"约束他人"，一方面"自己小心"呢？

两者相提并论，哪一个才是"根本"？"防人之心不可无"，小心不要上当，方为上策；但是，千万不要过分小心，因为不合理的小心，便是多疑，一旦疑神疑鬼，什么事情也办不好。

要 则

1. 求人不如求己，要求别人不要欺骗，远不如自己提高警觉、小心不要上当来得有效而可靠。我们常说防人之心不可无，实在就是小心不要上当的高度警惕。

2. 站在不相信的立场来相信，才不致一相信就上当。对任何人都相信，受骗的概率就会大幅度增加。社会上骗子并不多，喜欢被骗的人太多，才会发生那么多骗人的事件，双方都应该负起相应的责任。

3. 吃亏上当，人人不喜欢，却又经常发生这种不愉快的事情，主要是喜欢占小便宜，才造成因小失大。要求自己不要上当，最有效的办法，便是切记不要贪小便宜。

请写下您的心得：

_____

_____

_____

_____

_____

凡事求自己合理

王君学历高、年纪轻、能力强，属于现代化精英族。他的顶头上司，是我20年前的大学同学，偶尔见面谈谈，起码可以叫出彼此的姓名。

有一天，王君和他的顶头上司单独相处，忽然想起我来，便顺口问道："交大的曾教授，您认识吗？"

出乎意料，答案竟然是："不认识。"

王君一时愣住了，好在他在行政机关服务，尚属老到，没有再追问下去。只是心里纳闷，难道我和他上司之间，有什么重大的过节，否则何以至此？

再见面的时候，他忍不住把这一段问答告诉我，并且鼓着眼睛问我："这是为什么？"

"没有什么。"我轻松地回答，丝毫没有意外或不愉快的感觉："你觉得是他的错呢？还是你的反应有了问题？"

"我不知道他有没有错，但至少我自己的反应没有问题，因为他的

154

答案实在令人迷惑！"

"有什么值得迷惑的呢？只要你回想一下他当时的表情和语气，你就会明白他没有骗你，而是你不能体会他的真正用意。"

"这我就更搞不懂了！"他按捺不住，又说了一些不满意中国人"不够正直，不够坦白"的话。

我劝他不要以自己不成熟的眼光来评判如此成熟的民族，否则无意中陷入现代人"以不知骂真知"的浅薄，恐怕也不是他所希望的。

请问：

1. 王君的上司为什么会表现出这样看起来很不诚实的行为呢？

2. 如果我带了许多东西，麻烦王君转送给他的上司，王君在报告之前，先问："交大的曾教授，您认识吗？"上司照样回答："不认识。"如何是好？

3. 彼此坦诚相对，不是更好吗？为什么要费神猜来猜去？会不会影响工作效率呢？

4. 王君这样问他的上司，合理吗？

5. 中国人为什么十分重视反求诸己？

请把您的高见简要地写下来：

＿＿＿＿＿＿＿＿＿＿＿＿＿＿＿＿＿＿＿＿＿＿＿＿＿＿＿＿
＿＿＿＿＿＿＿＿＿＿＿＿＿＿＿＿＿＿＿＿＿＿＿＿＿＿＿＿＿＿
＿＿＿＿＿＿＿＿＿＿＿＿＿＿＿＿＿＿＿＿＿＿＿＿＿＿＿＿＿＿

分　析

1. 其实，稍微模拟一下，便知道他的上司为什么产生这种"初看起来很不诚实"的行为。

155

假定那一天，王君问他的顶头上司："交大的曾教授，您认识吗？"答案非常诚实："当然认识，我们是大学同学，我比他高班次，偶尔我们还见面聊聊。"

王君十分高兴，紧接着说："那真是太好了，我正好有一件事要找曾教授帮忙，麻烦您写一封信或打一通电话好吗？"

如果你是王君的上司，这时有何感想？会不会后悔自己太莽撞，在没有弄清楚对方的意图之前，竟然如此天真，造成难以收拾的尴尬场面。说"好"吧，增加不少麻烦；说"不好"吧，实在很难启口，也难保不伤感情。

一句"不认识"，减少许多风险，省却许多口舌，是不是高明得多？

还有，我如果在王君面前说了一些坏话，王君摸不清楚我和他上司的关系，多半不敢直截了当地传递过去，必然先问："交大的曾教授，您认识吗？"假如"认识"，王君不会把我骂他的话传过去，徒然失去获得信息的机会，现在说"不认识"，王君才会放心地说，而他也适时了解老朋友对他的不满，以便决定是否采取补救的措施，或是干脆不予理会。

2. "不认识"除了省时省力之外，又有打通情报管道的功能，似乎相当完美。但是，万一我带了许多东西，托王君转送给他的上司，王君好奇，想知道我们之间的关系，试探性地问："交大的曾教授，您认识吗？"他的上司竟然冒出"不认识"的话，岂非当场揭穿西洋镜？

请勿担心，中国人是世界上罕有的太极民族，拥有足够的智慧，可以进退自如，因为凡事早已留有余地。

"交大的曾教授，你认识吗？"

"不认识。"

"这就怪了，他说是您的老同学，还要我把这些东西转送给您！"

"什么？你说的是曾仕强啊！我们老朋友，我刚才正在想一件事情，没有听清楚，原来是他呀！"

轻轻松松就兜回来了，这就是太极的神妙，有些人说它"玄"，目的在标榜"只有我看得懂"，实际上如此简单，不但不玄，而且非常平凡。

这样是不诚实吗？初看的确如此，不过对于比较具有判断力的人而言，应该有深一层的体认。

同样一句"不认识"，含有好几种不同的意思。包括"真的不认识""虽然认识，但是并无交情""认识是认识，跟不认识差不多""你有什么事情，要问我认不认识"，以及"你少打我的主意，我认识不认识根本与你无关"。中国人借着不同的表情和语气，相当诚实地流露出真正的用意，如果听的人依然不能分辨，究竟应该怪谁呢？我们不是时常彼此提醒，要善于"察言观色"吗？

3. 坦白一些不是更好吗？何必费神猜来猜去？现代社会，效率至上，为什么要浪费这种无谓的时间呢？

说这种话的人，确实有其说不出的苦衷，因为他看来看去，都猜不准、摸不透，因此用"省力""高效率"做借口，来掩饰自己的功力不够，这也是一种常见的太极行为。不去重视，让他说说算了，方为上上策。

如果先说"认识"，然后事情来了，再推说"不认识"或者坦白说明自己不愿意帮忙，甚至直接指称对方根本没有权利提出要求吗？就算横下心来，不管它，坚持一切明讲，后果又如何呢？会增进效率吗？恐怕更加不利吧！

4. 对于中国人的行为，从"合理化"的标准来省察，才能够充分明了其精髓。

王君如果合理，便不能没头没脑地冒出"交大的曾教授，您认识吗"这样的问句。他应该自己先诚实地说明原委，譬如："曾教授说是您的老同学，是不是真的？""我有一些事情，如何如何，想麻烦您向交大的曾教授说一下，不知道行不行？""交大的曾教授托我转送这些东西给您，他好像跟您很熟悉！"

相信他的主管，就会了解王君的真正心意而放心地坦白说出他和我的关系，甚至把对我的观感都适时表露出来，使王君知所进退而不为难。

5. 长久以来，我们都忘记中国人的真正精神："反求诸己。"经常责怪别人，总认为一切弊病，都是"我"以外的中国人所造成的。殊不知种种缺失，实际上都与"我"密切相关。

特别是知识分子，假若不能移风易俗，光是嘲笑、指责别人以抬高自己的身份，根本就是不合理的行为。

"反求诸己"的真义，即是"在要求他人合理之前，务须先求自己合理"。但是，先决条件，必须自己真正明白究竟什么才合理，否则到处传播不合理的道理，那就真的"爱之适足以害之"了。

说　明

有一次，我应邀到山上的训练中心去说一些粗浅的道理。晚餐时主办先生热心地问道："吃过晚饭后，有没有哪一位要开车到台北的？请举手一下。"

结果没有人举手，他十分抱歉地向我说："本来想找一部便车的，没想到没有人要下山，等等叫部计程车好了！"

我说："你这样问，当然没有人敢举手。你不妨再问问曾教授要搭便车，吃过饭后有没有人要下山的？"他满脸狐疑，但是碍于情面，只好照着问，却真的有三位先生举手。

主办先生有些气愤，忍不住说："刚才问你们为什么不举手？"

答案是标准中国式的："刚才吵得要命，你说什么大家根本就听不清楚！"中国人最好不要随便责怪他人，不然的话，一个转弯便弄得自己灰头土脸的，很不合算。

主办先生毕竟年纪轻，又问我："这是什么道理？"

我说："你会问我，表示你已经明白了，不过为了证实你的看法并没有错，所以还要问问。"

"我们这样模拟一下：你问：'吃过晚饭后，有没有哪一位要开车到台北的？请举手一下。'他很诚实地举起手。于是你说：'那太好了，这里有 10 个马达，麻烦你分别送到 5 个地方去，地址都写在这张条子上，谢谢您帮忙。'他怎么办？"

中国人在没有弄清楚究竟是怎么一回事之前，不会随便举手。因为他一举手，便要把 10 个马达分别送到 5 个地方去，害得自己不安宁，不免自怨自艾，把这种痛苦的教训牢记在心：可一不可再。

举了手，再拒绝帮忙。一部分人骂他，顺路做一点事都不肯，还奢谈什么服务精神？另一部分人笑他，傻瓜才举手举得那么快，自己找麻烦，真是活该！

我在学校里开过选修课程，有三年级的学生，也有四年级的学生，顾虑到四年级的学生毕业在即，杂务可能较多，便明确表示希望由三年级的学生来担任此一课程的班代表。首先我要三年级学生举手，以便大家有个明智的选择，结果没有任何人举手。我一眼看过去，就看到三个三年级的学生坐在那里，我问："你们三个不是三年级的吗？"他们笑笑。我又问："那为什么不举手呢？"他们又笑笑。

笑笑最好用，含有许多层意义。我不但不生气，反而庆幸：中华文化永远不会亡。

很多人，往往先染上现代社会急躁的毛病，不反省自己是不是够诚实，是不是考虑得够周到，是不是明白得够透彻，便大胆地指责别人的不是：落伍与不诚实，实在不是一件公平的事情。

主办先生劈头便问有没有人餐后要开车下山，不让人家心里头有个准备，说不定又要提出一些不合理的要求，请问谁会那么傻，毫无保障地举起手？

选举班代表的措施，我固然振振有词，说得好像十分合理，而三年级学生则未必认为合理，为什么同样选修，服务性的工作就非我们小老弟来做不可，为什么一向要我们尊重四年级老大哥，却不能由他们来担任班代表？

我的决定既然未尽合理，便没有理由指责他们不举手。居然开口责问，他们由于尊师起见，不说话，只笑笑，这是何等的艺术！

要　则

1. 中国人最重视合理，好像什么事情，都要求合理。换句话说，把事情做到合理的地步，大家大多喜欢接受。问题是合理不合理，各人的标准未必一致，这才引起很多争执，产生很多不愉快！

2. 中国社会，要成为一位受人欢迎的人，最好的态度，便是凡事自己求合理。因为一旦表现出不合理的行为，大家心里不喜欢，却又不方便明说，往往会造成若干误解，对自己对他人，都没有好处。

3.当对方表现出不合理的行为时，我们最好不要立即指责对方的缺失，而应该反省自己，是不是自己的不合理，才引起对方的不合理。如果是的话，赶快先把自己的缺失调整过来，对方也可能跟着表现出合理的反应。改变对方最有效的方法是先改变我们自己。

请写下您的心得：

_____

_____

_____

_____

_____

当心"程咬金"系统

甲部门的李小姐有意请调到乙部门工作，人事部门认为相当合适，便分别征求甲、乙两部门主管的同意，说好调迁的日期，然后依照正式程序，签请核准，公布通知。

李小姐兴高采烈，正待办理移交，准备早日接办新工作。不料乙部门主管的太太亲自拜访人事课长，坚决反对李小姐调入她先生那一部门，宣称公司如果不尊重她的意见，不惜让她先生辞职，另谋高就。

细问之下，才知道主管太太所反对的，并不是李小姐，而是未婚小姐。居于任何未婚小姐一律不得调入她先生主管部门工作的原则，她不得不拒绝李小姐的请调。虽然人事课长一再保证李小姐为人正派，绝对不可能和主管发生感情上的纠缠，但是主管太太仍旧坚持善门难开，不能同意。

人事课长以"原先并没有约束"为理由，希望主管太太让步，然而主管太太却振振有词："本来都没有未婚小姐，我当然用不着讲，现在你们不存好心，硬要把未婚小姐调进去，我不能不讲话啊！"

甲、乙两部门主管和人事课长，循正常系统运作，忽然半路杀出这么一个"程咬金"系统，弄得章法大乱，不知如何是好！

请问：

1. 这个"程咬金"系统，究竟是对是错？

2. 我们应该怎样面对这种"程咬金"系统？

3. 人事课长最好如何处置这件事？

4. 如果你是乙部门主管，如何是好？

5. 如果你是李小姐，将如何因应这种变局？

请把您的高见简要地写下来：

_____

_____

_____

分　析

1. 暂且不要评估这个"程咬金"系统究竟是对是错，事实上已经扰乱了整个正常系统。不理会，说不定乙部门主管真的离职他去。人家就会批评公司没有道理，也会责怪人事部门"公事公办"的心态，完全不重视人性。如果真的加以理会，收回调职的命令，置公权力与公信力于何地？人家便会批评公司没有制度，也会责怪人事部门"见风转舵"的心态，居然说不调就不调，叫李小姐怎么向人解释？

主管太太扮演"程咬金"的角色，乙部门主管竟然不敢据理力争，想必有说不出来的苦衷。闹大了恐怕自己的颜面更加难看，所以默不吭声。可见主管太太这样做，不见得完全是无理取闹，却是真的不得已才出此下策。

说起来谁都没有错，但是事情闹到这种地步，必定有什么地方出了差错。检讨下来，大家不约而同地把箭头指向乙部门主管："明知自己的太太不放心，为什么答应李小姐的申请？"

乙部门主管苦笑着说："好几年都没有听她提起，以为她忘了，哪里知道到现在还这么坚持？"

没有人存心捣蛋，事情依然一团糟。事先谁也料想不到，事后还是一大堆难题。"程咬金"系统的最大特色，便是半路上杀出来，叫人躲不掉却又挡不住。

2. 预先防患当然最为上策，任何事情，在考虑正常系统之外，如果还能够兼顾"程咬金"系统，自然安全得多。只是"程咬金"系统，具有神秘莫测的特性，殊难预料。

一旦被咬到，马上要有应变的处置，才能够顺利解围，否则"程咬金"系统破坏正常系统的事实，实在令人望而生畏。

人事课长懂得专业知识和人情世故，最好在公余时间，对各个单位主管做一般性的了解。如果发现比较特殊的状况，就要进一步做一些个别性的探讨。这样在人事安排上，比较容易做到适才适任，而又兼顾有关人员的特殊性，减少料想不到的差错。

若是一切考虑周详，忽然杀出像主管太太这样的"程咬金"系统，人事课长应该向总经理报告，并且建议维持原定的协议，让李小姐调到乙部门工作，以昭公信。

至于主管太太当然不可以置之不理，或者斥为胡闹，因为受害者固然是乙部门主管，却也是公司的损失。人事课长既然保证李小姐行为端正，并不为主管太太所接纳，便应该征得主管太太的谅解，无论如何，依照公司的命令，李小姐必须调到乙部门。但是，同时向主管太太保证，三个月内调开，务请主管太太费心一些，在这短短三个月内，好好拴住先生的心，不要让先生有分心的机会。相信主管太太不可能不答应，三个月毕竟是短时间，转眼就会过去，为什么不做个顺水人情，答应得漂亮一些呢？

这样处置，公司的威信保住了，主管太太的要求也得到满足，然而，对李小姐本人，公平吗？我们的答案是肯定的，因为主管太太有这种念头，必然影响到乙部门主管今后对她的态度，很难以正常的心态来面对，做起事来不免不够自然，先缓和一段时间再调，对主管对李小姐而言，都是有利的。

4. 如果乙部门主管，在表示欢迎李小姐由甲部门调入乙部门之前，先和自己的太太商量一下，看看太太的意见如何，大概就不会产生这样的困扰。若是由于自己的疏忽，造成人事课的为难，最好由自己说明，不应该由太太介入公事，以免公私不分，反而不方便。和人事课商量解决的办法，而不是撒手不管，避开责任，给人一种奇怪的感觉。

5. 这件事情，最好的解决方式，还是由李小姐自己再度提出申请，改调其他单位，或者向人事课长表明自己愿意配合任何方式的改变，以免造成困扰。一方面减轻各位同人的压力，一方面也表示自己是挑起所有问题的主角，愿意由自己的让步来促使同人和谐相处，相信必能有助于事情的推展，同时也建立个人的良好形象。

🐛 说　明 🐛

现在我们再以另一个案例，来说明"程咬金"系统的威力。

采购部王经理得到内部人员的反映，B供应厂商所供应的物料，不但价格偏高、品质不稳定，而且常常延迟交货，弄得大家很伤脑筋。王经理依据自己的学识和经验，马上觉得B供应厂商显然不合乎采购部门所强调的适时、适地、适量、适质、适价的原则，而且认为作为采购部门主管，职责所在，不容有所犹豫，于是下定决心，宣称今后不再采购B厂商的物料。

内部人员听到王经理的决定，非常振奋。对于主管的公正和气魄，无不十分敬佩。然而，消息很快传到B厂商，想尽办法要求王经理帮忙，继续购用原来采购的物料。王经理毅然决然，丝毫不为所动，同人更加折服。

不料董事长秘书来电话，询问忽然停购B厂商物料，到底是什么原因？传闻为了改向C公司采购，故意放出空气，指称B厂商品质不稳定，而且不能准时交货，究竟是否为事实？

王经理猛然觉察半途中出现"程咬金"系统，起初有些心慌，终于自问并无私心，有什么好怕的？于是一五一十，报告董事长。董事长移请总经理调查处理，总经理根本毫不知情，所以推得一干二净。王经理再度向董事长报告，董事长铁青着脸，说："为什么连总经理都要隐瞒？实在太不应该！"

内部人员据实向主管反映，当然是应该的事。王经理也不是一听便信，而是经过一番了解，确属事实，这才痛下决心，赢得同人的喝彩，可见他并没有错。

董事长呢？难道不可以过问这种重大的变更吗？如果王经理真的假公济私，真的伪造证据，真的含血喷人，身为董事长，可以不闻不问吗？请秘书打个电话，询问一下经过的情形，不算过分吧！王经理前来报告，董事长尊重总经理的职权，请他调查处理，并没有不合理的地方。发现总经理居然不知道，更加怀疑王经理存心搞鬼，也是人之常情。

总经理一问三不知，心里已经不愉快。移请他调查处理，更是左右为难。替王经理讲话，说不定被王经理拖下水，变成联手作弊。认真去调查，王经理必然心生怨恨：为什么不信任我？这么没有担当！以后对总经理产生若干隔阂，在所难免。干脆推得一干二净，让王经理直接向董事长报告，而且安慰他："不用怕这些闲话，只要你行得正，怕什么？"也算是合理的处置。

大家都合理，结果却不理想。想来想去，问题出在王经理为什么不请示总经理上。但是，话说回来，样样请示总经理，那还当什么经理？

有人猜测，B厂商的老板是董事长的亲戚；也有人肯定，B厂商的幕后老板，正是董事长。没有人方便当面询问董事长，就算真的问了，董事长也会正色地回答："这些并不重要，重要的是这种采购的案件，是不是公正无私、是不是公平合理。"

董事长说得很对，而王经理却十分倒霉。"程咬金"系统什么时候出现，从哪里出现，很难预料，可能带来许多困扰，增添许多麻烦，实在不可不防。特别是风气愈开放，"程咬金"系统愈为活络，不幸被咬到，真是苦不堪言。

采购部门的经理，当然有责任维护适时、适地、适量、适质、适价的原则，而且也有权更换采购的对象。王经理这样处理，当然没有不对。只是采购部门向来是比较敏感的地方，总有些人喜欢戴着有色眼镜来看采购人员，因而不得不特别谨慎小心。

B厂商交货不准时、品质不稳定，就算是事实，王经理也应该想想，为什么胆敢如此？是不是背后有"程咬金"系统在支持？于是，王经理亲自告诫B厂商，品质要合乎要求，交货还要如期，不然就考虑换厂。这时候可能"程咬金"系统就会按捺不住而现出原形，对王经理的处置，有很大的帮助，至少他可以请总经理协助解决，不至于独自面对强大的压力。如果连总经理也很为难，王经理心里也有个准备，与B厂商同归于尽——改向他厂采购，自己也辞职他去。有计划地因应

"程咬金"系统，当然比半路上杀出来不被它杀死也被它吓死，要有把握得多。

要　则

1. 凡是系统内找不出原因的事情，不妨向系统外去寻找。因为事出必有因，系统内找不到，系统外应该可以找到。这种系统外的因素，通常称为"程咬金"系统。

2. "程咬金"系统既然是半路上杀出来的，当然不是体制内的规定所能够加以妥善处置的。最好借用例外的方式来寻找可行的化解方法，力求不破坏体制内的和谐，方为上策。

3. 遇到超乎想象，或者意想不到的事情，不妨超越体制，向外寻求可能出现的程咬金系统，以便及早发现线索，以资化解。部属最好自己反省，为什么上司不喜欢听取我的意见？是不是我平日所表达的意见，并无实质的助益？或者表达的态度或方式有所偏差，以至上司不愿意听取？只要自己充实、谨慎发言，必然会逐渐改变上司对自己的观感，因而越来越受到上司的尊重。

请写下您的心得：

_____

_____

_____

_____

第六章

两可的拿捏

‖ 导　言 ‖

中国人常常"错的骂，对的也要骂""听话的骂，不听的也要骂"，好像是非不明，善恶不分。

其实，中国人很明白，自己不是上帝，也不是神仙，凭什么断是非、判善恶？何况是非原本难明、善恶往往不确定，如何明辨，根本就是一大难题。

世间的事情，完全"可"与"不可"的并不多，反而多半是"无可无不可"的"两可"。在某种情况之下"可"，换成某种事情却又"不可"，这才是事实。

过于武断的人，喜欢斩钉截铁地断定"可"或"不可"，虽然显得有气魄，实际上常常顾此失彼而不自觉，并不是好现象。

就算十分容易辨明的案例，中国人为了顾及面子，有时也不愿意明白地给予判断。例如老板在处理部门主管之间的冲突时，往往把是非放在肚子里，不明白说出来。唯有设法保持大家的面子，才能够"在圆满中分是非"。

为了"在圆满中分是非"，亦即"把是非分得十分圆满"，让大家都有面子，中国人可能会表现得是非不明，善恶不分，使人引起误解，以为中国人根本没有是非观念。

"连坐法"是自古以来就广泛应用的法则,对的、错的一起连坐,弄得大家害怕,不但不敢推卸责任,而且要主动关心责任以外的事情。只要运用得合理,连坐法的确可以促进彼此的互助,增进大家的合作。

我们已经提及中国人的品管意识十分明确,我们常常说出相反的两句话,代表品管的上下限,叫我们不要随便逾越。中国人一方面鼓励大家礼让为先,"让一步海阔天空",然后冒出一句"当仁不让"。到底"要不要让"?答案竟然是"不让不好,让也不好"。可见"礼让为先"与"当仁不让"正好表示品管的上下限,在"礼让为先"和"当仁不让"之间,合理地找到自己的行动点,才是好的品质。

有意见不坚持,叫作不负责任;有意见就坚持,便是本位主义。接受他人意见,不能照单全收,也不能一概置之不理。这两个极端之间,中国人自有其"兼顾"的能力,一旦找到"合理"的解决方案,不但适时展现实力,而且可以增进人际关系。

"合理坚持"是一般人忽略的观念,总认为"合法"或"合情"便能够圆满解决问题。合法固然很好,却稍嫌僵硬,到头来事情是办妥了,自己却落得"众叛亲离"的悲惨下场。合情当然很柔和,结果常常一团糟,因为滥情、虚情,往往导致事情难以达成预期的效果。

绝对不可盲目坚持,因为那样一来,无法取得他人的合作,势必陷入孤立无援的困境。当然不可以毫不坚持,因为那样表示自己根本缺乏信心。别人一反对,就放弃己见,别人哪里敢支持我们?

合理坚持的意思,是"有几分把握,做几分坚持",有责任感,有自信心的人,理应如是。

两可的拿捏,相当困难。断然裁定"可"或"不可",不但冒险,而且难以获得众人的支持。老是徘徊在"两可"之间,不但叫人看不起,而且自己也难以取舍。唯有合理坚持,才能判断其"可"或"不可"。

错的骂，对的也要骂

🐚 个　案 🐚

某一件事情，石总经理和杨经理的意见刚好背道而驰，而且各自坚持，丝毫没有让步迹象。

消息传到朱董事长那里，他先大吃一惊，深觉此事重大，不可不谨慎处理。因为石总经理和杨经理都是难得的人才，对公司的发展，均属有功人士。绝对不可以由于这一件事的看法不一致而形成对立的局面，以免影响今后业务的进行。

然后，他冷静下来，细心研判之下，发现就这一件事而言，确实是杨经理比石总经理高明。显然，石总经理的坚持，无非是面子问题，不得不如此。

请问：

1. 朱董事长如果站在石总经理这一边，否定杨经理的观点，可能产生什么样的后果？

2. 朱董事长若是明显地站在杨经理这一边，可能产生什么样的后果？

3. 石总经理应该采取什么样的态度比较合理?

4. 朱董事长最好如何处置这一争执?

5. 石总经理为什么那么重视面子? 有必要吗?

请把您的高见简要地写下来:

✍ _____

_____

_____

🪷 分 析 🪷

1. 朱董事长如果站在石总经理这一边,否定杨经理的观点,石总经理必然十分感激,认为董事长给他面子。但是,杨经理就会心生怨恨,说不定看不惯这种只知道官官相护,却根本缺乏是非的糊涂作风,离职他去,岂非无缘无故,逼走了一位好干部?

2. 朱董事长若是明察秋毫,而又表现得是非分明,就应该站在杨经理这一边,劝告石总经理不要再坚持下去,转而支持杨经理的意见,大家一条心,把这一件事情办好。这样一来,杨经理一定会看出石总经理固然糊涂,幸亏朱董事长相当清醒,因而甚感兴奋,觉得好意见毕竟不会被埋没,职位低的也不会被职位高的完全压下去。然而,石总经理可能更加没有面子,怀疑董事长有意给他难堪,趁机"落井下石"。

3. 理论上石总经理应该平静地接受朱董事长的忠告。甚至还有人指出石总经理最好坦白向杨经理承认自己一时错误,表明放弃自己的看法,并且全力支持杨经理的观点。

事实上石总经理是人而不是神,至少还没有修养到那种理想的境

174

界。他可能意气用事，干脆提出辞呈。也可能不理不睬，继续坚持自己的论调。更可能表面不动声色，暗地里却极力阻挠杨经理的行动。而最坏的情况，则是阳奉阴违，口头上赞成杨经理，实际上尽量破坏，董事长和杨经理又将如何？

当然，董事长可以不惜牺牲石总经理来支持杨经理，那不是刚好符合石总经理"落井下石"的猜测吗？

但是，真的有这种必要吗？就算把石总经理逼走了，杨经理也有本事可以接任，同样会引起公司内外诸多谣言，弄得满城风雨，对公司的形象，可能带来不好的影响。

4. 朱董事长心生一计，让他的秘书打电话给石总经理，要请他吃晚饭。

石总经理听说董事长请吃饭，马上询问："请什么人吃饭？要我当陪客？"

秘书报告说："董事长并没有请别人，专请总经理一人，说是有要紧事情商量。"

总经理心想董事长请客，我是唯一的客人，这一餐饭不好吃。到底有什么要事，居然闹到要单独请我吃饭？

难道是鸿门宴？当年项羽宴请刘邦的故事，听起来好像刘邦脱险相当轻松，一旦轮到自己头上，能不能轻松过关，似乎没有太大的把握。

两人如约见面，董事长请总经理坐定，侍者斟酒、上菜。吃吃喝喝之间，董事长始终十分客气，东拉西扯，一句比较要紧的话都没有。

总经理东提一件事，董事长就说"不要紧"，再西提一件事，答案还是"不要紧"。

看看现场，根本没有项庄的影子，丝毫不像鸿门宴，更显不出任何

175

令人紧张的气氛。

石总经理想来想去，很快就明白董事长这样做的道理。他认为杨经理的观点比我高明，却又不愿意明说，让我没有面子。所以单独请我吃饭，希望我也给他面子，收回己见，全力支持杨经理的方案。

既然这样，我要不要给董事长面子呢？项庄拔剑起舞的时候，幸好项伯看出他的心意，也拔剑起舞。在两人同时舞剑的情况下，项伯经常用自己的身体掩蔽刘邦，使得项庄没有机会刺杀刘邦。现在我如果刻意坚持，会不会像刘邦那般幸运，有项伯以身相护呢？

算了，有台阶可以下的时候，下来吧！何况这一件事，我的看法固然有理，杨经理的观点似乎更为周全，何必坚持呢？董事长平日很支持我，万一弄得他真的为难，公开表明杨经理的方案才更高明，到时候我怎么办？

边吃喝边盘算，却又不露声色，石总经理算计已定，便举起酒杯：“董事长，今天美酒好菜，我再敬您一杯！先干为敬。”

董事长知道时机成熟，即将瓜熟蒂落，高兴地端起杯子：“我敬你！我敬你！”

总经理说：“这一件事，我不是不支持杨经理的意见，因为他的观点实在相当高明。不过，我不能不暂时坚持我的意见，目的在挫一挫他的锐气，以备将来为公司所用。杨经理是难得的人才，我应该尽量随机给他一些磨炼，您说是不是？”

朱董事长连忙说：“这一件事，你不提我实在不方便提。你的看法，也不一定就比杨经理的差，只不过，有时让年轻人闯一闯，按照他的意见去做做看，他们才知道事情往往不是想象中那么容易！”

“那我明天一早就请杨经理来，告诉他董事长的用意，让他照着他的意思去办。”

"不用提我，杨经理一向最敬佩你，就说是你自己的决定好了！"

一场令人担心的可能冲突，至此圆满化解。这种处置方式，绝非"圆滑"，却是真正的"圆通"！

5. 一般人很容易批评中国人太过重视面子，以至引发很多无谓的烦恼。并且指称若是能够减少对面子的重视程度，应该可以避免很多不必要的麻烦。可惜一旦发生在自己身上，仍然摆脱不了面子的纠缠，依然苦恼不堪。其实只要不过分，爱面子并不是坏事。石总经理为了面子而坚持己见，实为人之常情，不足为奇。倒是朱董事长应该顾及石总经理的面子，圆满化解石、杨之间的矛盾，才是明智的决定。

🪔 说　明 🪔

中国人主张"在圆满中分是非"，不是"没有是非"，而是"又有是非，又能彼此都有面子"。

石总经理和杨经理平日合作得很好，并不能也不需要保证彼此之间永远没有不同的意见。有意见而又各自觉得自己的意见是有利于公司的，因而十分坚持，大家都没有错。

朱董事长当然可以装迷糊，让他们两个人去解决。这种"躲在一旁"的"袖手旁观"，实际上并不是"无为而治"的作风。因为这种"无为"的结果，很可能变成"无所为"的"和稀泥"，非常危险，也十分可怕。

他也可以挺身而出，把两个人召集在一起，先听他们两个人的意见，再明确地指出是非、利弊，最后裁定杨经理获胜，总经理失败。这种方式，看起来很明快，其实是"充英雄"，只知道满足自己的成就感，不顾虑两个高级主管被当作审判对象的悲哀感觉。

英雄人物往往把别人踩在脚下，无视他人的感受。就算杨经理一时很高兴，事后冷静下来，也会心生害怕，追随董事长左右，真是夜长梦多，不知道什么时候，要轮到自己难堪。

朱董事长善于"无为"，借故单独请总经理吃饭，目的在点醒总经理，反省之后自行放弃自己的意见。

总经理的经验丰富，当然一点就醒，自动自发地表示支持杨经理的看法，董事长再给他面子，说他的观点不比杨经理差。彼此十分愉快，而又顺利解决问题，这才是上上策。万一总经理有经历而没有经验，怎么点都点不醒，那该怎么办？

有些人只看得懂"董事长认定杨经理的方案比较好，便是不给我面子"，却实在看不懂"董事长单独请我吃饭，用意在让我自动下台阶"。有些人只知道"董事长明白分出是非，才是明是非"，根本不了解"董事长把是非放在肚子里，不明白说出来。设法保持大家的面子，才能够在圆满中分是非"。

当到总经理，应该不至于如此不明是非。所以朱董事长决定采取无为的途径，果然收到无所不为的功效。

退一步想，如果时间十分紧急，不可能用请他吃饭的方式来点他，又该怎么办？

实际上也很简单，董事长只要当着两个人的面，说："杨经理年纪轻，能够有这种见地，已经很不容易，虽然不见得比总经理的办法好，不过我倒想建议总经理，这一次干脆放手让杨经理照着他自己的想法去试一试，趁机考验一下，到底行不行得通！"

总之，杨经理的办法再高明，如果不能体谅董事长说他几句的苦心，便不算是真正的人才。董事长深知"错的要骂，对的也要骂"的道理，杨经理若是还体会不出来，说明功夫差一大截，仍旧需要好好磨炼。

🐚 要　则 🐚

1. 中国人肯定有是非，不可能没是没非。但是大多中国人没有是也没有非，因为是非的判断，十分困难，而且很少百分之百对或错，要分出是和非，委实很不容易。

2. 一般说来，这一方对的多错的少，那一方对的少错的多，比较符合事实。换句话说，双方的对错，不过是程度上的差异，并不是绝对的有与无，所以对的骂，错的也骂，往往比较容易为双方所接受。

3. 实际上，我们深入研究，发现错的骂，原因是做错事或说错话，当然要骂，才不至未尽教导责任而心生不安。对的骂，则是部属愈对，上司愈觉得没有面子，当然要骂。不是骂其犯了错误，而是指责其顾虑不周，居然弄得上司没有面子。

📖 请写下您的心得：

_____

_____

_____

_____

_____

听的骂，不听的也骂

🐚 个　案 🐚

客人来了，老板非常高兴。谈话告一段落，老板便交代下去："李先生是我的好朋友，今天难得有空到我们公司来，赶快叫厨房准备一些好菜，留李先生在这里吃饭。"

李先生一阵客气，却挡不住老板留客的诚意。秘书看看已经成为定局，就通知厨房，好菜款待贵客。

想不到吃饭的时候，老板眼睛看着那几道好菜，脸上竟然出现十分不自然的笑容。客人告辞离去，老板急忙训斥秘书："弄这么好的菜，为什么？"

秘书吞吞吐吐地说："老板，我是按照您的吩咐，转达下去的呀！"

"我倒问问你，是谁出的钱？如果你愿意出钱，我不反对弄这么好的菜；如果要公司出钱，你有没有想到，迟早会把公司吃垮？"

秘书不敢多说，也不便多说，只有谨记在心：下回小心便是。

不久，另一位客人到来，老板也表现得非常高兴。谈话告一段落，又交代下去："张先生是我的老同学，今天难得见面，赶快叫厨房准备一些好菜，留张先生在这里吃顿便饭。"

秘书唯唯诺诺，心里则牢记着上一次的教训。心想："我才不会那么傻，真的叫厨房准备好菜。谁不知道你只是嘴巴讲得好听，心里头还是舍不得花钱。"

他得意地传达厨房，弄几样家常菜，老板要请老同学吃饭。

谁知老板一看到那几样菜，居然大为生气："林秘书，林秘书，你是怎么搞的？张先生是我的老同学，我们少说也有十多年不见面了，你准备这样的菜，是要叫我丢脸呢？还是要张先生看出我这人非常小气？"

林秘书愣住了，当着客人的面，不敢多说，也不便多说，连忙吩咐厨房，想办法张罗一些比较像样的菜。

张先生一再说不必客气，老板涨红着脸，一直赔不是，道歉。林秘书陪在一旁，实在不是滋味。

客人走了，老板也觉得林秘书受委屈，无奈地说："我知道有些事情很难办，你总觉得我变来变去，似乎没有原则，说话不算话，叫你不知道怎么办才好。不过，我可以告诉你，我是有原则的，只是说不清楚，希望你能够仔细体会。"

林秘书也想不出更好的办法，希望过一阵子，彼此更了解，更有默契，办事情应该会更为顺手。既然没有什么好办法，也就顺其自然了。

请问：

1. 如果您是林秘书，会想起什么样的往事？是不是有哪些事情和现在这种情况类似？

2. 如果您是老板，会不会和个案中的老板一样？

3. 老板对待客人的原则，能不能归纳出简洁明了的三条？

4. 接待客人，难道不能够标准化，比较明确吗？

5. 老板为什么不自己决定，却要秘书费心猜测，是什么道理？

请把您的高见简要地写下来：

✎ _____

_____

_____

🐍 分 析 🐍

1. 老板的态度，使林秘书回忆起童年的一些经历。

王伯伯来访，父亲欢迎他说："请坐，请坐。"王伯伯告辞，父亲说："难得来，多坐一会儿。"王伯伯真的再坐下去，刚刚出门，父亲就发脾气："我忙得要死，嘴上留他，他真的坐这么久，这种人实在不能够对他客气。"

廖叔叔来访，父亲欢迎他说："请坐，请坐。"廖叔叔告辞，父亲说："难得来，多坐一会儿。"廖叔叔不坐，刚走出门，父亲很不高兴地说："我今天没事，想多听一些他的意见，留他坐，他也不肯坐，这样子来找我做什么？如果那么忙的话，干脆不要来好了！"

当时年纪小，只觉得奇怪，为什么坐的人惹父亲生气，而不坐的人同样令父亲不高兴？偷偷问母亲，答案是："小孩子不要多问，长大了自然会明白。"如今长大成人，却依然搞不清楚，不知道要熬到什么时候。

2. 客人光临，老板除了热诚欢迎之外，还能说什么呢？所谓"来者是客"，当然不可以冷落他，否则怎么能够"和气生财"？

吃饭时间到了，老板自然应该表示"略尽地主之谊"，因为"吃不穷，穿不穷，算计不到一世穷"，最好不要显得太小气得罪了客人，

182

万一有求于他，发现自己把路都切断掉，岂非自找麻烦！

留客人吃饭，总不能划分等级，向秘书说明眼前这位客人是第几级的，然后按级给予不同的款待。当着客人的面，唯一能说的话，也就是"快准备一些好菜"，难道可以交代"简单弄几样菜"不成？

由此可见，当老板的也同样有一些苦衷。我们如果不是老板，可能不太容易体会这种说不出来的委屈。

3. 老板对待客人的原则，归纳起来，不外下述三大原则：

第一，不要让客人觉得没有面子。既然前来拜访，就应该尽量礼待他，使他心中觉得备受欢迎，很有面子。

第二，民以食为天。不论能不能让客人满足，最低限度，不要让他饿着肚子离开。事情也许无法顺利解决，吃一餐饭，高高兴兴地告辞，这才是"生意不成交情在"，以后的日子很长，凡事要想得长远一些。

第三，我身为主人，当然表示最大的诚意，不要使对方觉得我待客有轻有重。至于如何处置才合理，那就要看秘书的判断是不是正确，然后自己去调整。不然的话，我直接打电话通知厨房就好，何必要通过秘书？

老板自己有一套原则，却苦于说不出来，所以才觉得林秘书受委屈，也才会安慰他，告诉他"有些事情实在不好办"，但是又觉得林秘书的判断力不够强，所以有些无奈，似乎有一些遗憾。

现在人才那么多，经常可以听到"人才难求"的感叹，追究其原因，就在于"应变力不理想"，而偏偏老板又有很多"难言"的苦衷，亟待左右手能够正确地"体会"。

4. 有人为了迎合"现代化""标准化"的要求，把来访的客人分成若干等级，每一等级都给一定标准的接待。结果消息很快就会走漏，弄得客人非常不愉快。

有些人守不住秘密，越是应该守密的，越要找机会说出去，然后再三叮咛听的人千万不要说出去，于是原本不该知道的人，也在极端秘密的情况下，多少了解一部分。

由于所知有限，不得不自己加油添醋，使其更加完整，来表现自己"有办法"知道得这么详细，因而以错传错，越传越变质。等级的差距，似乎被扩大得相当离谱，更增加接受者内心的厌恶与不平，甚至产生不必要的憎恨。

既然无法"明定"，就只有"暗中调整"，来适应变动的情况，应用"不可抗御的外力"，使"分等级的接待"，在"圆满中达成"。

公司不可能以同一标准来接待所有的访客，势必因客人的身份与利害关系而有不同的区分。但是，我们深刻了解身份或利害关系根本就是变动的，不是固定的。

今天身份高，将来可能变低；今天利害关系小，将来也可能变大。如果由主人亲自决定调高或降低标准，很快就被形容为十足的势利眼。

现代组织，老板不是不请客，便是由他自己选定用餐的地点，加上由他自己点菜，结果弄得大家心理不平，花钱却未能收到预期的效果。其中的道理，值得我们深思。

5. 老板仅仅表示热忱，其他委由秘书。这样一来，老板就可以"立于不败之地"，用不着常常"反败为胜"。中国人的智慧，绝对不是美国的李·艾柯卡（Lee Iacocca）所能企及的，现在大家盲目推崇"反败为胜"，面对我国先贤的"立于不败之地"，能不汗颜？

菜弄得好，秘书就会挨骂；菜弄得不好，秘书也会挨骂。挨骂的人，可以从磨炼中求进步，而所有客人，都觉得老板很有诚意，可惜秘书相当笨拙。

有一天，秘书应变能力增强，整出戏就唱得十分成功，客主尽欢，大家都有面子，而最受赞美的人是谁？当然是秘书。由于他的适当调节，皆大欢喜，圆满收场。

❧ 说　明 ❧

秘书或助理，绝对不是传声筒，更不是传令兵，他的任务，在圆满达成老板交付的任务。难吗？当然相当困难。他可以用下面所说的方法来磨炼自己：

1. 老板当着客人交代以后，背地里再请示他如何处置。这时老板多半会同情秘书而给予明确的指示。

2. 背地里向老板说明厨房的反应，例如准备哪些菜色，以试探老板的心意，然后判断提供的标准。

3. 如果老板始终和客人在一起，根本找不到单独请示的机会，可以大声地向老板说明："今天厨师不舒服，没有去买菜，一时恐怕弄不出什么好菜，真是对不起。"让老板有再一次表示诚意很够，可惜时机欠佳，竟然赶上厨师不舒服，向客人抱歉的机会。

老板这样做，证明他已经默许："没有菜没有办法，尽力去张罗就是。"如果老板不同意，必定会明白说出来："那怎么行，赶快想办法！"秘书一听，立刻通知厨房，好菜侍候。

这种做法，是玩花样、耍把戏吗？如果心正，叫作艺术；若是心不正，就成为令人痛恨的权术。

❧ 要　则 ❧

1. 完全听从上司的指示，自己一点儿也不动脑筋。这样的部属不可能长进，而且也是不负责任的表征。不但不值得鼓励，同时也应该提醒其及早改变态度，当然该骂。

2. 存心不听话，相当于叛逆行为。对上司不敬，对自己也会养成不忠不义的心态。若是有意批判上司，那就更加可怕。对于这种存心不服从的部属，非加以严厉的责骂不可。

3. 上司所希望的，是知道把听话和不听合在一起想，而不分开来看的部属。把上司的指令落实到合理的地步，表面上看起来，好像是上有政策，下有对策，其实是用心调整，把上司的命令贯彻到真正合理的程度，十分负责任。

请写下您的心得：

_____

_____

_____

_____

_____

不让不好，让也不好

个　案

王君是设计部门的台柱子，他学有专长，深为同人所器重。但是，由于自信心十足，设计出来的东西，绝对不接受他人的意见而有所变更，即使是设计部门的主管，也不能动摇他一些观点。理由相当简单："我的老师教我应该如此，唯有如此才是正确的选择。"

名校、名师教出来的高徒，如果加上坚持己见，实在令人头痛万分，当然，也含有一些惋惜。

李君的个性刚好相反。他用心设计，却绝不坚持自己的看法，只要上司或同事提出意见，他都会欣然接受，很快地修改过来。他的理由竟然也十分简单："我年纪轻，经验浅，正需要多多学习，欢迎大家不吝指教！"

谦虚、有礼，果真是闻过则喜。但是，似乎不很用心，否则为什么说不出原来设计的用意？如果不是这样，那就更加危险，显然是缺乏责任感："谁提意见谁负责任，只有我听话照改，最没有责任。"

王君的表现，逼使他的主管不得不忍痛牺牲他的才华，仅仅让他设计一些不重要而且与他人不发生关联的个案，使得王君非常不满，因而相当沮丧。

李君的做法，也给人造成"不用心"与"不负责"的错觉。主管不敢交给他重要的案件，同人也逐渐怀疑他的学识不足，否则何以那么容易放弃己见？李君觉察到这种压力，内心很不平衡，抱怨做人实在困难。一个人用心却成了不用心，虚心却成了不负责，难怪李君不能服气。

请问：

1. 王君的表现为什么会这样？后果可能如何？

2. 王君的性格对组织来说，可能产生哪些影响？

3. 就组织的观点来看，李君的性格有什么值得大家注意的地方？

4. 一个人坚持自己的意见，到底好不好？难道说是说了，不必坚持才是良好的方式？

5. 礼让是必要的吗？现代社会还应该礼让吗？

请把您的高见简要地写下来：

✍ _____

_____

_____

🐉 分　析 🐉

1. 像王君这样初中第一名，高中第一名，又是名牌大学高才生，就业之初，似乎抱有唯我独尊的心态，认为自己的决定总是对的，别人的观点老是有所偏差。因此对于他人的意见，一概谢绝。他并不觉得自己不够谦虚，只是鹤立鸡群，不得不如此而已。

有些人会遭受严重的挫折，逐渐了解自己固然系出名门，毕竟还是凡人一个，尚未成仙。何况神仙打鼓有时候也可能打错，最好谦虚一点，接受一些他人的意见，对自己不但有帮助，而且可以改善与人格格不入的人际关系。

不幸，有些人却一帆风顺。或者是大家看他背景良好，让他三分，或者是他真的凡事深思熟虑，设想周到，但是最通常的情况，则是他的"老板"（赏识者）大力举荐，使其步步高升。这样一来，他的固执成为明显的优点，从此遇事坚持己见，把自己造成辛苦的领导者，不知不觉中埋葬了所有干部的才华。

2. 王君的性格在基层时，对组织的危害并不很大。因为他的上司，很快会察觉这位有能力却不合作的部属，只好委屈他做一些不重要的工作。人力固然未能充分发挥，但至少不会造成伤害。事实上他不久便可能离职他去，几番跳槽却有同样的遭遇，势必有所改善，因而挽救了一个有用的人才。

到了中阶层还是固执己见，丝毫不能让步，注定这个人后半辈子找不到老板，也就是只好自己当老板。有些人才高八斗，一心想找好机会。老板们敬重他、礼遇他，却不敢用他，用"小庙容不下大菩萨"来婉拒他，便是最清楚的写照。任何人弄到主管非按照他的意见不可的地步，主管就会备受威胁，感觉自己的最后裁决权已经受到侵害，因而设法防卫自己，开始安排一些对他不利的限制。

高阶层主管如果认为"自己永远是对的"，至少证明他缺乏容人的肚量，不敢任用比自己高明的人。这样的组织根本谈不上什么组织力，因为无助于聚合众人的智慧，却仅仅拥有一批听话的部属。

一个人过分坚持自己的意见，无论在哪一阶层，都会构成不良的障碍，形成沟通的困难。

3. 李君的性格，亦有其缺失。在基层时，就可能背上"不用心""怕负责任"的黑锅，对自己的升迁非常不利。同时，养成习惯之后，逐渐不用心，反正错了有人会指出来，我照着去改便是。这种坏习惯，可能引起"马马虎虎""依赖他人""毫无主见"的并发症，为害更烈。

到了中阶层依然如此，就会令人怀疑他凭借什么条件晋升上来的。这种组织气候，使人联想到老板的专横集权，喜欢唯命是从的干部。老板朝令夕改，中阶层主管也忙于传达变更的命令，真不知道基层何以自处。大概是"反正上面还会改，不如暂时按兵不动，等待改变妥当后才动手，免得改来改去麻烦"！

高阶层主管若是游移不定，会不会招致"优柔寡断"的严重后果？何况部属的意见，往往未必一致，究竟应该采纳谁的？毫无主见，势必影响决策品质，对于整个组织，都不是好现象！

4. 坚持意见不好，不坚持意见也不好，那该怎么办？答案很简单："每一个人，都应该合理地坚持自己的意见。"但是，"合理"的标准，必须建立在"确有所知"、"专心探究"，而且"愿负责任"的基础上，结果如何，便知道是否合理。

有一位总经理和董事长意见相左，他总是让步，最后被董事长在董事会提出更换。他很不服气，认为自己有理，不过为了礼让才让步，没想到谦虚也不对。

中国人喜欢谦虚，总是劝人"让一步海阔天空"，这是不错的。谦虚的人，比较受人欢迎，也比较不具侵略性，不会令人防不胜防。但是，我们绝对不能忘记，"让、让、让，让到合理的地步，就应该'当仁不让'"。在"让"与"当仁不让"之间，有一个标准，便是"当仁"，即为"合理"。"合理地接纳别人的意见，合理地坚持自己的意见"，才是真正的"中庸之道"。

这位总经理，如果一开始便丝毫不能礼让，便是目中无人，未免太过跋扈，大家会同情董事长而责怪总经理。但是一直让下去，让到似乎拿不定主意的时候，董事长提出罢黜的要求，大家也不便支持总经理，因为"他自己都不替他自己讲话，我们如何帮腔"。

5."礼让"是应该的，也是必要的。现在有一些人极力诋毁"谦虚"的美德，事实上乃是矫枉过正，嘴上讲讲无所谓，真的这样去做，结果自己倒霉。但是，礼让是有限度的，让到合理的地步，就应该坚持自己的意见。这时候"当仁不让"才是美德，中华文化的奥妙，尽在于此。

当然，有人认为现代社会，人人讲求竞争。争都来不及，哪里能够礼让？旺盛的企图心，坚强的竞争力，才是现代人的表征，我们并不反对这种说法，只是希望大家在争与不争之间，做一种融合，体会一下不争之争的奥妙，不难发现礼让和竞争并不是矛盾对立的观念。如何进一步在"礼让为先"和"当仁不让"之中，走出一条合理的途径，就要看大家的本事了。

说　明

王君当然可以坚持自己的设计，不过他应该更加谦虚，好好聆听同事的建议。既然是同事，大家知道他出身名门，自然会更加小心，不敢随便提出意见。在这种状态下，提出的意见往往十分难得，必须倍加留意，深入思考，择其优者而加以采纳，使同事更为敬佩。不但人际关系改善，而且升迁之门也跟着打开。

李君的谦虚值得称赞。可惜他"照单全收"，令人不能不起疑："究竟懂不懂？"他最好冷静地分析他人所提的意见，合理地抱着感谢的心情，诚心接纳。不合理或未尽合理的，就应该说出自己的原意，在彼此切磋之中，共同找到一个更好的答案。

孔子说："吾有知乎哉？无知也。有鄙夫问于我，空空如也。我叩其两端而竭焉。"（我是无所不知的吗？不是的！如果有人诚恳地向我请教，我就从他所提出的问题，依各种不同的角度反问到底。）

没有人是无所不知的，所以难免有疏失，不可能百分之百的正确，可见样样固执己见，是不对的。彼此互相反问，总归可以发现更为合理的境界。但是，身为一位专业人员，不能说老是错误百出，否则不是能力不足，便是不够用心，因此不可以有人提意见就完全照改。

王君果真是鹤立鸡群，也应该偶尔接受一些他人的意见，例如无关紧要的地方，稍做让步，至少表示自己有容人的雅量。实在无懈可击，也不妨先依对方意见加以修改，使其感觉受到重视，然后再找他商量，说出自己的理由，让他自动收回所提的意见，对于人际关系的改善，必定大有助益。

李君如果觉得他人的意见都很正确，便应该更加用心，以求零缺点，让人家看不出错误来，才会赢得大家的信任。这时候还有人提出不同的看法，就值得深入研讨，慎重地交换意见，在"既不固执己见"，"也不一听就改"的前提下，合理地修改原先的构想。孔子说："无可无不可。"正是这种"合理的坚持"。

🦋 要　则 🦋

1. 坚持自己的意见，便是顽固而不知变通，很难与人合作。不坚持自己的意见，则是游移不定而缺乏自主。这种主意不定的人，令人不敢赋予重责大任。

2.员工尚未进入组织之前，我们不得不依据员工的学历、经历来研判，分辨其高低，明辨其专长。员工进入组织之后，我们必须忘掉员工的学历、经历，以真正的表现来判断其贡献度和配合度，给予公正的评价。

3.一个真正负责任的人，是有意见不一定说，先研判可以不可以说。但是决定要说，就应该合理地坚持。不可遇到阻碍就让步，否则便是自己太草率，或者根本不负责任。

请写下您的心得：

_____

_____

_____

_____

_____

自己应该合理坚持

　　某大纱厂在业界颇负盛名。由于品质控制良好，前来订购的厂商，常常按时寄达订单。

　　这一次，甲厂有如往常，把订单传递过来。业务经理向总经理报告："甲厂最近财务困难，信用相当有问题，最好不要卖给它。"

　　总经理听罢，不以为然地说："怎么会呢？对方一直信用并不坏，卖给它算了！"

　　业务经理听总经理这么说，心想总经理比自己大，而且是公司的当家人，既然他认为可以卖，我还担什么心？何况，我应该说的话，已经表达得十分清楚，将来就算真的出了问题，我也不负什么责任。

　　决心下定，业务经理就依照程序，让发货单位把甲厂所需要的棉纱按时送达。

　　隔了没多久，传出甲厂周转不灵，有倒闭之虞。总经理命令营业部门赶紧派人到甲厂去运回日前送达的棉纱，竟也毫无头绪，据说已经不知去向。

总经理眼见自己的货物有如肉包子打狗——有去无回。生气地指责业务经理："既然你事先知道甲厂信用不好，为什么还要把东西卖给它？"

业务经理吞吞吐吐，有口难言地说："我就是事先知道甲厂信用不好，才建议最好不要卖给它的。"

总经理说："那就怪了，你说不要卖给它，为什么结果还是卖给它呢？"

业务经理沉默不语，好像很为难的样子。

总经理接着说："你到底有什么苦衷，说出来听听，千万不要闷在肚子里。"

业务经理终于硬着头皮，说："因为总经理说对方一直信用并不坏，卖给它算了，所以我才决定卖给它的。"

总经理更加生气，板着脸说："如果我说卖就卖，那么业务经理要做些什么？你怎么可以做错决定，反而把责任推给我呢？"

请问：

1. 总经理和业务经理之间的互责，究竟谁比较有理？

2. 业务经理的行为有哪些考虑不周的地方？

3. 业务经理的正确态度应该是怎样的？

4. 部属若是想要改变主管的意向，最好如何处置？

5. 盲目的坚持和有把握的坚持有什么不同？

请把您的高见简要地写下来：

✍ _____

_____

_____

分析

1. 事情发展到这一地步，我们来评评理，到底谁对谁不对？

相信有一些人会斩钉截铁地说："当然是总经理不对，自己说的话，居然不认账，只知道把责任往下面推，真是缺乏担当。像这样的总经理，谁还愿意跟他？我才不愿意那么倒霉，随时准备做他的替死鬼！"

这种人判断得够明快，却略显肤浅。有一些人会秉持不同的看法："当然是业务经理不对，自己的职责都弄不清楚，只知道听上级的命令，做应声虫的结果，必然是自取其辱，怪不得别人。"

其实，真正的答案，又是中国人的一句话："很难讲。"总经理有对也有错，业务经理有对也有错。不过真正认真说起来，业务经理的失误，应该成分比较大，也比较严重。

2. 严格说起来，业务经理的过失显然比较大。为什么呢？且让我们做一些分析，以供参考。

总经理听业务经理报告甲厂财务困难，信用相当有问题，并且建议最好不要把棉纱卖给甲厂。他可以采取三种不同的反应：

第一种是相信业务经理的判断，同意业务经理的建议。这种反应，可能产生两种后果，一是业务经理的判断正确，公司避免了损失；一是业务经理的判断不正确，公司蒙受失去客户、减少销售的风险。

第二种是不相信业务经理的判断，不同意业务经理的建议。万一业务经理的判断十分确实，总经理的威信受到损害，公司的利益也遭受负面的影响。

现在总经理十分明白"信也不好，不信也不好"的道理，采取第三种反应，那就是不以为然地说："怎么会呢？对方一直信用并不坏，卖给它算了！"

不以为然并不是"不相信"，当然更不是"相信"，却是介乎"不相信"与"相信"之间，提出相当程度的质疑。总经理这一句话的真实意义应该是："甲厂的信用一直并不坏，否则我们为什么一直卖东西给它？现在你忽然认为甲厂信用相当有问题，到底有什么证据，可以让我更信服？"

业务经理如果听懂总经理的话意，看出真正的含义，他就会口头答应："好，卖给它。"然后回到自己的单位，再做进一步的了解。若是自己看错资料，或者找不到更多的证据，就可以名正言顺地遵照总经理的指示，把货品销售给甲厂。

如果发现自己的判断并没有错，可以收集有关资料或信息，再度向总经理建议不要接受甲厂的订购。总经理看见业务经理一再不相信甲厂，并且有相当可靠的证据，自然会明确地说："如果是这种情况，当然不能卖给它。"

假定总经理依然不采纳业务经理的意见，业务经理应该接受总经理的裁定，退下去再行自我检讨，甲厂是不是真的信用有问题？如果自己不能再进一步掌握更多可信的资讯，就不必再争。若是自己的确有把握，必须再度向总经理据实坚持。相信几番往来，总经理会依照业务经理的建议，拒绝发货给甲厂。

3. 业务经理的正当态度，应该是"既不唯唯诺诺，也不当场顶撞"。一听上级主管的指示，便完全失去自己的主见，放弃自己的意见，这是唯唯诺诺的乖乖牌，对己对人，都不是好的表现。听见上级主管的指示，马上当场辩解，除非情况实在紧急，否则主管会更加坚持己见，反而增强沟通的障碍，减少接受的可能性。若是声音加大，那就是顶撞，对部属而言，更加不利。

既不唯唯诺诺，也不当场顶撞的做法，便是"先接受，后申诉"。首先表示接受主管的指示，使主管的态度缓和下来，然后争取充分思考的时间。一方面考虑要不要申辩，另一方面搜集有关的资讯，以确证自己有几分把握。部属视自己有几分把握，做几分坚持，才是最有利的原则。

4. 一次就想要改变主管的指示，恐怕十分困难，说得难听一点，那就等于"要主管无条件投降"，使主管难堪，觉得没有面子，根本不是部属应有的心态。

分几次改变主管的意向，实际上比较方便而有利。因为主管觉得每一次指示，部属都欣然接受，只是回去之后，发现新的信息，提供主管做参考。主管依据新出现的资料，重新考虑，做出新的决定。主管自己调整、自己改变，觉得很有面子，当然比较容易沟通。

业务经理几度坚持之后，总经理仍然裁定要出售棉纱给甲厂，相信被倒账的情况发生，总经理也不敢怪罪业务经理，却很可能坦承自己不接受业务经理的建议，以致铸成错误，希望大家以后更加提高警觉，不要以为总经理是活神仙，好像什么事情都不会出差错似的。

5. 没有把握就坚持，叫作盲目坚持，会害死自己，变成"成见极深"的家伙，减低自己在众人心目中的信用地位。有把握而不坚持，很容易被解释为"存心不良"，故意看别人出洋相，同样会降低自己的信用度。

有几分把握，就坚持几分，才是正确的态度。坚持的结果不正确，应该好好检讨自己，毛病究竟出在哪里？下次切实调整过来，以重建自己的信用。坚持的结果正确，大家就会对你刮目相看，以后对你的意见，会格外重视。

说　明

业务经理对的部分，只是听完总经理的指示，没有当场顶撞，事后

198

也没有埋怨总经理不相信他，结果被甲厂吃掉一批货品。业务经理错的部分，在于未能合理地坚持，分次向总经理说明自己这样判断的理由，以致公司平白损失，证明自己没有尽到责任。

至于总经理对的部分，乃是"不马上相信，也不立即否定"业务经理的意见，只是不以为然地说："怎么会呢？对方一直信用并不坏，卖给它算了！"

总经理错的部分，则是平时没有把业务经理训练好，未能建立彼此之间的默契，以至业务经理不能体会总经理的真正用意。固然事后可以板起脸孔教训业务经理，然而损失毕竟难以补救，发脾气并无济于事。

有人怀疑，总经理当初为什么不直截了当地明说："你说甲厂财务困难，信用有问题，究竟有没有确切的证据？"

说这种话的人，可能缺少"将心比心"的素养。请问，当主管摆明不信任部属，处处要部属提出证据，部属的心理会产生何种反应？会不会认为既然上司不相信我，我又何必一定要求他相信？为了公司，还要蒙受上司的考验，不如让主管自己去决定，比较省事。

总经理为了顾及业务经理的面子，不可以当面考问他到底有几分把握，只能够用"不以为然"的方式，表达"你有你的看法，我尊重你。现在我也说出我的看法，希望你也能够尊重我。两者之间，应该如何取舍，请你费心再思量一下"的意思。

🦢 要　则 🦢

1. 中国人如果把面子放在一边，就会形成"公事公办"的局面，结果公家倒霉。要是彼此顾虑面子，便应该将心比心，用中国人长久沿用的沟通习惯，双方依自己的把握，决定坚持的程度，以求得合理的决策。

2.过分坚持，变得刚愎自用，大家都不愿意和他沟通，结果十分孤立，对自己很不利。过分不坚持，看似随和，实际上是自己没有把握，令人失去信心。或者不敢负责，说说就算了，让别人去决定，大家同样不敢信赖这种人。

3.坚持到合理的程度，说起来很容易，做起来非常困难，因为各人的立场不一样，看法很难一致。合理的标准各有不同。因此组织的若干共识，必须设法建立。平日对合理的认定，愈有共同的标准，坚持起来，愈有合理的把握。

📖 请写下您的心得：

_____

_____

_____

_____

_____

第七章

是非的判断

‖ 导 言 ‖

是非为什么难以分辨？主要是"时空"在作祟。任何事理，总离不开时间和空间。时空一改变，是非就跟着有不同的变化。中国人最了解这种关系，所以有很多问题，中国人都觉得"很难讲"。

很难讲的确是事实，因为"公说公有理，婆说婆有理"，而听起来又似乎"怎么说都有理"。

中国人喜欢说："话都是你说的。"意思是："你爱怎么说，就怎么说，反正都有道理。"

我们都是"理由专家"，最会找理由，而且最喜欢找理由。偏偏中国历史悠久，资料库十分丰富，随手一抓，就是一大堆理由。怎么找都找得到，怎么抓都抓不完，请问在这种情况之下，如何判断是非？

中国人的方法，是"站在很难讲的立场来讲"，而且在"二选一"之外，出奇制胜地来个"二合一"，使人有意想不到的感觉。中国人的脑筋，普遍会拐弯儿，所以中国人的是非，也会绕圈子。兜来兜去，把原本相反的东西相成起来，获得相当圆满的是非判断。

是非本身具有变动性，变动得不合理，中国人不接受；变动得合理，中国人几乎都能够接受。此亦一是非，彼亦一是非。究竟孰是孰非？合理便好。

在这种变动性是非的环境中，制度似乎是最倒霉的东西。有制度不知变通，大家不以为然；有制度却因时、因地、因人、因事而变通，大家就痛责"根本没有制度"。不变不行，一变就是没有制度，可见中国人的制度时常背黑锅，被众人当作借口，屡加责骂。

今天我们喜欢谈"游戏规则"，总认为中国社会缺乏游戏规则，而且以为如果有了游戏规则，中国人就可以循规蹈矩。事实上我们历代以来，无不致力于建立游戏规则，只是我们的游戏规则，与西方有所不同而已。千万不要用西方的游戏规则来衡量我们自己，也不要猜测中国人可以遵循西方的游戏规则。更不要否定我们的游戏规则，仅仅由于它不同于西方所拥有的。

我们今天所缺乏的，主要不在游戏规则，而在"裁判水准"。因为裁判水准低落，经常乱吹，甚至于吹错了，就算空有整套的游戏规则，又有何用？

中国人所要求的裁判水准，乃是"在圆满中分是非"。我们常说"对，有什么用？"外国人听了，觉得十分奇怪。对居然没有用，那难道可以错吗？我们的答案更妙，"不对，不可以"，把外国人都搞糊涂了。

"对，没有用"是品管的上限，"不对，不可以"则是下限。如何在"对，没有用"与"不对，不可以"的范围之内，明辨是非，是中国人必修的课程。

中国人绝对有是非，我们最讨厌没有是非的人。然而，我们的要求比较高，不是单纯的分出是非，便可以解决问题，却应该在圆满中分是非，分到大家都有面子。难是难些，但是值得我们努力去达成。

是非的判断，乃是管理的基础。缺乏是非，根本无法管理。中国人不可以不明是非，否则管理的基础不可能扎实。中国人也不可以不分青红皂白，胡乱判断是非，不然的话，颠倒是非更可怕。慎断是非，才是中国人应该坚持的正道。

是非很难分辨

个　案

　　8∶05 由"清华大学"站开往台北的班车，于 8∶00 开始上车，持有坐票的旅客陆续登车。有的对号入座，也有的选自己喜欢的座位坐下。

　　8∶05 稍过，补位开始。有一位老太太率先登车，眼见 1 号座位居然空着，心里大喜，毫不犹豫地挤过坐在 2 号的年轻人，倚窗而坐，感谢上苍让她有一个好位子。

　　不到一分钟，车外出现另一位老太太，气喘如牛，直嚷着："等一等，等一等！"

　　站务员告诉她已经客满了，请她等下一班。她说："我有划号，而且是昨天特地跑来划号的！"匆匆上车后，她站在 2 号旁边的通道上，坚持要坐在 1 号的老太太让位："对不起，这是我的位子。"

　　"我知道，不过那是 8∶05 以前的事情，现在我已经补了位，为什么要让你？" 1 号位子上的老太太理直气壮地说。

　　"我就是知道自己体力不好，经不起站，所以昨天多跑一趟特地来

205

预购车票，不像你今天才来，所以你一定要把位子还给我。"

"你要坐，为什么不早一点儿来？"

"噢，我不晓得早点来？你当我是白痴？我告诉你，我很早就出门，谁知道红灯那么多，害得我赶不及。"

司机把车门关好，转动车头，径直向高速公路而去。

站着的老太太右手紧握把手，左手持票伸向坐在1号的老太太，两人互不相让，终至破口大骂起来。

这时坐在2号的年轻人，觉得压力很大。全车的人都默不作声，却似乎一致在指责他：年纪轻轻，为什么不站起来让座？

年轻人看看自己的车票，明明写得十分清楚——2号。可是眼前的情景，划号并不能保障什么。他站了起来，示意让座。站着的老太太称谢坐下，继续和1号老太太大声互骂。

5分钟以后，两位老太太沉默了一阵子，然后有说有笑，怒气全消，接着是一团和气，彼此十分融洽。

我就坐在附近，很想知道结局如何，一直十分留意。车过泰山收费站。1号老太太说她第一站就要下车，她女儿会来接她，2号老太太则把自己的住址告诉对方，邀她有空过来聊天，1号老太太也把她的电话号码念出来，她们最后竟然还聊到："如果那位年轻人早一点让座，我们就不会吵了！"

请问：

1. 坐在2号的年轻人有错吗？为什么两位老太太竟然把责任归在他的头上？

2.1号老太太有错吗？她为什么不肯让座呢？

3. 迟到的老太太有错吗？她为什么理直气壮地要1号老太太让座？

4. 汽车公司有什么错？

5. 司机不理不睬，好像只顾开车，不管乘客的争执，他有什么不对的地方？

请把您的高见简要地写下来：

✍ _____

_____

_____

✿ 分　析 ✿

1. 坐在 2 号座位的年轻人当然没有错，这本来就是他的座位，坐在上面是理所当然，谁也没有权力把他赶走。

既然年轻人没有错，大可心安理得，或者干脆闭目养神。但是他的脑筋却会拐弯儿，耳朵里虽然听不见任何责难（他倒希望有人骂他，给他一个表明自己合法的机会），心里却怎么也安不下来，终于决定让自己的权利暂时睡着，发扬传统礼让的美德。

2.1 号老太太也没有错。依序补位，合法取得 1 号的座位，是她辛苦排队换来的，当然不肯让。

现代社会，大家讲求合法。若是依法补位，谁也没有话讲。补位开始，她首先登车，年老力弱，当然尽量坐在前面。若是年轻时期，很可能坐在后面的座位，以免像那个年轻人那样，承受一些说不出来的压力。

守法的人，通常除了法定的规约以外，不太考虑其他的因素，何况老太太年事稍高，更不必礼让给老弱，坐着准没错。

3. 迟到的老太太错了吗？早一天特意预购车票，想不到接连几个红

207

灯，弄得前功尽弃。眼巴巴地看着别人以补位的名义捷足先登，当然痛心！汽车公司收了她的车钱，明定逾时作废，现在又巧妙地想出补位的名堂，明明是一位两卖，还说什么过时不候，简直越想越气。

4. 汽车公司有什么错？如果卖出的座位坚持不再补位，对众多旅客如何交代？而站务员弄不清楚哪个座位的旅客早一班车已经走了，哪一个座位的旅客正在路上急得满头大汗，当然只好悄悄把手表拨慢30秒，然后依序补位。不过他毕竟是中国人，脑筋会拐弯儿，遇到愤怒的老太太，实在不敢依法把她赶下车去，既不能叫任何旅客让座，又无法面对迟来一步的老太太，当然只好悄然退避，顺其自然，求得解决。

5. 司机先生看多了各色各样的旅客，早已司空见惯，一方面帮不上忙，一方面迟开车子大家会骂。大多数中国人都有丰富的经验：车子一开动，所有问题便会逐渐获得解决。

当然，站务员可以坚持不让迟到的老人家上车，司机也可以出面制止吵闹，因为现在是法治社会。但是，如果自己正好就是那位迟到的老太太，内心的感想又如何？

说 明

中国人之所以是非难明，原因之一在于头脑灵光，脑筋会拐弯儿。有些人嗤之以鼻，认为荒谬之至，那便是患了近代中国人的毛病：脑筋逐渐僵化，很难深一层想问题。

如果有人转向指责我：你亲眼看着两位老太太吵架，竟然无动于衷，还敢口口声声谈良心？这是一种实证：他的脑筋正在拐弯儿，算是一个道地的中国人。

要赞美一位美国小姐很容易，你说她发型相当可爱，她便高兴；你说她长得甜美，她也喜欢；你说她眼睛迷人，她可能接着说："许多人都这样赞美我！"

赞美一位中国小姐可要特别当心，你说她衣服很漂亮，她会想："难道我长得不漂亮？"你说她眼睛美得像月亮，她可能怀疑："你看，又在嫌我的鼻子太塌了！"

总经理从外面进来，嘴角上黏着一颗米饭，职员们看到了，敢不敢说："总经理，你怎么带便当？"答案是有人敢，有人不敢。敢说的人并不是勇敢、坦诚、率真，而是料定总经理不会把他怎么样。不敢说的人也不是胆小、阴沉、世故，而是他没有把握，究竟会有什么后果。

总经理听了，可能笑一笑，用手把饭粒抹掉；也可能恼羞成怒，心想："我前两天指责你，你就心生怨恨，今天抓到机会，公开使我难堪，好啊，看我怎么整你！"有人会说这是总经理的个性使然，其实，同一位总经理会对张三、李四的同一句话或同一行为产生不同的反应，这才是实情。

中国人脑筋会拐弯儿，绝对不是时时刻刻都拐弯儿，因为每一时每一刻都拐弯儿，便会脑筋团团转，永远转不过来。

至于脑筋拐弯儿究竟好不好？我们很容易从"人和机器的比较利益"当中获得解答。人之所以优于机械，人工之所以永远不能完全为机器所取代，唯一的原因仅在"人的弹性大于机械"。电脑记忆得多且久，计算得繁且速，却不能像人脑那般拐得过弯儿！

举一反三，是学习的最佳过程，否则人只是记忆的机器，迟早会被电脑征服。人要能够举一反三，当然需要养成脑筋拐弯儿的习惯，因此我们大多羡慕脑筋灵光、转得过来的人。

当然，转动的方向，有正必有反。我们深切盼望，大家的脑筋尽量向正道去转。实际上正道、反道也很难分辨，才会产生"合理化"的难题。谁不知道"合理化"很好，问题是你看合理，我看不合理，究竟谁合理？

如果"一切依法办事"最合理，那么迟到的老太太势必被站务员挡驾，不许她上车，或者让车上的众多乘客发挥道德勇气，群力制裁，叫两位老人家不要互骂，以免妨害大家的安宁，如此处置合理吗？

我们也可以指责这两位老太太的观念陈旧得可怕，居然冀望年轻人让座，可是，复兴中华文化的传播节目当中，不是常常提醒大家礼让、敬老吗？

年轻人有权利坐在自己预购的座位上，但是他毕竟存有"心不安"的人道思想，依"法"可以安然不动，却服从"情"的指导。让出自己宝贵的权利，这才是值得我们钦佩的。

我年逾知命，白发苍苍，自愧难以"充硬汉"。不是无情，却也有些难为情，思之不无遗憾。至少当时应该站起来让座，以身作则，激发年轻一辈的礼让之情。不料竟陷入"冷漠观察者"的深渊而不自觉。一旦价值中立，自身顿然失去立场，显然当时的一刹那，脑筋已经拐不过弯儿来了！

要　则

1. 是非难明，因为我们毕竟是人而不是神，还没有具备像神那样明鉴的能力，以至经常误判是非。尚未能明辨是非，却要擅自判断是非，这时候最好觉悟是非难明，使自己更加慎重，减少错误。

2. 疾恶如仇的先决条件，是是非善恶分得十分清楚。若是是非难明，善恶不容易分辨，我们怎么能够放心地疾恶如仇呢？疾恶如仇的人，经常被利用，反而助长恶势力，岂非害自己？

3. 管理者应该明白是非，更应该时常告诫自己：是非难明。不可以凭着个人的权势，来乱断是非。多问、多看、多想，慎断是非，才不至看错人，看错事。破坏自己的形象事小，影响团体的士气，才是重大的伤害。

请写下您的心得：

_____

_____

_____

_____

_____

怎么说都有理

个 案

审查决算的时候，如果"预算小于决算"，例如原先提出预算，只有100万元，如今决算下来，高达1100万元，审查的人势必紧张万分，痛责这种情况为"形式预算"，甚至有瞒天过海的嫌疑：先以小额预算获得顺利过关，然后分期追加预算，造成高额决算的结果，看审查的人如何处置。

这时有的单位心里暗暗高兴，因为执行的结果，刚好"预算等于决算"，丝毫没有出入，想来必然可以得到审查人的褒奖。不料审查人竟然皱紧眉头，大摇其头说："这怎么可能？简直把我们当成傻瓜。"天下事哪有那么凑巧的，预算是3215万元，决算也不多不少，正好是3215万元，这根本就是"消化预算"，分明是根据预算的金额，悉数拿发票来报销，真是要不得。

某些单位，看到自己"预算大于决算"，顿时欣喜之情，溢于言表，哪知道审查人不看犹可，一看之下便十分愤怒："剩下这么多钱，居然不会动用，可见大家都不用心！"批评这种"闲置预算"的作风，是不

212

敢负责、不肯做事的混日子现象。

预算和决算这两个"数字"之间的关系，总共只有三种：大于、等于或小于。现在"预算小于决算"，被骂为"形式预算"；"预算等于决算"，被痛责为"消化预算"；而"预算大于决算"，又被愤称为"闲置预算"。请问如何变化其间的关系，才能符合中国审查人的要求？

这三种骂法，如果出于三位不同的审查人，我们还可以解释为：彼此观点不同，站在自己的立场来看，所以有不同的说法。偏偏这三种批评，出自同一审查人的口中，而且我们还可以保证：他的头脑清醒，知识丰富，尤其难能可贵的是相当现代化。

请问：

1. 这三种批评出自同一位审查人的口中，对我们而言，有什么样的启示？

2. 中国社会，最好如何处置预决算事宜？

3. 能够寄望审查人不指责吗？尽说好话，对审查人的立场可能产生什么样的后果？

4. 编列预算，最好采取什么样的原则？

5. 预算制度好不好？能不能如实地实施？

请把您的高见简要地写下来：

✍ ＿＿＿＿＿＿＿＿＿＿＿＿＿＿＿＿＿＿＿＿＿＿

＿＿＿＿＿＿＿＿＿＿＿＿＿＿＿＿＿＿＿＿＿＿＿＿

＿＿＿＿＿＿＿＿＿＿＿＿＿＿＿＿＿＿＿＿＿＿＿＿

✎ 分　析 ✐

1. 首先，我们必须了解：中国人很难接受"一致化"的现象。

凡是公共工程进度落后，有关单位必定非常关切：究竟问题出在哪里？怎么向大众交代？弄得执行单位穷于应付，根本无法专心探讨原因并进行补救，只好急就章、胡乱赶，徒然造成许多无谓的后遗症。

但是，若是工程进度恰如预定，不快也不慢，大家便议论纷纷：还不是作假，明明就在那里故意拖延，反正预定进度已经达成，何不乐得轻松，脚步放慢一些？因为"神仙打鼓，有时也可能出错"，哪里会如此巧合？中国人普遍只能接受一种报告：工程进度略有超前，大家皆大欢喜。稍微留心新闻报道，不难发现这种心态。

日本人的"一致性"相当浓厚，所以团队精神高昂。中国人的"一致性"是站在"变动性"的基础上，有时一致性很高，有时却不然。例如，董事长到工作现场巡视，员工便提高警觉性，步调一致，合作无间。厂长领导大家高喊"董事长好"，也是齐一而有力，显现士气旺盛。但每次如此，大家就心生厌恶，应付应付，甚至看不起厂长的奉承态度，暗地里骂他专门拍马屁。

2. 中国人喜欢变动性，预算大于、等于、小于决算，都属于一种"一致性"，所以必然挨骂。同一个单位，有许多预算项目，其中有的项目预算等于决算，有的项目预算小于决算，让审查人看不出一个"一致性"来，挨骂的概率就会大幅度降低。

实际上，凡是实实在在、依照实际发生的情况来编制预决算书，应该是具有相当的变动性才对。一致性的情况，通常很容易被解读为某种程度的作假。至少经过若干人为的调整，否则怎么能够这样一致呢？

3. 要审查人不指责几句，也是很困难的。这是立场问题，既然身为审查人，负有重大的审查责任，当然就要审而查之，才叫作负责任、尽职守。如果审查了老半天，居然抓不出一些毛病，不在场的人，哪里会相信实际的情况，必然有所怀疑：是不是不认真审查，才没有发现错误？这样的猜测，还是君子之腹，不计较也就罢了！万一其他审查人想歪了：是不是得到什么好处，抓不下手？那才是天大的冤枉。所以既名为审查，当然要抓出一些名堂。

每次都抓同一单位的毛病，或者都找同一情况来指责，又是一种"一致性"。中国人善于打游击战，这次抓这里，下次抓那里，此时指称这种情况不当，彼时又痛陈那种情况可怕。让对方摸不着方向，把握不住重点，才叫作"出其不意"，绝对不能让对方"有备无患"。

4. 实际上，中国人编列预算也是一大学问。依实编列不妥当，不依实编列也不见得合适。依照实际情况编列，如果遇到其他单位灌水浮列，而主持者鉴于总数过分膨大，采取按比例缩减，岂非惨不可言？不依实际情况编列，遇到有心人事先搜集资料，届时逐项比对，当场拆穿西洋镜，今后何以为人？

5. 预算制度的精神很好，有效执行起来，未尝不是管理的一种利器。但是打从编列预算开始，我们就有许多变数不易加以控制。例如预算的项目、名称必须相当合乎"时代的潮流"，才会显得有分量。因此大凡任何项目尽可能加上"资讯"两个字眼，或者和"自动化"扯上相当关系，通过的可能性立即增大。

此外，预算之前，可以先试探高阶层人士的口气，如果获得支持，就把不可能获得通过的预算项目，暂时用比较有利的项目来代替，将来通过之后，再行变更使用，以迂回的方式达到原来的目的，这绝非"以合法掩护非法"，却是"脑筋转得过来"。

只要诚意、正心，这些方式并不算坏。但是因为我们的预算审查制度缺乏合理的审查方式，更谈不上有客观的审查标准，所以审查时如果有一位委员反对，其他的人就不便据理力争，于是不是搁置便是删除，弄得是非不明，永远说不清楚。

制度是好的，也需要良好的环境来施行，才能有效。今天大家空谈人性管理，却要脱离中国人的人性环境来推行一些不合乎中国人的制度，分明是赶鸭子上架，把好端端的一种制度变成官样文章。

就算"零基"预算，对中国人也未必合适。既然不受限制，大家就可以尽量多列，结果造成面子大的主管，单位预算多；面子小的主管，单位预算少。

✿ 说　明 ✿

一致性是不合人性的，在非常特殊的情况中，要求大家行动一致，观念一致，原本无可厚非，如果任何时刻都希望大家记取一致性，那就很难为大家所接受。日本式管理的成功，是很大的牺牲换取得来的。中国人不是做不到，而是心理平衡与否的问题。我们要求中国员工团结一致，必须考虑某些心理因素，其中最为重要的是老板的理念。究竟公不公、诚不诚、正不正？

预算当然不能小于决算，否则不是预估不准确，便是有意先行过关，造成事实，再追加预算。然而预估很难准确，物理学的"测不准定律"便是最好的证明。有时估计得相当准确，却由于其他因素，例如工程承包商倒闭、外购设备推出新产品等等，势必追加预算不可。

预算也不可能经常等于决算，因为外界环境变动迅速，要在快速变动的时代，一年前编列的预算刚好等于一年后的决算，实在很难令人信服。

不过，有一些物品变动性不大，也有一些物品价格变动时用量可以调整。或许可以与供应商协议：只有这么多预算，请你们少赚一些，所以，预算等于决算，不完全是"消化预算"。

再说，预算不能大于决算，有相当的道理。因为既然有余钱，为什么不买好一点的产品？为什么不考虑周到一些，把有关的周边设备也一道购齐？可见对于采购并不用心，至少是怕负责任。但是，有些工业品价格每年降低，而且我们常说"当省不用，当用不省"，不当用时，省下一些钱，难道也是一种错误？

这三句话都有相当的道理，如今出自审查人口中，更是有道理。事实证明，挨骂的人心里怎么想我们不晓得，至少没有人公开申诉，也没有人为此而大生其气，因为"气死活该！"

问题不在审查人的指责，却在执行者的合理与否。预算时尽量求其合理，决算时也尽量求其合理，这就叫作"合理化"，是今天管理界共同追求的目标。只是中国人的合理，并不具备一致的基础，却建在变动性的先决条件上。你认为合理，我不认为合理，结果害苦了可怜的他，不知道谁的主张才合理。

❧ 要　则 ❧

1. 变动得合理，才是中国人心目中真正的合理。不变，大家骂："为什么不求新求变？"一变，大家又骂："为什么胡乱变？"应该变才变，不应该变千万不要变，这才是我们变动中的一致性。可惜现在有些人听不懂这种话，所以常常怪别人，形成外行人取笑内行人的可悲境况。

2. 道理大部分是相对的，从不同的立场，可以说出不一样的道理。加上中国字和中国话，配合中国人的性格，弹性大，变化也大。无论怎样写，怎样说，都有一部分的道理，所以很不容易沟通。

217

3. 中国人特别重视诚意，也就是自己的心目当中，要有他人的存在。和对方将心比心，凡事站在对方的立场来讲道理，才讲得通。听起来马屁味道十分浓厚，却一定不能够存心拍马屁。

请写下您的心得：

_____

_____

_____

_____

_____

让制度背黑锅

个　案

公司召开业务汇报会，检讨近期产品滞销的原因。大家先是面面相觑，不知从何说起。继而试探性地点点滴滴说一些无关紧要的话，最后越来越热闹，竟然不约而同地把所有责任都推给制度，结论是：如果制度不能够适当地修改，再努力亦是枉然。

假如公司的销售制度，恰巧是董事长和总经理亲手制定的，或者是依据总经理指示而修订的，大家当然不致如此鲁莽，于是东拉西扯之后，必然交相指出同业的惨境，绝对不亚于本公司，因而归结为：景气不好，时机对我不利，也就是"非战之罪，天亡我也"。

请问：

1. 中国人为什么喜欢把所有的责任都推给制度？

2. 制度为什么是最好的挡箭牌？

3. 中国人为什么不愿意得罪别人？

4. 中国人真的怕事吗？

5. 让制度背黑锅，有什么好处？

请把您的高见简要地写下来：

✎ _____

_____

_____

🍂 分 析 🍂

1. 把责任推给制度，乃是很多人惯用的一种太极行为。太多的历史事实和随着年龄增长而累积的亲身体验，使我们深切了解，制度是死的，而人却是活的。我们指责制度，它并不会反咬一口；如果责怪某人，必然会遭受或早或迟的报复，委实防不胜防。

是是非非，原本不易判别得十分精确，因为"公说公有理，婆说婆有理"，几乎每一个人都是"理由专家"，信手拈来，信口道来，即是一大堆理由。到了"山穷水尽"的地步，依然可以用"不知道""忘记了""不小心"等不是理由的理由来搪塞。

就算是非相当明白，我们也不愿意直接指出这是谁的过错，因为被指责的人，是一个活生生的有生命的人，他不服气，或敢怒而不敢言，或明接受而暗排拒，势必采取报复的措施，即使不马上反扑，终究蕴藏着一股潜在的力量，不知道什么时候会朝向自己，直射过来。哲学家早已说过："每一句恶毒的话，都是一支回头箭，最后还是射伤了自己。"何况中国人认为君子报仇，三年犹未为晚，得罪中国人，可真不是好玩的。

2. 人不能得罪，否则没完没了，而制度、法令为"非人因素"，正好派上用场，拿来做挡箭牌。凡事不说是什么"人"的错，只推是"非

220

人"的制度不合适，既安全又容易获得众人的认同，这就是中国人的高明之处。

事实上制度也是活的，制度由人创立，由人修订，也由人执行。我们明着讲制度不好，暗地里仍然涵盖着创立的人、修订的人以及执行的人。嘴巴上不说，心里却都有数，这才是推给制度的实质意义。

管理者看不出或者忘掉了此一实质意义，便无法了解中国人真正的用意，不能妥善地处置，因而让制度背黑锅，使大家误以为我们真的是缺乏制度或者制度不完善。

3. 求"安"是中国人根本的要求，西方人说"OK"，我们一句"安啦（放心）"，具有同等效果。

人要求安，当然不能够随便得罪人。今天有些人口口声声要大家不要怕得罪人，实际上自己却处处小心，生怕得罪他人。

4. 中国人崇尚"安人哲学"，其实也不是怕得罪人。我们的正确观念，乃是"无事不惹事，有事不怕事"。没有事的时候，最好不要惹是生非，以免弄得大家不得安宁，徒然成为众人心目中的"刺猬人"。有事的时候，就用不着害怕，反正怎么躲都躲不掉，天天躲也不会安，所以不能怕事。

惹事不安，怕事亦不安，唯有不惹事、不怕事才能安。这种浅显的道理，岂能由于百姓日用而不知，便轻轻地抹杀掉？

不直接指责"人"，是不惹事的表现。我们不是常常冀望大家"对事不对人"吗？为什么要指责人呢？就事论事不正是比较客观的态度？现在我们可以看出来：我们自己不愿意直接指责人，却讨厌那些不直接指责人的人。这是什么心理呢？

第一，别人直接指责人，我才可以不必直接指责人，显得我比别人聪明，满足自己的虚荣心。

第二，别人因直接指责人而得罪人，我才有机会充当和事佬，造成有利于己的情势。

第三，别人和我一样不直接指责人，似乎是非不明，坏人逍遥，好人就吃亏，我是好人，却不愿跟着蒙受损害。

最理想的场面，是别人彼此之间互相指责，而一切与我无关，乐得隔岸观火。殊不知此种情况纯属空中楼阁，混战之中，极容易为流箭所伤，才是比较可能的事实。鼓励大家不要怕事是对的，如果无意间激发不怕惹事的气氛，则天下大乱的结果，自己也不太容易逃避，后悔莫及！

怪罪"非人"的制度，细想起来，是不怕事的表现。大家只拿制度作为攻击的目标。不拿人来指责，而言语之中，隐约可知错的人是谁，这种"不明言"的检讨，至少含有三大好处：

第一，我认为某人有过失，但不知大家以为如何。假如明白指责出来，而大家不以为然，岂非太过冒失？如今我用明指制度、暗指某人的方式来表示，若是大家共同认定，当然最好；如果大家不认为如此，我没有明说，也不至伤感情，可以说是一种两全其美的方式。

第二，众人的认定与否，最后还是十分清楚。就算所有的人，都不愿意明白地指出是某人的过失，但是中国人的警觉性很高，说来说去，心里大抵知道在数落谁的不是。被指责的人，听来听去，虽然始终没有听见自己的姓名，却也心里明白，这分明是在说我的错。

第三，既然不明说大家也都明白，不如表面上不说，只拿制度来指责，看看主持人的态度如何，才能进一步判断自己的观念是否正确、合理。按照常情，大家心里有数，主持人当然也不例外。如果他身为主持人都不愿意坦白指责是某人的过错，我明白指责，能否得到有力的支持，显然颇有疑问，不如依然咬定制度不合适，以观主持人的结论，比较安全。

说　明

　　现在我们已经明了，一件事是谁的过失，实在不易判断。在难以判定责任的情况下，中国人慎断是非，多数不愿意唐突地指出这是谁的不是，以免造成错误，引起不必要的误会，增加无谓的困扰。但是既要检讨，又不能不试图沟通彼此的看法，因此巧妙地运用"非人"的制度大做文章，以求了解他人的观点。果然大家表面上都在责怪制度，而言外之意，却已逐渐集中于某人，可见某人确实有其不当之处，格外证实自己先前的推测并不离谱儿，同时也庆幸自己没有明言，不得罪人而又达成指责的目的，应该是更为圆满的明辨是非。

　　主持人果真想要分辨某人是否有错，他听来听去，自然和众人一样心里有数。除非存心装糊涂，否则便可以私底下再和若干人分别探讨，进一步求证，便不难充分了解表面上指责制度的弦外之音。

　　在众人不明言的检讨中，主持人发觉大家的目标，相当集中于某人，就应该在散会之后，个别地和某人谈一谈，提供给他一个自己承认错误的机会，由他自己来说，可能更清楚更坦诚，因为大家既已顾全了他的面子，他便不可不要脸地一味抵赖。

　　某人如果真的没有过失，这是最好的机会，可以具体地澄清大家的误解。主持人指派有关人员，共同听听某人的证词，然后透过非正式沟通，很容易消除此一不当的指责，本来就没有人指名道姓，当然不是在怪他！

　　假如某人真的有过失，这也是最好的机会，正式地向主持人说明过程和自己的苦衷，初步获得协议，再决定处置的方式，总比众人吵吵闹闹，要冷静、客观得多。

　　主持人有时为了顾全大局，不愿意宣扬出去，这是最好的机会，一

223

方面接受大家表面上的结论，及时修订典章制度，以求改善；另一方面则依照大家实质上的建议，切实了解某人的过失，或给予劝导、警戒，或给予合适的处罚，以求改进。

如果主持人认为必须公开处理某人的缺失，这也是最好的机会。可以组成委员会，让委员们进一步详尽地了解整个情况，做出合适的处理方案，看看众人的反应如何，再由主持人郑重地宣布，必然更为圆满。

中国人的思虑，一向十分圆熟。表面上拿制度来大做文章，实质上则毫不留情地指责某人，这才叫作"合情合理"，既顾及情面，又力求合理。这种方式，给主持人极大的弹性，可以进退自如，也可以左右逢源。处置得妥善与否，关键全在主持人，这是中国式管理倡导"正己正人"、强调"上梁不正下梁歪"的道理。

主持人存心让制度背黑锅，就会装迷糊，让大家围着制度团团转，结果问题依然存在，说不定继续恶化下去。主持人千万不要让制度背黑锅，制度不过是人为的产物，真正的原因，仍旧离不开人的因素，所以中国人一直深信"有人才有事""事在人为"。

当然，制度也有不好的。这句话最好这样来说：当初创制此一制度的时候，居于当时的实际情况，这样定应该属于最合适的。如今情况改变，似乎已经不是最合适的，有修订的必要。制度不好，就应该及时修订，如果承办单位一拖再拖，始终不予理会，直到大家共同检讨，才责怪制度不合适，是否已经相当明白地指出承办人员的缺失？不幸的是，我们常常听见承办单位力陈自身有关的制度不好，甚至振振有词，真是不知自己所办何事。

指称自己制定的制度不合适，等于公开打自己的嘴巴；怪罪其他单位制定的制度不妥当，实际上也就坦白指出那些单位的工作有缺失。谁都知道已经有制度而猛烈地攻击缺乏制度，便是不满执行不力的表

示。冀望制度的改善可以带来更多的利益，实际上是走一步算一步的
做法。

要　则

1. 生产力要提高，经营管理希望突破，最要紧的恐怕就是：不要让
制度背黑锅。大家可以指责制度，以求了解他人的观点，从而达成指责
的目的，这样才能够实质地明是非，求改善。

2. 口头上指责制度，让制度背黑锅，目的在保留大家的面子。心里
头却应该心知肚明，知道实际上的错误在哪里，应该由哪些人负责，必
须如何改善。并且有实在有效的行动，才能够收到检讨改正的具体效果。

3. 检讨会上，主持人用让制度背黑锅的策略保留相关人员的面子。
会后必须个别约谈相关人员，以测知其是不是真正明白错误的所在，并
且提出具体的改善方法，才能罢休。否则就要持续追踪，直到有所改善
为止。

请写下您的心得：

_____

_____

_____

_____

圆满中分是非

公司为了合理照顾自备车辆上下班的同人，特别规定，按月补助汽油费。虽然为数不多，却也引起有车一族一阵子的欣慰：毕竟公司还是相当用心，知道不搭乘公共交通工具的人，需要负担汽油费。王经理因公出差，长达三个月。到了第二个月，就有人向总经理反映：王经理出差期间，并没有自行驾车上下班，如果照领汽车补助费，似乎很不公平，而且也显得公司的稽核部门能力不足，未能及时觉察，因此应暂时停止发给汽油补助费。总经理听罢，觉得十分有道理，心想一共也没有多少钱，大概王经理不至于过分重视，所以裁决：出差期间，停发出差人员汽油补助费。

总经理处理本案，完全是对事不对人，而且立法之后，一视同仁，凡出差期间超过一个月以上者，即停发当月份汽油补助费。依据新法，将王经理三个月的汽油补助费扣发，应该是合法措施。

王经理回来后，向总经理报告出差经过，彼此言谈甚欢。末了总经理还慎重地说明停发三个月汽油补助费的原因，征求王经理的看法，王经理说："这样很好，反正我人在外，没有开车上下班，事实上也没有花费这笔钱，我觉得很公平。"

总经理非常高兴，一方面认为自己果断判决，相当准确；另一方面也觉得王经理脑筋清楚，是非分明。想不到一个星期之后，王经理提出辞呈，而且坚决要离职他去。大家苦劝，他也不改初衷，并且口出怨言："连那么一点钱都计较，我在这里拼下去，内心会很不平衡。"

王经理的做法，似乎反复无常，究竟为什么？

李经理查获熊课长的属下阮君在上班时间看小说，他认为阮君的行为已经触犯公司规章，理应议处。虽经熊课长再三保证，那是阮君家人托他下班时顺道拿去归还，阮君怕到时忘记，才放在桌上的，李经理仍然不予采信，坚持非办不可。于是签报总经理核定，予记过一次，以儆效尤。

阮君不服，依照公司规定提出申诉。此案经申诉委员会调查属实，并无上班时间看小说之事。总经理依据申诉委员会报告，要求李经理取消对阮君的处罚，李经理口头答允，却拒绝付诸行动。

李经理的行为，好像顽固而不讲理，果真如此吗？

请问：

1. 王经理为什么如此反复无常？是不是口是心非，或者嘴巴上说好听话，而心里头却不是这样想？

2. 李经理为什么要处罚阮君？能不能稍微深入地分析一下？

3. 总经理对王经理领取汽油补助费事宜，最好如何处置？

4. 李经理对阮君的事宜，最好如何处置？

5. 王经理和李经理的不当表现，其根本原因在哪里？

请把您的高见简要地写下来：

✍ ＿＿＿＿＿＿＿＿＿＿＿＿＿＿＿＿＿＿＿＿＿＿＿＿

＿＿＿＿＿＿＿＿＿＿＿＿＿＿＿＿＿＿＿＿＿＿＿＿＿＿＿

＿＿＿＿＿＿＿＿＿＿＿＿＿＿＿＿＿＿＿＿＿＿＿＿＿＿＿

🦋 分 析 🦋

1. 公司发给汽油补助费是总经理核定的。在王经理出差期间，又补充一条，规定出差超过一个月者，停发当月汽油补助费，请问补充规定的时机合适不合适？会不会引起"针对王经理而来"的传言？

在总经理心中，完全是对事不对人，但是王经理的想法又如何？说不定上一次朱经理出差一个月，并没有扣发汽油补助费，为什么偏偏选在他的身上，开始实施这种规定？

总经理认为"这一点小钱，王经理大概不至过分重视"，而王经理呢？他却埋怨"公司连这一点小钱都计较，我拼下去实在不值得"。同样认为"小钱"，评估的角度不一样，结果产生很大的差距。

王经理在总经理解释停发的原因之后，并未觉得有什么蹊跷，所以坦然地说出赞成的话，可见他的确不是为这一点小钱而斤斤计较。

但是，王经理回到家里，可能提起这一件事，王太太的反应如何，就十分难料。她可能和王经理一样，觉得无所谓，也可能很不高兴，认为出差那么辛苦，差旅费又不高，现在竟然动脑筋要扣汽油补助费。然后她可能以算总账的方式，来列举公司亏待王经理的事实，弄得王经理一肚子火。

然后，在公司里，难免有人喜欢搬弄是非，如什么人向总经理反

228

映，什么人极力敲边鼓，以及总经理在什么情况之下做出这样的裁决。王经理本来觉得没有什么的，顿时也疑神疑鬼起来，偏偏这时候又有别的公司前来挖角，心一横，走吧，就这样提出辞呈，一走了之。

公司为了区区三个月汽油补助费，损失了一员大将，划得来吗？就算真的求合理，难道没有更好的办法吗？

2. 李经理处罚阮君，有两种可能：一是公报私仇，一是秉公执法。如果是前者，公司任用他当经理，根本就是一种错误。假如是后者，就算真的处罚错了，他一旦收回成命，请问以后的日子怎么过？经理怎么当下去？

不错，课本上写得很清楚，一个人不可能不犯错，有错误要勇敢地承认。但是，事实证明，职位愈高的人，愈不方便公开认错。因为高职位的人，似乎一公开认错，便要丢官失职，情况相当严重。

李经理秉公执法，不能确保样样都很确实正当：万一稍有偏失，就要公开认错，请问有谁敢做判决。

阮君申诉，又获得澄清，确实没有触犯公司规章，当然应该还他清白，使其得到应有的补偿。李经理和阮君之间，难道没有更好的解决方式？

王经理出差，有人拿他的汽油补助费做文章。总经理可以听，却不必急于做决定。像这种事，根本不是A、B、C重点管理中的A类案件，大可以拖到王经理回来以后，再来处置，后果比较圆满。

3. 总经理等到王经理回来，让他办妥公事，休息几天，一切恢复正常之后，再把王经理请来，告诉他有这么一回事，然后说："我希望先听听你的意见，再做最后的决定。而且，这一次你出差期间的汽油补助费，公司也不停发，所以和你本身并没有什么利害关系，你可以充分思考，帮我衡量一下，究竟怎样才算合理。"

王经理回家和太太谈起这一件事，然后又东听西听，有了一些眉目，由于总经理尚未决定，仍然等待他的回音，所以他会把自己的感想和听来的信息，做一番分析，有了吐露怨气的机会，总经理比较容易掌握王经理的动向，而王经理觉得总经理的确十分器重他，相当重视他的感受，自然不容易被人趁机挖走。当然，王经理的条件良好，总经理才会把和他有关的事宜处置得如此慎重。若是王经理本来就不很适任，离职他走，对公司也没有什么损失，总经理就用不着这般谨慎。可见，看人办事，确实有其必要。现在，总经理不当面询问王经理的意见，便做出和王经理有关的决定，对王经理而言，难免有轻视的味道，不能片面指责王经理多疑，听信小话。

4. 李经理把阮君处罚错了，总经理应该请李经理前来当面洽商。首先表明支持李经理的态度："这件签呈，虽然是你签的，但最后核定者是我，所以处罚错的是我，不是你，再说，你是公司重要干部，现任经理职务，无论如何，公司应该大力支持你。"

这种"官官相护"的落伍心态，恐怕又要被看不惯或看不懂的人，大骂为莫名其妙的行径。

李经理听罢，立即表示自己对阮君并无成见，既然申诉委员会查明真相，那就应该撤销处罚，并且要亲自向阮君道歉。这种勇于认错的表现，完全出乎李经理的自动，丝毫不觉得面子受损，结果十分圆满。

如果李经理指称申诉委员会查证不实，有偏向阮君的嫌疑，他不愿意收回处罚。不过，居于整体的和谐，李经理愿意记阮君一个"功"，来补回那一个"过"。总经理衡量实际情况，也可以同意李经理的方式，并且亲自请阮君谅解，公司必须支持李经理的苦衷，劝解他反正真相已经大白，对自己并没有什么损害，一切以大局为重，相信阮君也应该接受才对。

5. 这两则个案，表面上看起来，王经理和李经理不对，深入探讨起来，总经理的处置，才是王经理和李经理不对的源泉。

总经理若是善于化解问题，就算王经理和李经理确有不妥当的地方，也能够大化小，小化了，顺利完成和谐的目标才对。

🐚 说　明 🐚

对王经理来说，家人的感觉是一种变数，公司同人的传言是一种变数，外界的挖角更是一种变数。有了这三种可能的变数，我们不能怪他说话不算话，或者人前一种话，背后又是另外一种话。

王经理极力赞成某些人的建议，并且主张由自己扣发开始，总经理则裁决按补充规定，不过从公布后第二个月开始实施。有一段缓冲期，使"人"的分量减到最低，然后谁是第一个被停发的，算他倒霉，大家就比较没有话说。

若是王经理坚决反对，列举许多理由，认为公司不应该打这种小算盘，使人一想起来就泄气。总经理可以找原先建议的人，再行沟通，以衡情论理的方式，来决定是否修订新"法"。相信凡是合情合理的法，都会受到欢迎。

这两则个案，有一个共同的缺失，那就是"合法而不合理"，以至分出是非却不圆满。

王经理觉得没有面子，一走了之。李经理被要求认错，同样没有面子，坚决抗拒。反过来让王经理参与决定，让李经理自行善后，都是尊重他们的表示。给他们面子，让他们自动地合理解决，这就是"在圆满中分是非"。到实在不讲理的时候，再给他们难堪也不迟，你说是吗？

🌿 要　则 🌿

1. 中国人绝对有是非，而且也要明辨是非，但是，我们的要求比较高，希望做到"在圆满中分是非"，分是非分到大家有面子，才能够真正圆满。若是分是非却分得不够圆满，那就留下许多后遗症，后患无穷。

2. 圆满的标准，即在不得罪任何人，也就是不让任何人觉得没有面子，这是十分高难度的要求，必须多多用心，不断求改进，才能够做到。拿圆满做目标，却不宜要求自己一下子就要做到，持之以恒，日久自然有成。

3. 凡事不留下后遗症，才叫作圆满。为了追求圆满，一不小心就会掉入乡愿的陷阱，必须特别小心。如果为了防止自己不圆满，却又变成人人厌恶的圆滑，那就更加不圆满了。

✒️ 请写下您的心得：

_____

_____

_____

_____

_____

第〇八〇章

凌乱的秩序

‖ 导 言 ‖

中国人似乎以"脏乱"出名，到处和脏乱结下不解之缘。脏是应该改的，也可能随着知识的普及与经济的繁荣而改变，乱是需要调整的，调整到"乱中有序"，实际上比不乱更好。

乱有两种：一种是乱到没有条理，十分可怕；另一种是乱得很有条理，就像时下许多人的发型，花很多时间和心思使其乱得相当自然。

中国人的天人合一思想，使我们由"自然界的凌乱现象"推及"人世间的凌乱"，逐渐领悟"乱中才能看出理来"的道理。在凌乱的现象背后，找出何以如此的"理"，使我们更深一层地获得必需的信息。

凌乱在管理上的运用，其实正是"情的交流"。中国人请求"情、理、法"，固然以"理"为重心，却巧妙地以"情"为先。人我之间，用"情"做桥梁，沟通、协调起来，心意容易相通，连带地相当凌乱。

我们必须有所抉择，到底要以情为先因而相当凌乱呢？还是要转变为以法为先而显得冷酷无情呢？有些人一方面主张把"情、理、法"颠倒过来，变成"法、理、情"，一方面又期待人我之间充满人情味，以至于过分强调"人情"和"人情味"的差异性，实在是自我矛盾的心态。

任何人如果能够清楚地分辨"人情"和"人情味"的异同，就用不着担心以情为先。相反的，若是"人情"和"人情味"分不开，颠倒成

"法、理、情"，只有增添人间的冷漠，对人性管理而言，为害甚大。

中国人喜欢"不明言"，主要在启发有心人。我们认为："如果对方不想听，说得再清楚，他也会充耳不闻""若是对方没有诚意，怎么解说，他都会往不利的方面去思考，甚至伪装成不知道、没听懂"。中国人深信："只要有诚意，听不懂的自然会问。"

"不知道，没听说。"这是没有诚意的人。"你不说，我也知道。"这是诚意十足的人。有诚意，想知道，就会自动设法去挖取情报，什么信息、任何规定都跑不掉。

中国人十分注重"体会法""不明言"的目的，在诱人自动体会，然后变成他自己想出来的，才不至于伤害他的自尊。"我没有这样说，是他自己说的。"这是最有效的"让他自己说"，亦即让他自己负完全责任。

部属向主管请示，主管马上给他答案。表面上看起来，这位主管既有能力又有气魄，实际上他在害组织，帮助组织"制造呆人"，也在害部属，逐步把部属变成呆人。因为主管答案太多，部属就懒得去想，经常用嘴巴问，愈来愈少动脑筋，愈来愈不想，因而愈来愈不会想，终于变呆了。主管"不明言"地告诉部属："你自己看着办好了！"意思在提醒部属"不要随便问，应该自己好好动脑，仔细去想"。可惜现在许多部属听不懂，总认为主管这种答复，完全不负责，造成彼此之间的隔阂。

我们为了求圆满，有很多做法，不得不稍微推、拖、拉一下，只要合理，乃是有利于双方的措施。部属适时指示，主管合理答复，彼此呼应，互相配合。看起来相当凌乱，实际上条条有理。

不怕乱，不求乱。盲目地乱，谁都害怕。在凌乱中通情达理，大家才会欢迎。

乱中才能看出理来

个 案

张总经理任内，会议记录的签到栏一片空白，既不画格子，也没有事先把与会人员的大名打印在上面。随到随签，显得乱七八糟，有时候整理记录的人，还会把名字搞错，引起一些抱怨。

李总经理继任，要求科学化、系统化，规定秘书室在会议记录的签到栏上画好格子，事先把与会人员的大名打印上去，使与会者一目了然，签在应该签的位置，既整齐美观，方便整理，又是一种轻而易举的革新。

但是，有利即有弊。排名的先后与高低的位置，一直成为大家不愉快的焦点。业务不能达成目标，竟然责怪签到栏居于下位，被上面的生产部压得死死的，哪里伸展得起来？开发新产品的进度落后，便说是签到栏把开发部列在最后，当然快不起来。

有人调职，签到栏改变位置，于是有人上升，也就有人下降。无心的人，只是引为笑谈；得意的人，便趁机说东说西，弄得尴尬不堪。

现在朱总经理上台不久，居然又改变主意，要求秘书室对外会议，仍旧在签到栏上面打印与会者大名，并且画好格子；至于对内会议，则一律空白，不再明定签到的位置，也就是让大家自由签到。

大家议论纷纷。有些人反对，说是开倒车，好不容易科学化、系统化，为什么还要回过头来乱七八糟？有些人赞成，说是再革新，有所变有所不变。有变化未必就不符合科学原理，而动态的系统也更能因应外界的变迁。有些人说："总经理的意见永远是对的，从过去的张总、李总到现在的朱总，他们的规定都十分正确，因此没有意见。"

王君一向激进，是"我有话要说"的信徒，便在会议完毕时提出临时动议，要求朱总经理说明改变的理由。

朱总经理胸有成竹地回答："我一直等着有人提出这个问题，才有机会向大家解说一番。对外的会议，依照往例，画好签到栏的格子，大家按照位置签到，才不会搞乱或弄错，将来追究起来，也算是一种证据。内部会议，彼此一家人，自由签到，既轻松自在，又可以从中发现各人的性格与近日的情绪变化，所以最好不要画格子。"

请问：

1. 朱总经理为什么不主动说明，一直要等到有人提出质疑，才来答复？

2. 有些老板喜欢有意见就说出来，究竟好不好？

3. 保留签到栏一片空白，有什么好处？

4. 签名的时候，最好注意哪些原则？

5. 签名的位置，有什么值得注意的地方？

请把您的高见简要地写下来：

✍ _____

_____

_____

❧ 分 析 ❧

1. 朱总经理为什么不主动说明，却一直等着有人提出这个问题？这是一种艺术。有些事情适于主动说明，有些并不适合，并不是每一件事都有主动说明的必要。

假若朱总经理的决定大家都没有异议，表示大家已经相当了解他的用意，而且也颇为赞成。少数看不清楚的人，大可以暗中向同事请教。某些不是很赞成的人，也在容许范围之内，不必求其完全一致。

这种情况之下，朱总经理主动说明，不免有一点看不起人的味道，好像大家都不明道理，只有他一个人最高明。对于那些一看便知其中用意的人，是不是有一些不敬？

"你不问我不好意思说，你一问我正好说明一下"的态度，一方面教导部属"像这种问题，相信你只要用心，一定会得到答案，最好私底下请教，用不着公开地询问；另一方面也可以从发问者的态度和语气，观察出他的立场和用意，然后决定如何来回答这种问题"。

同样有疑问，可以私下打听，也可以公开发问。通常是私底下问不出所以然来，才公开请教。公开发问的时候，很容易观察他的动机为何。究竟是纯粹不了解，希望得知真相？还是已经有了答案，却并不以为然，这才利用发问的形式，来表达自己反对的立场？当然还有一种，是"以为大家都没有发现此一问题"的高明心态，就更触犯了"轻视他人"的"低估"戒律，令人暗笑不已！

2. 有些老板喜欢有意见就说，弄得干部经常没有表示意见的机会。有些老板喜欢有意见不说，也弄得干部样样都要费尽心思去猜测。这两种极端做法，都不合理。应该有的意见先说，有的意见后说，有的意见绝对不能说。当然这不容易拿捏得很准，却值得努力去磨炼。

239

一般说来，对外的会议，形式重于实质，记录的重要性大过会议的内容，而一旦发生争论，也好拿记录来充当证明文件，所以签到整齐清楚，非常要紧。事先画好格子，明定位置，当然十分有利。

至于对内会议，应该要求实质重于形式，否则浪费时间，毫无意义。记录只是确实记载会议的内容，最好能够反映彼此互动的过程，将来研判起来，显得生动而有助于实际情况的了解。记录人员的素质，实在非常重要，像现在一些记录人员动不动就要求发言人交发言条的做法，恐怕很难开好会议。

3. 优秀的记录人员难求，至少可以运用签到栏提供性格分析与近况研判之用。而要达成此种要求，只有保留签到栏一片空白，使与会者自由签名，才能够在乱中看出一些道理来。

签名的字迹与大小是第一线索。内行的研判者，很容易从字迹了解签到人的性格。不过这种途径比较专业化，并不是一般人所能做到的，而且画好格子，依照位置签名，同样得以研判。

一般人可以从字的潦草程度和字的大小来分析。一个人签名的潦草程度似乎和他的职位高低成正比。也就是说，职位愈高，签名可以愈潦草。通常我们会接受老板签名签得像"画符"一般而没有异议；某些人职位不高却签得字迹模糊，必定引起异议："这种签名谁认得出来？请他自己来指认，有时也会认错吧！"可见职位愈高，愈有潦草得大家都认不出来的资格。

4. 签名的大小最好配合自己的能力、自信与受到老板重视的程度。写得太大，容易惹人眼红，显得自高自大而不够尊重同人；写得太小，也容易招人议沦，连自己的名字都写得那么小，足见不够大方，自己也觉得拿不出来。

实际上的情况，则是研判者的主观反应。平日印象良好的，会多方替他辩解，大有大方的性格，至少不会鬼鬼祟祟；小有谦逊的美德，会礼让的人比较不容易和人家无理取闹。平时印象不佳的，便会给予厌恶的评语：大是目空一切的自大性格，难怪与同人相处很不融洽；小是自卑的表现，缺乏自信的人什么事情都办不好。

这样主观的判断，有什么值得重视呢？不科学的东西，要用不科学的处置方式，才能见效。老板可以让主管分析，听出和自己的观点有哪些差异。主管也可以听听别人的反应，以便了解自己的判断是否正确。同样是主观的，各有不同的看法，比较一下，很容易找出合理的答案。

5. 签名的位置是第二线索。来得早，也大大方方地签在最上面，字体相当端正，表示这位仁兄正直而端庄，君子坦荡荡，却略嫌刚直，容易得罪人。总经理把他用为中层干部，还说得过去，用为高级主管，那就必须先和他恳谈一下，看看能不能稍微内敛一些，做起事来，可能更加圆满。

来得早，却不卑不亢地由末后位置签起，字迹适当地潦草。如果职位高，表示他很注意人和，小心处理人的问题；若是职位低，则显然十分守分，却相当具有潜力。

但是，这并不代表由末后的位置签起，便是百分之百的有利。例如，老板签到，应该理所当然地签在前面，至于是否列在最前端，那要看老板是不是有意试一试：如果我这一次签在中间，大家如何因应？

群聚的出现，也值得研判者重视。少数人每次签到都聚集在一堆，很明显是非正式组织的征候。如果有固定的次序，那就更加坚强。谁是地下组织的首脑，似乎呼之欲出。

说　明

　　自由签到，提供一片空地，让签名的人自由去占领自己心爱的位置。这里包括了先后、喜好、周遭的变化，出现众多而有趣的组合。提供许多有关性格、情绪的资料，必须综合判断，千万不要抓住一点便以为了解全盘。

　　把多次签到的情况比照研判，更能够从动态中掌握变化的真相。管理上的控制，除了数量标准之外，自由签到的变动现象，也是重要的参考。

　　有人会担心，这样一来，大家共同注意签到的问题，有意掩饰，会不会影响正确的研判？其实，这才是我们真正要求达成的目标。每次自由签到，大家果真留心签到的位置、字体的表现以及书写的大小，就已经把签到的教育功能充分显现出来。人的行为，可以影响自己的观念，每次签到的行为，都讲求合理，我们不用费时费心去研判，就有了很好的收获，让每一个人都具有守时、守分、守纪的正确观念。

要　则

　　1.凌乱之中，一定有它的道理。最好用心推敲，寻找出其中的信息，然后加以研判，对人与事的掌握有很多的助益。不一味用责怪、讨厌、不屑的眼光来看凌乱的现象，才能够冷静地找出它背后的一些道理。

　　2.先肯定凌乱必有其凌乱的道理，犹如条条有理、井然有序的背后同样有其道理一样，这样才比较容易寻找出凌乱背后的道理。特别是不应该凌乱的地方居然如此凌乱，不应该凌乱的时刻竟然如此凌乱，更应该特为用心，才能有所体认。

　　3.凌乱不凌乱，其实相当主观。管理者最好摒除成见，把凌乱看成正常的现象，而不是一下子就断定其为反常或变态，必能提高警觉，找出凌乱的原因或用意，给予合理的因应。

　　✒ 请写下您的心得：

　　_____

　　_____

　　_____

　　_____

　　_____

凌乱正是情的交流

宋君夫妇急急忙忙赶到某百货公司，想买一套衣服去送礼。没想到百货公司尚未开门。

走到附近，发现有一家服饰店，已经把卷帘铁门推上去了，店内的东西，整理就绪。女店员都站在那里，无聊地玩弄着手指头，或者懒洋洋地倚在挂衣服的铁架旁。

宋太太想进去看看，不料女店员阻挡着她，说："对不起，我们要10：00才开门。"

宋先生赶上去助阵："门不是已经开了？"

女店员说："那是开给我们进来的。"

宋先生看表，10：00差10分。说："只差10分钟，你们也已经准备好了，早一点开张，不是更好吗？"

女店员依然无动于衷："还有8分钟，请你再等一会儿。"

宋君夫妇忍耐不住，大骂女店员没有脑筋，不知变通，弄得大家情

244

绪恶劣，根本不懂得顾客心理，哪里有资格开店做生意？

请问：

1. 女店员依照店规，坚持 10∶00 才开门，有什么不好？

2. 宋君夫妇大骂女店员没有脑筋，是什么道理？

3. 商店规定 10∶00 才开门，有什么不对？

4. 在这种情况下，店员如何因应顾客的特殊需求？

5. 百货公司为什么坚持准时开始营业？

请把您的高见简要地写下来：

✍ _____

_____

_____

🌿 分　析 🌿

1. 女店员并没有错。百货公司可以规定 10∶00 才开门，早到的顾客都能够耐心地等待。商店定在 10∶00 开始营业，凭什么这一对夫妇不讲理，要乱骂人？

2. 宋君夫妇错了吗？似乎也不尽然。他们原先的目标，是百货公司。看到紧闭的铁门，他们只有怪自己来得太早，并没有乱发脾气。为了争取时间，到处寻找，发现这一家铁门已经推开，再探头一望，全都准备齐全，心里涌起无尽的希望，不料却被狠狠地泼了一头冷水。

3. 商店可以自定规矩，爱几点开门就几点开门。然而，不开门的时间内，最好紧闭大门，以免引起顾客的欲望，而又毫无道理地单凭一句"我们要 10∶00 才开门"，就把顾客无助地推入痛苦之中。

245

如果商店的设备无法适应实际的需要，换句话说，无法在不营业的时段内紧闭大门，至少应该在入口处悬挂说明：“抱歉！我们正在整理，10：00准时营业，请稍候。”在这种内外透明的情况下，若是提早准备完成，要训练店员做最后的检查。假若提早完成，遇有紧急的顾客，就应该有应急的措施。

4. 店员还是坚持准时营业的原则，不可以擅自做主，提早迎接顾客进门，以免破坏规定，乱了章法。不过，当宋太太一脚踏进店内的时候，女店员不应该用“对不起，我们要10：00才开门”来阻挡她。

顾客代表“财神”，把财神挡在门外，无论如何是不吉利也不合适的。

女店员应该本着服务顾客的初衷，微笑着说：“欢迎光临，我们还有十几分钟就开始营业了！”

宋太太可能说：“我赶时间，能不能让我先进去看一看？”

女店员也不应该把“法”摆在前头，一本正经地说：“不可以，因为不合乎公司的规定。”说这种话，德国人的成分大于中国人，对中国顾客来说，没有几个听得顺耳的，她应该保持微笑：“这样啊！请稍候，我去请经理出来。”

宋太太可能说：“这么麻烦，不用了！”让顾客知难而退，自己自动遵守规定，乃是上上之策。

若是宋太太坚持要提早进店，店员就要真的去请示经理，而经理也应该诚恳地出来接待，招呼几句，时间已经到了，顺势把顾客迎进门来，岂不是更好？

经理了解宋太太真的赶时间，也不妨采用“个案处理”的方式，说：“既然你那么赶时间，我就陪着你看一看，希望你选到满意的衣服。”在不破坏店规的情况下，以比较不同的方式来接待顾客，才是中国人“持经达权”的应变作风。

5. 百货公司坚持准时开始营业，实在有其不得已的苦衷。各部门步调不一致，让顾客看到纷乱的场面，当然不好。统一规定时间，强迫大家非在一定时间范围内完成准备不可，才不会拖拖拉拉，反而影响到整体开张的时间。

说　明

小商店的好处在弹性较大，比较容易应变。特别是购买服饰，往往出于一时的喜欢，如果限制太多，很快就改变主意，打消购买的念头，对业者十分不利。

把宋太太当作个案处理，看似凌乱，实际上正是情的交流。让宋太太的情和商店的情充分交流，即使此次买卖不成，宋太太仍会留下相当良好印象。若一下子看上，立即成交，又替宋太太解决了时间紧迫的问题，说不定从此之后，宋太太成为商店的老顾客，那就更加有利了。

宇宙之间，原本存在着许多凌乱现象。天上的云，凌乱得充满诗情画意。万一云也排起队来，整整齐齐，大家看了，会不会心生恐慌，是不是大祸快临头了？

天人合一的思想，使我们喜欢把自然的法则运用在人事的处理上面。自古以来，中国人最明白把握凌乱的道理。我们的包装哲学，显然和许多民族有很大的不同。中国人的包装，不是讲究整齐划一。特别在待人处事方面，我们讲求的是：凌乱的包装。

认真之后，我们还要进一步学习"假装不认真"。因为一个中国人，不认真固然没有出息。认真到大家都看出他很认真，也会构成很大的障碍，因为大家看到他那么认真，就会不约而同地把他当作竞争的对象。

联手出击的结果，当然非倒霉不可。

　　商店管理，一定要有制度，有制度代表"认真"，大家才会对这家商店产生良好的印象和信心。有制度却不能没有弹性，这种执行上的弹性，相当于"假装不认真"。有弹性到不认真的程度，等于有名无实，和没有制度差不多，大家不可能欣赏，更不会信赖。认真到完全没有弹性，很难适应确实有变通需要的顾客，不但几近无情，也会引起顾客的反感："神气什么？你不卖，我也不买，看谁吃亏？"

　　"假装不认真"的真义，其实是"认真"，却要进一步"认真到不引起反感""认真到不犯众怒"。换句话说，不要认真到让大家觉得没有面子，却应该又认真又顾及别人的面子。

　　甲售货员业绩良好，有人羡慕他，赞美他，他总是谦虚地说："没有什么啦，我只是运气好一点，常常遇到好顾客。"人家就会主动观察，体会他的优点，并且偷偷地向他看齐，跟他学习。这样，甲的影响力就会无形而无阻地伸展开来，成为大家乐于接受、自动模仿的对象。

　　乙营业员业绩良好，有人赞美他，他就老实不客气地说出一番大道理。听过的人，可能会牢记他的法宝，却会不服气地议论他、批评他，因为他使得大家没有面子。

　　甲售货员当然有其独到之处，但他懂得"凌乱的包装"，因此比较受欢迎，也比较容易发挥实质的影响力。因为他那一番凌乱的话，相当有人情味，比较方便情的交流。由情入理，常常比就事论理柔和些，也有效些。

　　商店规定10：00开始营业，丝毫不容许例外，这就是"认真到让大家看出他的认真"，像宋太太那样，觉得十分没有面子。

　　有些人会反对，一味指责宋太太的不是，意思是宋太太根本不应该有诱人违反规定的念头。这种人"有经无权"，可以说是"刻舟求剑"

一类的人物。

规定 10：00 开张，店员却容许顾客提早进入店内，则是"不认真"。规定成为空文，法令不能落实，简直是阳奉阴违，大家都不喜欢这种马马虎虎的态度。

宋太太提出要求，店员不能够擅自变更规定，却转而请示经理或主管，让经理或主管更深一层来考虑，需不需要合理调整或变通，便是"假装不认真"的表现。

按照规定，不通融宋太太，是"理"。当作个案处理，由经理或主管陪同先行进入店内，是"情"。看起来凌乱，实际是情在交流。

经理或主管陪同宋太太提前看衣服的时候，应该以抱歉的语气，说明每天早晨，店员很早到店，为了让顾客有一个愉快、亮丽而洁净的购物环境，不得不忙到 10：00 才能够开门。

相信经过这一次接触之后，宋太太不但更了解商店管理的内涵，更体认经营的苦心，也会约束自己，以后少提这一类令人为难的要求。一有机会，宋太太就会把自己的心得向外宣导，促进一般人与商店之间的了解，支持店规，更对店员的工作给予支持和合作。

🐍 要　则 🐚

1. 中华文化是"有情的文化"，我们非常不愿意看到"现代化管理淹没了中华文化"的悲惨结局。但是，毋庸讳言，由于认识的不清与执行的偏差，现代化几乎成为西化的代名词，而中华文化"情"的部分，更遭受空前的袭击，似乎"一切凌乱都是错的"，实在不是一种好现象。

2. 只要中国人存在一天，就应该承认有人会由于种种原因而陷入紧急采购的窘迫状态。而商店可以补公司的不足，提供一些"个案处理"的机会，来满足这种紧急需求。

3.个案处置如果针对确实有必要的人，就不是"特权"，大家会表示欢迎。若是仅仅对有权有势的人开小门，那就是特权，大家无不厌恶。无私的情，才显得凌乱得可爱。

请写下您的心得：

_____

_____

_____

_____

_____

不明言启发有心人

个　案

王经理向总经理提出一个新点子，总经理听完了之后，考虑了一下，笑着说："这样好吗？不好啦！不过，你如果认为很好，就照你的意思去做，不要紧。"

这种前后矛盾的裁决，王经理心中实在不服气，身为总经理，居然说这种不负责任的话，叫人如何是好？

李课长请示朱经理："甲厂的订单，我们要不要接受呢？"

朱经理看看李课长，好像不认识他似的，问："什么订单？你自己斟酌好了！"

李课长心里好笑，我自己斟酌？到时候还不是把责任推给我？谁不知道你安的是什么心？

请问：

1. 主管与部属若是彼此不能沟通，可能产生什么后果？

2. 总经理和朱经理真的是不负责任的主管吗？

3. 王经理和李课长为什么会获得总经理和朱经理这种看似前后矛盾的指示？是不是自己也有一点缺失呢？

4. 总经理为什么不直接把心里的话说明白呢？

5. 能不能举例说明主管有话直说的可能情况？

请把您的高见简要地写下来：

✍ _____

_____

_____

🦋 分 析 🦋

1. 主管与部属如果闹到这种地步，公司的业务必然做不好，公司也注定很快要关门大吉。

2. 表面上看起来，总经理和朱经理真的是不负责任的主管，不敢做明确的裁决，丝毫没有担当。然而，深一层想，王经理和李课长显然也有不是之处。身为部属，怎么可以老是以邪恶的眼光来看自己的主管？难道这不是"以小人之心，度君子之腹"吗？

3. 王经理和李课长会获得总经理和朱经理这种前后矛盾、含混不清的答案，自己是不是也应该反省一下，有没有什么不周到的地方？

王经理向总经理提出新点子，总经理如果肯定地表示不可行，亦即明确地否决王经理的提案，请问王经理有什么感想？我们不妨设身处地加以推论一番：

第一，他会觉得总经理太过武断。我前前后后，少说也花了好几天的时间，才完成这一构想，总经理又不是神仙，凭什么在短短几分钟之

252

内，就把它否决掉？

第二，他可能怀疑总经理对自己有成见。像张经理那种不成熟的点子，总经理都会欣然接受，而且大力加以支持。我的点子就马上否决，真是太不给面子了。

中国人普遍有一种观点，意见好不好、能不能行得通，事实上与首长的支持与否有很大关系。首长大力支持，不好的意见也会变成好的，行不通的计划也可能行得通。有太多的实例，使我们不得不做如是想。

第三，他也可能认为，总经理并不是不赞成我的意见，他只是不满意我，借着否决来暗示我。我到底有什么地方得罪他呢？难道我和他之间的关系，已经相当恶劣了吗？再想下去，就会想到总经理是不是在逼我自动辞职？那就更可怕了。

既然总经理否决王经理的建议，可能引起他的猜疑和不满，那么总经理只有欣然接受，才能够令王经理满意。但是这么一来，总经理自身的处境，又将如何呢？

第一，他会觉得非常不放心。王经理的点子，听起来不错，做起来会变成什么样子？我不支持，等于找自己的麻烦。我大力支持，万一支持错了，又变成大家背后取笑、咒骂的对象，实在划不来。

第二，他可能怀疑，为什么张经理、庄经理每次提出计划，都有相当完整的资料，让我很快就进入状态，马上可以明确地裁决。只有王经理的新点子，总是信息不足，数据也不确实，令人赞成也不是，否决也不是，难道王经理能力比较差，还是有意考我，故意隐藏一些资讯？

部属含含糊糊，主管立即提高警觉，这是人之常情。主管照顾部属，难免有疏忽的地方。部属会不会心中怀恨，利用机会报复，那是谁也料不准的事。自古以来，死在主管手里的部属固然很多，栽在部属手下的主管，也不在少数。残酷的事实，令主管不敢掉以轻心。

第三，他也可能认为，王经理看到别人经常有新的主意，也想表现一下，可惜不够用心，只能够勉强提出一个建议，恐怕他自己都没有太大的把握。在这种情形下，不支持他，似乎在打击他；支持他，又怕引起他的误会，认为他的点子真的很好，不再用心去调整，后果不堪设想。

总经理凭着多年的经验，才笑着说："这样好吗？不好啦！"暗示王经理的点子有一些疏漏的地方，施行的结果不可能良好，但是又怕他觉得难过，甚至由于没有面子而不满，所以连忙接着说："不过，你如果认为很好，就照着你的意思去做，不要紧。"意思是说："你回去再仔细想想，不要随便放弃，也不可以任意决定。"

中国人很奇怪，不检讨则已，一检讨总是责怪别人，埋怨别人的过失。好像一双眼睛，只看到别人的缺点，看不见自己的差错。"反求诸己"的道理，正好针对中国人的特性，提醒我们"不要怨天尤人，却应该好好想想自己，切实找出自己的缺失，并且真正把它改正过来"。

4. 有些人认为，总经理为什么不直接明说："你的点子到底好不好，我现在看不出来。请你回去再仔细想想，多找一些资料，弄得完整一些，下次再提出来，好吗？"

这些话的确说得很明白，不会引起误会。但是，对某些"脑筋比较单纯"，或者可以说"脑筋比较不灵光"的人而言，说这些话也许没有什么后遗症。对经理级的主管说这种话，实在不合适，至少让人家觉得"这一家公司，简直像幼儿园"，身为经理，这些基本素养都没有，根本不像话。总经理这样指示，就是把王经理当作"白痴"。

5. 有一家超大型企业，历史悠久，人才众多，董事长年纪轻，不过40岁出头，居然在主管汇报会上，大声问大家："什么叫作附加价值，你们懂不懂？"

当时在场的高级主管，都面面相觑，默不出声。事后有一些人见面就互问："什么叫作财务报表，你究竟懂不懂？"或者"什么叫作井底之蛙，你懂不懂？"因而笑成一团。中国人喜欢穷开心，所以能够忍辱偷生。

有一些人则十分不满，事后谈起此事，愤慨地说："老实说，我比他还懂。只不过他祖宗有灵，我祖先不灵，我只好装不懂来满足他的狂妄自大，有什么了不起？"

说　明

部属对主管"不明言"，一方面表示尊重主管，一方面则是不愿意触犯主管的逆鳞，以免吃眼前亏。

主管对部属也有许多地方不明言，目的在"点他一下"，不让他觉得没有面子。更进一步，提醒有心的部属，自己反省一下，充实一番，再做最后的决定。

朱经理听到李课长的请示，完全是一副不负责任的态度，所以"不明言"地看着李课长，好像不认识他似的，意思在点醒李课长，"为什么当到课长，居然还会用这种空泛的话来请示"？

李课长如果听得懂，就应该改变自己的态度，把甲厂的近况做一番了解和分析，然后向经理报告，并且提出自己的看法，请经理裁决。

朱经理若是明白地指示："请你先研究一下甲厂的近况，特别是财务和信用，拟定好腹案，再来决定。"请问李课长听完有何感想？会不会觉得朱经理官腔十足，架子太大呢？万一引起反感，干脆置之不理，又将如何？

道理具有层次性，对基层人员而言，说得清楚明白，应该是必要的。因为我们不能对基层人员期望太高，希望他们具有"自我检讨"和"精确聆听"的能力和习惯。

这种话本身也具有层次性，对于具有自我检讨与精确聆听能力的基层人员，我们也应该尊重他而尽量点到为止，不要赤裸裸地说出来。实际上具备这些能力的基层人员，很快就会晋升成为中层，因而更需要及早养成听得懂话，并且自我改善的良好习惯。

话说回来，王经理的点子如果确属上乘，总经理不会也不应该说这种看似矛盾的话，这时候不妨明快地回答："很好，很好，我们就这么办。"

但是，王经理如果做事不够牢靠，很容易总经理一赞成，便认定自己的点子十全十美，以至放心大胆去做，反而招来大意失荆州的命运。那么，总经理依然要说出这样前后矛盾的话，以不明言的方式来提醒王经理："你的点子很好。不过施行时仍需要小心谨慎，不要大意，以免阴沟里翻船。"当然，这还得王经理听得懂，能会意，才能够收到预期的效果。

李课长的案例如果信息充足，研判正确，然后请示朱经理，就应该得到明确的裁决"可以接受"，或者"这种情况，我们不接受比较合理"，而不是不明言的"你自己斟酌好了"。因人、因时、因事而决定明言或不明言，才是真正懂得不明言艺术的人。

🐚 要 则 🐚

1. 中国人相当敏感，很容易想到别的地方去。我们不能够常常"有话直说"是有原因的。经验越丰富的人，越能够体认"有话直说"的可怕，知道其危害极大。但这并不表示中国人绝对不能有话直说，事实上我们也会有话直说，不过比率不是很大，更不是任何人都可以这样做。

2. 不明言的主要目的在启发有心人。让有心人自己去体会，换成他自己想出来的，才不会伤害他的自尊，让他备受委屈。可惜有些人始终不肯用心，反而盲目责怪别人，以至自己长久不长进。

3. 上司不明言，主要用意在提醒部属应该负起责任，把话说清楚。主管含含糊糊，目的在促使部属清清楚楚。部属若是弄不清楚，必须再度设法和上司沟通，不能够含糊了事。

📝 请写下您的心得：

_____

_____

_____

_____

_____

部属应该适时请示

部属向主管请示的时候，比较老到的主管通常都会客气地回答："你自己看着办好了！"

一旦部属做得不好，发生问题时，主管却毫不客气地指责："你为什么不问问我呢？"

"老到"的意思，本来是做事妥当而周密，如今在部属眼中，竟然变成老奸巨猾的狐狸。

上了几次当，总算学乖了，以后做事，一定要请示清楚，不再自己瞎闯，因为挨骂事小，承担不起责任，那才事大。

部属坚持要问个结果，主管也就不谦逊，指示他如此如此去做。部属战战兢兢，丝毫不敢改变，完全照着去做。如果做得不好，主管还是会骂："你为什么如此做？"

被骂的部属，真是火冒三丈，便鼓起勇气，采取自卫的态度，理直气壮地申诉："您叫我如此做的。"

想不到主管更气愤："我叫你如此如此做，你就真的如此如此做。"他不屑地嚷叫着："难道我叫你去死，你也会去死？"

请问：

1. 主管的这种态度是对还是错？

2. 一个人只知道规规矩矩、实实在在，到底好不好？

3. 中国人喜欢变通，能不能举例说明？

4. 美国主管为什么可以发号施令？

5. 中国人的主管最好秉持什么原则来和部属互动？

请把您的高见简要地写下来：

✍ _____

_____

_____

分 析

1. 主管持这种态度的是多数还是少数？这个答案，大家心里有数。

这样做是对还是错，这就值得商榷了。如果承认主管这种表现是正确的，似乎心有不甘，部属不听话也错，听话也错，到底该怎么办？如果指责这种行为是不正当的，又怕贻笑大方，被行家看破手脚：原来自己对中华文化认识太浅！

中华文化三要素——务实、不执着、中庸，是具有层次性的。无论哪一阶层都以"务实"为本，大家都应该实实在在、规规矩矩。但是人有智愚的不同，所以孔子把人分成"中人以上""中人"和"中人以下"三种，犹如孙中山先生"三系人"（先知先觉、后知后觉、不知不觉）

的区分。中人以下最好规规矩矩，做个实实在在的实干家；中人在务实之外，还须加上不执着，才是良好的宣传家；而中人以上，更要具有中庸的修养，凡事恰到好处，才有希望做个出色的发明家。但是，中国人生长在望子成龙的家庭，有几个人肯自认自己是中人以下的？我们虽然不敢过分自称才俊之士，居于中人以上的行列，但至少也会否认自己是中人以下。因而大多数的中国人，都是十足的"中人"，总认为在规规矩矩、实实在在之外，必须有所权变，才算是有弹性、不执着。

2. 从事实上分析，一个只知道规规矩矩、实实在在的中国人，由于确实是基层的好材料，所以一辈子都在基层，眼巴巴地看着那些善于权宜变通、时刻不忘求新求变的人士节节高升，即使很不情愿，却也怨不得别人。

组织成员，都要明白适时应变的道理，把握权变的精神，才能够顺利地向上晋升。假若功夫精深，确能屡变屡中，怎么变都能通，机缘成熟时，自然成为高阶层主管，似乎是顺理成章的事。

3. 中国人喜欢变通，已经到了过分自作主张的地步。大部分美国工人，领到工作图时，会尊重绘制者的专业性，按图去做；遇到问题或看不清楚，也会停下来问一问。在台湾地区的日本技师，更会视来自日本的工作蓝图为神圣不可侵犯的正本，一定是对的，丝毫不能改动。有些中国工人，拿到工作图，首先就怀疑它的准确性，不经请示便擅自变更，使得许多主管根本无法确实掌握部属的真正行动，因而非常不放心，以至于不敢相信任何人。

执行变通，行事变通，工作变通，程序也变通，真是变得令人心惊肉跳。富有经验的主管，心里很明白：除非能力实在很差，几乎找不到一个完完全全听话的部属。换句话说，能力差的多半比较听话；而能力稍强的，意见也多。意见多并不坏，可怕的是，多半会坚持自己的意见，总认为自己的意见是对的。

听话的部属唯唯诺诺，久了就成为十足的奴才。这种部属平日也许相当可爱，颇能满足主管的权力欲与自尊心，危急时便会让主管觉得非常可恨，没有人顶得住，承担得起。

意见多的部属，主管如果不接受其建议，三番两次之后，便变得心灰意懒，表面上不再发表意见，实际上满腹牢骚，而行动上则应付应付，得过且过。

4. 美国主管可以发号施令，因为美国部属多半会在接受或申诉之间表明态度。中国人不愿意接受指挥，却也不习惯当面申诉，稍不小心就被斥为顶撞，谁都不冒这个险。日本主管可以严厉指责，因为日本部属服从第一，被骂的人，满脸通红，无不连声"咳、咳"，并且行礼如仪。中国人不喜欢挨骂，一肚子不高兴："这么一点小错误，也要骂得这样难听？"

5. 中国主管，似乎只剩下一条可走的路，那就是孔子所说的"敬"。敬就是"看得起"，既然要表示看得起部属，则部属有所请示的时候，自然不能够一下子就给予指示，应当先客气地说："你自己看着办好了！"

实际上，部属请示主管的心态，也不是百分之百的肯定主管比自己强，意见比自己的好，大部分是存心客气一番。如果主管早有腹案，自己何必费心伤神？干脆照办，一切有上司负责，天塌下来也不用怕。若是上司没有意见，这才开始动脑筋，岂非实事求是，否则想了半天，才发现主管另有盘算，白费脑筋，谁愿意做这种傻事？

即使主管明白指示，大部分部属还是会适当地予以变更。因为遭遇到实际困难，明知照着去做必然行不通，仍然硬着头皮去做，别人不是嘲笑自己死脑筋，不会变通，便是怀疑自己存心不良。而有的人却认为"上司的指示如果是错误的，更要加紧去做，使其不良后果加深并且扩大，让上司明白他的决定原来是错误的"。两种反应，对自己都是不利的，不如好好加以调整，使其效果良好，一方面让主管满意，另一方面也考验自己的变通能力，两全其美，才是真正的上策。

严格说起来，中国人除了能力特别差，只好完全按照指示，丝毫不敢（也不会）变更之外，请求与否，并无太大的实质差异。每当成果斐然，各自争功时，我们常听见这样的话："你们认为效果良好，是由于指示正确，其实不对。坦白告诉你们，如果不是我在过程中极力调整、变更，老早就完蛋了，哪里还有这种成果！"

相反的，结果非常糟糕，大家互相诿过，我们也不难听说："我已经尽了最大的努力，一再变更、修改，结果还是这么糟，如果原原本本，照着指示去做，那恐怕比现在的结果更糟！"

🦋 说 明 🦋

争功诿过，亦是人之常情，谁叫我们主张功赏过罚？主管深明中国人的道理，自然体会到：凡事只要结果圆满，过程有些变更，大家都能接受，甚至还赞美有加，幸好变更，变得好，变得恰到好处，即使决算超过预算好几倍，大家也多半不愿煞风景，提出来检讨。

赚钱的公司样样对，样样都好，哪一天不赚钱了，样样不对，没有一样是好的！中国人不以胜败论英雄，却极容易用胜者为王、败者为寇的指标，一方面争相锦上添花，另一方面又残酷地打落水狗！

主管告诉部属："你自己看着办好了！"这短短一句话，包含着许多意思。首先，他提醒部属，是不是真心在请示，如果存心客气一番，我不必说出来，以免上当；若是真心，你就应当事先仔细想一想，提出一些具体的办法来商量，而不是笼统地请示。其次，他表示信任部属的能力，像这一类事情，你要是认真去做，必然能够做得很好，实在用不着我来操心。最后，他也告诫部属，我既然如此看得起你，你就应该表现得让我看得起，所以要尽力去因应实际情况，求得良好的效果，万一遭遇什么困难，务必及时请示，我们可以合力突破瓶颈，冲过难关，大家才有面子。这样，我们也就了解，为什么部属做得不好时，主管会毫不客气地指责："你为什么不问问我呢？"

不相信的话，此时部属果真反问："这就怪了，我向您请示时，您不是明明白白告诉我，要我自己看着办吗？"那主管的答话可就很不好听了："我要你自己看着办，是真的，一点儿也不假，可是你自己得要有本领、有把握办得好才行啊！一个人行不行，自己最清楚，不行的时候，就不要硬充好汉，怕什么呢？赶快问呀！我不行，还有别人比我行，你看不起我，不愿意委屈问我，也应该问问比我行的人，为什么不呢？"结果是谁灰头土脸？听的人又会认为哪一方比较有道理？

要　则

1. 部属坚持要问主管，非给予明白指示不可，主管指示的时候，仍然含有不明言的原则：尽量如此去做，有困难要力求变通，没有自信时，立即要问，千万不可以认为有了上司的指示，自己便没有丝毫责任。如果认为指示是上司给的，出了问题便把所有责任向上推，那就太没有良心了。

2. 主管心里应该十分清楚，他叫部属去死，部属不会轻易服从。"君要臣死，臣不敢不死"，只是理学家不讲理的作风，并不是中国道统精神。部属一定会衡量利害得失，可以死才死，不可以死便不会去死。既然如此，则部属对上司的指示，自然也应该认真衡量，到底行不行得通，有没有实际困难，应该如何克服，可能产生什么后果，而不是盲目地照单全收，否则要求学历高、经验丰富，又有什么作用？

3. 我们应该觉悟：处理任何事务，都要力求圆满。我们希望上司看得起，便应该切实把分内的工作做好（不仅仅是做得对），使他真正看得起。我们应该事先多加考虑，把预见的困难和可能的结果分别和上司沟通，有意见但不必坚持。实在不能待就走，要待下去便要充分配合，做到适时请示，以期上下通力合作，攻克难关。

📖 请写下您的心得：

_____

_____

_____

_____

_____

第九章

会商的技巧

‖ 导 言 ‖

中国人开会，时常被人诟病"会而不议、议而不决、决而不行"。其实，这几乎是"行之日久"，以至于扭曲了原来的本意，才显得毛病百出，好像有百害而无一利。我们若是揭开它的真面目，便不至于有这样的误解。

会而不议——中国人主张"不忧不惧"，并不是不知忧惧或者将忧惧置之一旁，不予理会。我们应该事先防范，使自己无所忧无所惧。同样的道理，"会而不议"，是指"会议之前，已经充分沟通，彼此有相当的共识，所以开会时不需要商议，很快就能够获得共识"。

中国人开会，初看起来相当形式化。如果的确是事先良好规划、确实沟通，发挥会前的功能，那么，议案报告出来，大家立即无异议通过，有什么不好？

会前充分协调，开会时沟通顺利，圆满达成协议，才是"会而不议"的最佳写照。

议而不决——开会时大家有许多不同的意见，主席不要急着做决定，尽管让大家发表意见。主席并不裁决，也不以表决的方式来达成决议，叫作"议而不决"。因为硬性要求有所决定，势必伤害某些人，使他们很没有面子，对于将来议决案的执行，构成很大的阻力。

中国人私底下比较容易说实在话，也比较容易沟通。在公开场合，多半会说一些冠冕堂皇的客套话，或者见风转舵的附和话，十分不容易沟通。

议而不决，绝对不是不决，而是不要在公开场合强制表决或径自裁决。拖延一下，待散会之后，再来进行协调，以便下一次集会可以轻松地会而不议，顺利解决。

决而不行——既经决定，就要切实执行。不过在执行的过程中，如果遇到若干变数，势必有所改变，以资因应，目的在求决议案得以圆满达成任务，才是"决而不行"的本意。由于有一些必要的变更，以至于看起来并未依照决议去执行。问题在变更的部分是否合理，若是合理，大家应该接受；如果根本不合理，当然不会接受。

"决议"与"执行"之间，究竟有多大弹性，这是十分要紧的共识。大家相互信任，而且变更的后果相当良好，才可以放心地"决而不行"，否则"决就要行"，大家共同努力去执行，不能够擅自改变，才是正理。

由情入理——中国人的会商技巧综合起来，就是依据"由情入理"的原则，以情为先，却必须达成合理的协议。我们知道"聊天""沟通""谈判"并不相同，但是不需要清楚地分开。中国人最妙的就是把三者混在一起，刚开始好像在聊天，使对方无所戒备，然后征求意见，似乎在沟通，忽然据理力争，又好像在谈判。

"情"是"面子"，尽量让对方有面子，乃是中国人会商的第一要项。前面所说"会而不议""议而不决"，都是顾虑与会人士的面子所采用的有效方式。至于"决而不行"，则是大家反过来要给执行者一些面子，让他保有若干弹性，好像"只有他如此通权达变，决议案才格外有效地执行。"

中国人普遍爱面子，用面子做诱导来进行会商，阻力最小，成功的概率最大，何乐不为！

会而不议

个　案

　　公司召开股东大会，地点选在大家不容易找到，就算找到也很难停放车辆的地方。时间则定于大家最不可能前来的时刻，好不容易赶到，发现会议早已结束，只留下若干服务人员，分发给报到的人一份相当精美的纪念品。

　　这样设计的目的，无非想达到"会而不议"的境界，使所有股东无异议地接受董事、监事们的提案不议而决，纵使有人不满意，也可以进行个别安抚，比较方便沟通。

　　同业工会为了鼓励大家出席会议，特别礼聘学者专家到场演讲。因为会员们对工会的议案，并不十分热衷。反正决议归决议，对大家没有什么大不了的约束力。开会的时候，往往不能引起大家参与的兴趣，经常会而不议，否则便是各执己见，势如水火，很难达成一致的协议。

　　总经理召集"经营策略会议"，为期三天，把高阶主管和眷属们带到某名胜地区的观光大饭店，他亲自主持，和蔼地说："这次会议主要在慰劳大家多年来的辛苦，大家享受一下此地的新鲜空气和海边美景。至于经营策略嘛，在最后一天的结束会议中，自然会提出来请教各位。"

欢乐的时光过得格外快，三天时间转瞬消逝得无影无踪。总经理言而有信，向大家提示"内外均衡，多方发展"的经营策略，前后花10分钟，大家便鼓掌通过。而经营策略会议，也宣告圆满闭幕，大家轻松地踏上归途。由于心中有数：慰劳意义大于彼此交换意见，因此也没有人觉得奇怪或抱怨为什么会而不议。

请问：

1. 这种会而不议的情况为什么会发生？

2. 大规模会议为什么很容易流于形式？

3. 小规模会议为什么也常常各说各话？

4. 中国人难道没有办法会而有议吗？

5. 站在个人的立场，怎样参与会议才能够说到不死？

请把您的高见简要地写下来：

✍ _____

_____

_____

🙵 分 析 🦑

1. 在中国社会，这种"会而不议"的情况相当普遍。追究它的原因，大概有下述三项：

第一，唯恐引起争议，破坏和谐的气氛。开会时，不是异口同声，便是吵吵闹闹，很少平心静气地集思广益。一般来说，主持人德高望

270

重，比较罩得住，大家察言观色，很快就异口同声，呈现一面倒的姿态。虽然令人觉得肉麻，却也显得一团和气，十分和谐。主持人若是罩不住，大家就七嘴八舌，说不定按捺不住，吵架之余，还可能拳脚飞舞，来一场"暴力秀"。除非主持人功力很高，才有办法让大家心平气和地畅所欲言，并且能够归纳出若干具体可行的决议。

第二，生怕有人声势太大，失去控制。既然召开会议，当然希望出现好的意见。但是，良好意见最好配合特殊的身份。否则"官大学问也大"的法则，就要面临挑战。对职位高、身份特殊的人来说，简直是难以忍受的现象。会议时把时间开放出来，让大家有话就说，谁知道好点子会出自什么样的人？万一弄得不好，使不合身份的人，造成太大的声势，现场不好看事小，会后失去控制更可怕！尤其时下年轻人精于造势，事后又会趁势要挟。会议造成若干失控的英雄，对管理阶层非常不利。

第三，防止彼此意气用事，形成对立。中国人很怕大家撕破脸，一失和气，就会不择手段地彼此对立，弄得乌烟瘴气。会议如果出现两种极端的意见，而且各拥有一批积极支持的人员。虽然说真理越辩越明，实际上则是越说越伤害对方的面子。这时若是动用表决权，要大家表明立场，逼得大家撕破脸，形成俗称的"王见王"。不但当时气氛紧张，有伤和气，事后也会被人一再渲染，形容成两大派系的对决。除非是不具名投票，否则总有人不情愿地表达自己未必同意的意向，事后更加埋怨而不满。

2. 中国式会议规模愈大就愈容易形式化，便是由于情势不容易控制，只好采取"会而不议"的方式。无论大小事宜，一律委由预先指派的打手上场护航，很快就鼓掌通过。万一镇压不住，冒出一些异议分子，慷慨激昂之余，还会想出若干扰乱会场的点子。会后检讨起来，保证"五分、五分"，彼此都有不是。内心则十分好笑，为什么控制不住场面？是不是形势逐渐走下坡，以致被整得灰头土脸？

3. 小规模会议，实际上大家也是各说各话，很快就由够格的人做出结论。这些够格的人，若非老板自身或其亲信，便是老板聘请的专家、打手。好在大家心知肚明，马上见风转舵，十分热切地随声附和。

情势控制得住的时候，大家异口同声地赞美："这是民主方式的会议，一切的会议，都能够分开讨论，大家也热心投入，言无不尽，知道的事情一定会原原本本地说出来。"如果那一天情势逆转，大势失控，大家又会到处抱怨："向来都是有民主之名而无其实。谁不知道老板不喜欢听反对的话，只好编造一些赞成的理由，来让他高兴高兴，至少换取大家少挨骂的暂时美景。"中国人深知"此一时也，彼一时也"，时势迁移，自然观感也跟着改变。

4. 中国人的"变动性"，表现在可以"会而不议"，也可以"会必有议"。真正在会议上商讨事宜，至少应该做到下列三点：

第一，会前充分沟通，使大家达成共议。会议时目标已经一致，所讨论的只是细节问题。在这种情况下，大家可以畅所欲言。只要说话的人，注意自己的身份，使用合适的口气，保持适当的礼貌，不至于发生什么差错。

第二，主持人不在场，由其亲信代表，并且把主持人的构想表达出来。与会人士看见主持人不在眼前，可以决定自己的态度，到底是应付应付，抑或是尽力参与？如果决定投入，便会畅所欲言，将自己的观点拿来与人商议。

第三，主持人真的没有意见，并且有诚意要听取大家的高见。中国人善于察言观色，很快就明白主持人确有此意，于是放心地把自己的想法表达给大家参考，同时也细心听取他人的观点，彼此交换，以期求得最适当的决策。

可见条件合适，中国人并不是不善于商议。然而，条件不合的概率往往比较大，所以看起来大多"会而不议"，使大家对会议不具信心。

5. 从个人来说，我有三个建议。最好用心体会，并且巧妙运用，才能够"说到不死"地"有会必议"。

第一，会前先把议题看清楚，充分思考，拿自己想要发表的意见与顶头上司商量。"我有这几点意见，麻烦主管代为表达。"上司如果满口答应，表示他不希望我们在会议上太过出风头，威胁到他。若是推辞不说，并且暗示我们不要说出来，我们就应该深入了解其中的原因，再做正确的研判，以决定是不是要说。就算上司希望我们自己发言，也要了解他的真正用意，才做最后的决定。

第二，会议时不要抢先发言，以免"先说先死"，害了自己。高明的人，应该明白"主席真的想听我的意见，自然会问我，若是他不想听，我急着发言也没有用"的道理。并且运用"让别人先说，来观察主席和大家的反应"的战略，看准局势，调整自己的思路。等待适当时机，以期"不说则已，一说大家都会乐于接纳"。换句话说，参加会议的时候，不要随便发表意见，免得毁坏自己的信用。应该"站在不说的立场来说"，务求"言必有中"，说得恰到好处。这一方面增强自己的信用，另一方面也充实会议的内容。这样的态度，累积下去，就会变成具有分量的人。

第三，时机合适，就要发表意见。先前发言的人，有相同的部分，要加以应用，以争取其支持；有相反意见，要避重就轻，以减少其抗拒。对于自己的意见，不必过分标榜与不安。说完之后，如果有人反对或修改，不可马上加以反驳。除非主席指名，最好稍待片刻，看看其他人有何反应。同时自己也进一步考虑，看是需要接纳还是拒绝。适当地坚持自己的意见，以免引起大家的反感。这种不卑不亢的态度，才是自信的表现。

🐚 说　明 🐚

　　站在主持人的立场，我们对于"有会必议"的先决条件，也有三点建议，以供参考：

　　第一，注意会前沟通，使大家明白开会的用意。如果获得共识，并不需要执意要议。因为不议而有共同的决策，亦属可行。若是大家议论纷纷，或者各执一端，不必一定要求当时就议出一个决定，可以宣布休会或散会，再行沟通，以免形成对立或造成僵局。

　　第二，尽量少说话，把说话的机会让给大家。主持人不说话，与会人士才会开口。不必重复发言人的要点，以免耽误时间。对多说废话的人，要有办法加以控制或制止。对有宝贵意见而未发言的人，要请他发言，以提升会议的品质。遇到欣赏或不同意的意见，都不能喜怒形于色，更不可以立即加以批判，以免影响大家的发言。

　　第三，主持人不要亲自提出议案，免得大家碍于情面，做出不合理的决定。主持人若是有提案，最好委由他人提出，大家看不出真正的提案人原来是主持人，才会放心直言，主持人也才有可能听到大家的真心话。若干公司喜欢以总经理提案来讨论，往往得不到集思广益的好处，便是这一原则导致的不良后果。

　　"会而不议"并非一无可取，至少它证明主持人罩得住，或者会前沟通相当成功，甚至议案本身经过充分思考，大家毫无异议。但是，会必有议可以充分交换意见，对决议案的品质提升以及切实执行，都大有助益。所以会议的主持人以及与会人士的素养，值得大家好好修治，务期在会议中能够合理地畅谈己见，却不至于"说也死，不说也死"。会而不议或者会而有议，正视大家的明智选择，要在求其有效，在和谐中获得合理的协议。

要 则

1. 一般人由于长久以来对"会而不议、议而不决、决而不行"十分反感，以至无法深入了解会而不议的真正用意。不但做不到会而不议，而且执意每会必须要议。

2. 实际上由于会前充分沟通，已经提前将会中必须商议的事宜，全部讨论完毕，所以开会时大家均能无异议通过。这样的"会而不议"，既可节省会议的时间，又能够促进会议的和谐，提升会议的品质，何乐而不为呢！

3. 由于会前商议，远比会中商议要方便有效得多，因此尽量利用会前商议来代替会中的讨论，使得大家在心理上已经有所契合，会议成为形式上的记录，又有何不可？

请写下您的心得：

_____

_____

_____

_____

_____

议而不决

汪经理主持会议，张三、李四、王五各自提出一种意见。汪经理要求他们分别说明自己的理由之后，果决地裁示："我认为李四所提的方案最为合理，就照他的意见去执行好了。"

大家没有异议，便宣告散会。张三走在前面，愤愤不平地说："这件事以后我不管了，有事找李四就好了。"

王五则懒洋洋地呆坐在会议席上，一动也不动。有人拉他一把，他喃喃自语："这样也好，没有我的事。"

李四叫苦连天，因为经验告诉他，执行起来，张三、王五都会袖手旁观，甚至故意刁难，使他寸步难行。

龚处长主持会议，赵七、魏八、孙九各自提出一种意见。龚处长听完他们的理由之后，很巧妙地把他们的主张折中起来，形成一个混合式的决议。他得意地说："三位的见解，都有独到之处，现在留长去短，可以说包含了三位的优点，相信实施起来，一定会有很好的效果。"

大家默不作声，心里好笑："这样的决议，行得通吗？"赵七、魏八、孙九则各自暗忖："反正不是采纳我的建议，我担心什么？"

刘总经理主持会议，朱甲、倪乙、苏丙各自提出不同的方案。刘总经理冷静地听完他们的说明，客气地征求其他与会人士的意见。发现三者的方案都有一些支持者，也都有若干反对的声浪。大家讲得很热烈，刘总经理却不急于达成决议，他平静地说："既然大家还有这么多不同的看法，我们不必马上做结论，大家回去再仔细想一想，过两天再聚一聚，再来决定。"

大家意犹未尽，一面散会，一面三五成群，继续讨论。刘总经理心中比较肯定苏丙的意见，所以把苏丙请到他的办公室，问道："你觉得你的方案怎么样？"

苏丙心里有数，总经理比较中意他的见解，因此更加谨慎地回答："我再检讨检讨，其实和朱甲、倪乙的方案有很多雷同的地方，我们再商量一下，应该还有更好的办法。"

朱甲、倪乙看见总经理单独邀请苏丙，当然明白总经理的用意。当苏丙前来协商的时候，都谦虚地彼此容纳对方的看法，很快就想出三个人都同意的方案，由苏丙回报总经理。总经理再度召集会议，大家都同意新的方案。主持人平淡地说："既然大家的看法相当一致，我看就按照大家的意见去执行好了。"

请问：

1. "会而不议、议而不决、决而不行"真的是毛病吗？三者之间，有没有密切的关系？还是可以个别解决？

2. 汪经理和龚处长主持会议的作风，您以为如何？

3. 怎样担任会议主席，才能够达成有效会议的目标？

4. 刘总经理明白苏丙的意见相当高明，为什么不当场说明，却要在

277

会议之后，才把苏丙单独请到他的办公室？

5. 朱甲和倪乙应该采取什么样的态度才算合理？

请把您的高见简要地写下来：

✍ _____

_____

_____

🕮 分 析 🕮

1. 中国人开会，受人诟病的地方，就是"会而不议""议而不决"以及"决而不行"。这三种毛病有其密切的关系，很不容易分割开来。

其实，真正有本事做到"会而不议、议而不决、决而不行"，而又不产生不良后遗症，才是有效的会议。可惜一般人一方面不容易体会其中的奥妙，一方面也不容易达到这种程度，才加以恶意的批评。

2. 汪经理和龚处长属于"会而不议"型，张三、李四和王五，赵七、魏八、孙九，都是参加比赛的选手，汪经理和龚处长扮演裁判的角色。汪经理显然相当独裁，直截了当地判明李四独胜，并且当场颁发奖牌。龚处长则"参与重于获胜"，采取通通有奖的方式，把团体奖牌颁给每一个参与的选手，让他们共同得奖。

汪经理为什么不把讨论的空间开放出来，让在场的其他人士也提出一些观感？他的确很有魄力，也显得十分有担当。但是，当主席的人高高在上，好像比所有其他的人都具有权威性，根本就是大家望而却步、不愿多发表意见的最大阻碍，形成"会而不议"的不利情况。主席当得不好，所产生的会而不议，当然是不好的现象。主席当得好，会前的准

278

备工作做得十分完善，会前沟通的效果也很显著，可以说所有可能出现的问题，都已经在开会之前获得共识。这样的"会而不议"，或者"议而不决"，相信并不是什么不好的事情。

3. 会议主席最好不要以"裁决者"自居。常见若干主席，每当有人发言，便把他当作是"发问者"，自己马上权充"解答者"，立即给予答复，真不知道置其他与会者于何地。会议主席不要忘记自己只是"召集者"，现在充当"主持人"，任何人有意见，都不必急于由自己来解答，却应该隐藏自己的意见，让其他人有机会表达相同或不同的看法，以便集思广益。

主席的话愈少，大家才有愈多的时间发表意见。主席愈没有答案，大家愈肯挖空心思，想出一些意想不到的答案。主席显得没有魄力，大家才敢放心地畅所欲言。

张三、李四、王五三人分别提出意见，他们各自花费不少时间，相信也费了不少脑筋。汪经理凭什么在短短几分钟之内，便断定李四的方案最为合理？汪经理并不是神仙，就算真的是神仙，那以后大家不用开会了，由经理独自决策，宣布执行就好了！

张三和王五当场被泼下一头冷水，弄得灰头土脸，难怪愤愤不平而又闷闷不乐，相信在场的其他人目睹此等情景，也会暗自警惕，随时准备承受这种不近人情的裁判。能不说话就不说话，总归比较保险。

龚处长自认为包容了赵七、魏八和孙九的意见，其实他误解了"中庸之道"的真义。"中庸"的意思就是"合理"。赵七的意见合理，应该采用赵七的意见；魏八的主张合理，应该决议以魏八的主张为定案；孙九的想法比较合理，也要以孙九的想法来执行。哪里可以把三者的论点混合调和，弄得"四不像"呢？

会议主席也不是"调停者"，不需要扮演"和事佬"的角色。常见若干主席，自己缺乏主见，又没有能力做正确的判断，便东凑西拼，做成一个不着边际的综合性决议。提出意见的人，各自被采纳了一部分，虽然不好意思再坚持下去，却也不觉得自己有多大的责任，所以不必尽心尽力使决议案顺利地贯彻实施。

4. 刘总经理毕竟经验丰富，明白自己有主见，也能够判断苏丙的意见高于其他两案，但是既然是会议，就应该把讨论的空间让出来，使大家有机会可以畅所欲言。他切实做到"会而有议"，却又居然"议而不决"，为什么呢？

中国人普遍爱面子，任何人的意见如果未被采纳，就会觉得没有面子而产生种种偏差行为。刘总经理深知在会议中裁定任何一种方案，都会伤害未被选中的人。他也知道就算勉强把大家的意见结合起来，大家未必心服，甚至可能认为大家都没有面子，并不是良好的办法。

换句话说，如果会议进行时，大家的看法有分歧，很难达成一致的协议，那么，最好的方式便是"议而不决"。因为硬性要求有个决议，势必伤害若干人，后遗症令人担心。

刘总经理有功不居，不求处处表现自己的魄力。他知道苏丙的意见合理，却为了顾全大家的面子而暂时不表现出来。但是他也明白中国人根本没有秘密可言，所以在会后把苏丙请进自己的办公室，让大家了解苏案较受他的重视，希望大家能够尽量支持，协力共进。

5. 朱甲、倪乙如果明白道理，就应该感谢总经理顾全自己的面子的一番美意，心平气和地重新把自己的看法和苏丙的主张做一些比较，做一些评估。在合理的情况下，尽可能支持苏案的主旨，把自己的智慧也融入苏案之中，使其更合理，更可行。

苏丙从总经理室出来之后，应该诚心诚意地分别向朱甲、倪乙请教，以求自己的方案能够更趋充实而合用。

朱甲、倪乙也应该向苏丙表示诚意，以"我们两案之间，其实并无太大差异"为由，将自己的智慧加进去，真正融合为一，得到一致的协议。

等到下一次会议时，大家很快有了一致的协议，总经理当然可以平淡地做出决议。这种一致性的看法，如果是"未经充分协调，便由任何人单独提出"，那就非常可怕。假如是"已经充分协调，大家自然趋于一致"，那就十分可爱，值得费时费神去追求。

说　明

中国人"议而不决"并不是"不决"，而是"不可以勉强做出决议"。有趣的是中国人"会议前比较容易沟通""会议后也比较容易沟通"，偏偏"会议进行中最难沟通"。我们若是坚持"会议必须决定"，那么势必不顾一切后果，非决不可，显然不是明智的做法。

"议而不决"是因为会议前沟通不良，所以难决，绝不是存心不决。但是，"议而不决"的解决途径，则在于"会而不议"，会前良好沟通，会时就没有什么好议。中国人常常把会议当作一种形式，其实是"会前已经充分协议"，以至"会中几乎没有什么可议"，所以表决如仪。

协议的结果不一定按照主席的暗示，这才是"议而不决"的主要精神。主席的见解如果是正确的，大家很快趋于一致。主席的决定如果是不正确的，朱甲、倪乙就应该主动找总经理再做进一步的沟通，使总经理在达成决议之前，有机会修正自己的看法，而又不失面子。

刘总经理把苏丙请进总经理室，并不直接告诉他，打算采用他的方案，希望他去协调朱甲和倪乙，却仅仅问他："你觉得你的方案怎么样？"这便是一方面要苏丙继续研究，一方面预为自己留下退路，万一后来朱甲或倪乙合理坚持而又实在比苏案更佳，还可以转而支持朱案或倪案，使其顺利获得一致的协议，这才是中庸之道的本意。

要 则

1. 要"议而不决"，最好做到"会而不议"；要"会而不议"，必须会前充分沟通，而且真正有所协议，可见并不是简单的事。

2. 如果会前沟通良好，仍旧"会而有议"，那就是情势有所改变，以至协议必须变更，主持会议的人，大可不必急于"议而有决"，不妨拖一下，待会议过后，再来充分沟通，免得节外生枝，弄得草草决议，却又"决而不行"，更令人伤心不已。

3. 不可以存心议而不决，否则会议就会变成形式，收不到会议的实际效果。也不能够务求议而必决，否则就会只求达到目的而不择手段，种下许多祸根，将来再来化解，势必增加很多不必要的会议成本。

请写下您的心得：

_____

_____

_____

_____

_____

决而不行

个　案

　　公司规定，出差回来一星期内要结报差旅费。许多人逾期未报。主办单位提请会议公决：切实依照公司规定执行。然而，迟报的人依然故我，主办单位竟然也不敢依照决议案而行。

　　会议通过：业务人员不能附带贩卖本公司营业项目以外的东西，否则轻者罚款，重者解雇。但是，业务主管睁一只眼、闭一只眼，不愿意切实执行。

　　单位提出计划，会议审核后修正通过。部门拿回来，并不依照修正案，却我行我素，按照原来的计划去执行。有人追究起来，一句"修正案根本行不通，只好依旧这么办"便搪塞过去。

　　每次会议，多少总会有一些决议。大家一阵讨论，尘埃落定，期待会后好好认真执行。可惜决而不行，或者行而不力，几乎成为众人皆知的事实，这是什么道理？

　　请问：

1. 决而不行真的是错误的行为吗？

2. 决而不行的真正用意是什么？

3. 能不能举例说明决而难以执行的事宜？

4. 决议案若是窒碍难行，如何是好？

5. 百分之百依照决议案而行，实际上做得到吗？

请把您的高见简要地写下来：

✍ _____

_____

_____

分　析

1. 我们发觉决而不行并非一定是错误的行为。例如公司规定出差后，一星期内必须结报差旅费，对一般人来说，应该没有什么困难。可是对某些人而言，的确有些急迫。因为他回来之后，许多工作等着他决定或处理，根本没有时间结报。若是坚持依照规定处理，似乎"合法而不合理"，令人有不近人情的感觉。

有人主张，决议案应该合理，就可以完全断绝例外地切实执行。事实上这种高调唱起来容易，做起来实在有困难。就以差旅费的结报期限究竟多少天才算合理来说，恐怕也是见仁见智，不易获得一致。如果说既经决议，便要遵照实行，这初听起来相当有理，深究之下，却又觉得"宁可让他缓几天办理，先把要紧的事务处置妥当，才更重要"。事情是比较之下，才知道轻重缓急的。请问一个人放着急要的工作不办，为了赶在期限内结报而专心计算差旅费，果真合理吗？

2. 决而不行，如果是为了因应实际需要而有所变更，可以视同"持经达变"的权宜措施，不能说一定不可行。有人认为变更决议案当然可以，不过应该征求大家的同意，然后才能够合法地改变。这种观念固然正确，却也有行不通的时候，例如召集会议不易，或者必须立即决定等，似乎只好信任决定变更的人，待下次会议提出报议，大家虽然未尽同意，却也唯有追认而已。

在执行决议的过程中，难免遭遇时、空、人、物的变迁，有时非变更不可。这种为求确实达成效果而做的改变，固然也是一种"决而不行"，但不是令人厌恶的行为。大家不应该把这种改变视为恶意的决而不行。

还有一种可能，那就是执行的对象产生强烈的抗拒，以致无法顺利执行。这种情况，有时是面子问题：由于事前缺乏沟通，一旦提出来，接受者觉得自己没有受到适当的尊重，因而找出许多理由，要求变更执行方案。而执行单位，又认为答应对方的要求，无疑是承认自己事先设想不周到，甚至可能引起图利他人的猜测，以至于固执己见，丝毫不容变更。双方坚持之下，决议案无从实施，只好搁置下来，成为另一种决而不行。

中国人为什么经常记取"先说先死"的道理？原因在于某甲率先把自己的意见说出来，某乙如果故意唱反调，很容易针对某甲已经说出来的意见，站在相反的立场，予以辩驳，即使实在找不到驳斥的理由，也可以轻易地批评："像这样简单的处置，老早就应该做了，为什么拖到现在才动手？"照样弄得某甲十分没有面子。

决议之后，若是被执行的人提出若干意见，执行的人到底接受好呢，还是最好加以拒绝？答案还是"很难讲"。虽然说"合理的应该接受，不合理的就应该予以驳回"，但是，什么叫作"合理"，由于理不易明，仍旧十分难讲。常常决议案拖了很久，依然不得执行，双方都有不是之处，却也不是容易解开的一种死结。只好继续沟通，再想办法。

3. 譬如会议决定，业务人员不能附带贩卖其他物品，请问如何切实取缔？被抓到的人矢口否认，没有被抓到的人又绝对不肯无缘无故地自首。主管抓到某丙，呈报上去，马上将他解雇，倒也罢了。万一呈报上去，上面的人只是笑笑，骂他几句，并不照章解雇，以后如何相处？再说，现在社会混乱，某丙遭受解雇，会不会找一些不相干的人前来报复？如果某丙提出异议，又如何处置？

这种令人做也难、不做也难的决议案，决议的时候固然不会遭遇很大的麻烦，而执行时的困难重重，恐怕也不是局外人所能够充分理解的。若是因此决而不行，我们可以把全部责任都推到执行者的身上吗？

有人主张业务主管如果监督不周，亦即取缔不力，应该连带受到处罚，利用这种连带责任，使任何被抓到的业务人员，不至怀恨主管的多事。然而，这样一来，业务主管岂非天天坐在火罐上，只要有人被检举，他就要受到连带处分，万一离职人员伪称自己夹带私货，未被主管查获，公司对业务主管是办呢，抑或不办？

4. 决议案若是窒碍难行，就应该设计一套辅助系统，以利切实执行，不能够一味指责决而不行，弄得大家口是心非，形成阳奉阴违的不良习惯，也使公信力不彰，令人失去信心。

至于单位提出的计划，会议审核时给予相当的修正。请问修正得合理，究竟有什么标准？如果原单位仅仅为了赌气，故意不依照修正案实施，当然不是好现象。假如原单位在执行过程中，确实无法按照修正案去做，不得已再依原案而行，就不能算是决而不行。

5. 百分之百按照决议案执行的情况其实并不多见。是不是完全依据决议案去执行，端视审核者的立场而定。以品管观点来看，执行的结果有其上下限。上下限放得大些，就认定其为依决议而行；上下限抓得紧些，亦即把范围缩小一些，便会觉得离决议案颇远，产生决而不行的观感。

中国人的是非，并不十分明确。同情的人，会拿"同"的眼光来观测，因而肯定一切依决议而行。有意找碴儿的人，会拿"异"的标准来衡量，以至断定一切决而不行。俗云："公说公有理，婆说婆有理。"官官相护，显得很有道理；兄弟反目，便会扯出许多无理的事情。

人与人之间必须具有相当的责任，才能够做事情。否则怀疑、挑剔，甚至有意丑化，再美好的结果都会被破坏掉。同样一种结果，有些人十分满意，认为已经尽力依照决议在执行；有些人则怒气冲天，痛责执行的人私自变更决议案，实施得相当离谱。立场不同，观感自然不一致。

说　明

就中国人而论，执行的人多半肯定自己依照决议而行，旁观的人，如果事不关己，大概不会多花心思去理会。被执行的人，对自己有利的，便觉得执行者十分公正，一切依决议在进行；对自己有害的，就会抱怨执行者偏心，专门找自己的麻烦。

如何化解相关人员的心理障碍，才是决而必行的主要工作。不然的话，不满意的人就会造势、抗拒、破坏，使执行受到阻碍，又形成"决而不行"的流弊。

当然，我们不能否认，有一种令人厌恶的决而不行，使人觉得不吐不快！

迟报差旅费的人，若是职位低而关系差，主办单位就猛打官腔，晓以公司规定，命令如限办理结报；如果遇到职位高而关系良好的人，主办单位便低声下气，什么话都不敢说。事实上一些斗胆迟报的人，大多自己经过一番衡量，谅主办单位也不敢把他怎么样，这才放心迟迟不报。旁观者居于"公平"的心态，就会愤怒不堪。其实，只要念头一转："我们凭什么跟他比？"也就心平气和，减少许多不必要的精神消耗。

中国人在"不合理的公平"与"合理的不公平"之间，往往偏向于"合理的不公平"。有了这样的认知，许多不平的怨气就会归于平息，用不着在这些地方斗气。

同样业务人员，夹带私货的，主管不闻不问；奉公守法的，主管反而经常提示：不可违反公司规定。这种"不合理的不公平"，大家当然不能接受。主管私心，以私害公，大家则怒心勃勃，为了争取公理，维护正义，便推派代表，向上级报告，要求迅速改善。

具有私心的决而不行，实在不可以原谅。否则大家都变成乡愿，会议的效果必然等于零。

单位提出计划，会议时有人加以修正，当时所用的语气和蔼，出发点又十分诚恳。主办人却一意孤行，始终不愿意接纳，抱持"决议由你们决议，到时候我爱怎么办就怎么办"的心态，便是不合理的坚持。

任何人坚持到不合理的地步，已经属于刚愎自用、目无他人了。这样的态度，执意决而不行，反而拍胸膛夸口："一切责任由我全部负责。"好像不违反决议案就不痛快，实在令人觉得遗憾。

采取不合作的决而不行，同样得不到大家的谅解。因为这一件事某甲不合作，那一件事某乙不合作，公司就会四分五裂，混乱得令人不安。

要　则

1.决而不行，要看它的实际内涵，才能够判断其得失。中国人变动性特别大，常常有决而不行的象征，应该更加小心判明，不要盲目指责、埋怨，免伤和气。

2.决而不行，若是存心不依据决议案而行，当然不能发挥会议的功能。这时候还要进一步追究是否有营私舞弊或者图利他人的不良企图。

3.决而不行，如果是居于因应会议决定之后所产生的变数，并且用意在真正落实决议案，使其可行而且更有效，这种决议之后，执行阶段的合理调整，应该加以鼓励才对。

请写下您的心得：

_____

_____

_____

_____

_____

由情入理

李总经理召集主管汇报，他主持会议，说："大家都很忙，开会的时间不要拖得太久，最好不要超过 90 分钟，希望大家把握时间，好好利用。"

致辞完毕，他首先说明汇报的主要议题是研讨海外投资案；接着把公司的构想和进展的情况做一番描述，当中夹杂着他多次出国所遭遇的一些观感。他整整说了 70 分钟，赶忙停下来说："时间不多，还剩下 20 分钟，请大家多多发表高见。"

大家你看我，我看你，要不然就是眼观鼻、鼻观口，总经理一看大家没有话讲，接着又说："如果大家客气，我看就照这样分头去办好了，散会。"

王经理主持会议，大家发言十分踊跃。萧君担任记录，却是叫苦连天。因为大家七嘴八舌，说的都是题外话，不是借机会发牢骚，便是抓住话题吹嘘自己，大家说得很热闹，萧君根本无从下笔。

好几次王经理都重新把讨论的主题再说一遍，大家依然无动于衷，爱说什么就说什么，爱怎么说便怎么说。

王经理掌控不住，只好无奈地说："这样吧，我们另外再找时间，希望大家能够事先把意见归纳一下，尽量配合主题，以期早日结束。"

以上两种截然不同的情况，前者过分保守，而后者似乎过于新潮，事实上并存于现代社会，而会议效果几近于零，则是殊途同归，彼此一致。

请问：

1. 李总经理主持会议，开场白把时间的限制说得十分清楚，好不好？自己用掉那么多时间，对不对？

2. 中国人不太喜欢在开会时第一个举手发言，以免引起反感，这是什么道理？

3. 李总经理身为会议主席，最好如何调整自己的态度，比较合理？

4. 王经理主持会议，为什么几乎完全失控？

5. 这种过分保守和过于新潮的会议，高见如何？

请把您的高见简要地写下来：

✍ _____

_____

_____

🖋 分　析 🖋

1. 李总经理将"宣布开会"的功能改变为"开宣布会"。整个会议，只见主席宣布，未见众人讨论或表示意见。这一类主持人，对麦克风情有独钟，不拿则已，一拿到手就不肯罢休。他长篇大论，甚至重复申述，毫无顾虑地疲劳轰炸，或者不知所云地盲目训练，弄得大家没精打采，更懒得动脑筋思考，当然没有什么意见。

曾经有一位干部，坐在会议席上听讲，迷迷糊糊中，竟然幻想自己勇猛地站起来跑上主席台去抢麦克风。幸亏倒茶的小姐及时问他要不要换一杯热的，才把他的魂魄喊回来。而他也立下决心，不再观看电视新闻，以免产生这种先抢麦克风，后把它扯断的坏念头，引诱他做出惊人的举动。但是，话说回来，他实在很难忍受主席的唠叨，觉得十分受罪。

李总经理一开始就说明会议的时间，限制在90分钟以内。这种明白指示，实际上并不错，但是大家听起来，可能变成"不希望有太多意见"的一种暗示。然后李总经理一口气说了70分钟，大家心中有数，总共只有90分钟，自己使用70分钟，更加证实他根本没有让大家发表意见的诚意，何必煞风景呢？

我们并不反对在会议开始的时候，甚至在会议通知单上面说明整个会议所能使用的时间，促使大家长话短说，尽量把握有限的会议时间，做出最有效的利用。但是主席本身，必须妥善控制时间的分配，以身作则，把会议时间掌握好。

2. 中国人在主席报告完毕，要大家发言时，通常会有一段沉默期。一方面表示谦虚，礼让给有更好意见的人，优先发表高见；另一方面则表示慎重，听完报告，再仔细考虑一下，这样提出来的观点，应该比较正确。

凡是长期观察会议进程的人，都不难发现一种共同的现象：经常第一个发言的人，若非事先安排，便是信口胡扯。前者纯属护航，绝无高明的见解；后者属于"不说话会死"的人，不可能有精彩的内容。所以抢先发言，给人不必重视的感觉，反正不是存心讨好，便是想到就说。

当然，新的潮流带来新的局面，那就是抢先发言，以便制造纠纷，让新闻记者的镜头对准自己，享受"秀"的乐趣。

有些人喜欢在会议上报告自己出国考察的观感，事实上更容易引起大家的反感。心里想："你拿公家的钱出去玩，有什么好神气的？"出国考察附带观光，谁人不会？所以在心理上已经产生排斥，对于报告的内容，恐怕挑剔多于认真听取。

3. 李总经理身为主席，应该尽量少说话，把时间开放出来，让大家好好商量。自己要抱着"置之死地而后生"的心态，不管大家说不说话，自己就是不说话。主席不怕冷场，耐心等几分钟，与会人士当中，自然出现按捺不住的冲锋队。大家等几分钟，主席却认为大家没有意见，反而会被大家用来证明"根本不希望大家发言"的猜测。

4. 王经理可能年轻识浅，或者缺乏声望，所以镇压不住会场中的热战。大家发牢骚、穷吹牛，主席竟然眼睁睁地毫无办法，可见大家对他一点不尊重，丝毫不接受他的节制。这种作风，不能叫作"随和"，也不是打成一片，已经是失去控制，呈现无组织状态，谈不上主席非主席了。

不过，王经理也可能年迈昏庸，甚至不谙会议规则，导致大家存心闹笑话。有人想气死王经理，干脆利用会议来演出闹剧。有心人发动在先，平日觉得委屈的人，就会趁火打劫，在混乱中出一口闷气。

5. 过分保守的会议，请求伦理重于解决问题。随时要小心提防，以免被扣上不尊重伦理的大帽子。过于新潮的会议，解决问题优先于请求伦理。随时要用心防范，以免被借口解决问题的人，任意造成伤害。

这两种方式，都不能满足"好好商量"的需求。参加过分保守的会议，有口难开，动辄得罪人。坐在那里看人家有呼有应，自己则苦于有理难伸，当然是一肚子火。身处过于新潮的会议，恍惚置身菜市场中，

293

鸡鸭乱飞乱跳，各人只热衷于自己的问题，对旁人视若无睹。对于真正想解决问题的人，更是一种莫名的苦恼。

🐚 说　明 🐚

　　合理尊重伦理，依法解决问题，才是"大家好好商量"的正道。所谓"伦理"，正是"人与人相处的联系纽带"，也是英国人类学家费尔斯所说的"社会的水泥"，目的在把社会中的人结合起来，发挥安定社会秩序的功能。世界各国的学者大多认定伦理是中国传统文化的一大特色，如果说得严重一些，不重视伦理，简直就不能成为中国人，恐怕也不为过分。

　　今日社会动荡不安，追究起来，有些人轻视伦理，鼓励"有话就要说"；电视上常常出现"我有话要说"的字幕或声音，都将难辞其咎。

　　问题当然需要解决，有意见自然应该说出来。但是，必须以尊重伦理为前提要项，在伦理的范围内，充分表达意见，才能够达成"好好商量"的理想。

　　总经理主持会议，要确定自己的身份仅仅是主持人。开场白越简单越好，把主旨说清楚，让大家有一个明确的目标，尽快进行讨论，以期在有限的时间内，达成决议。为了大家能够充分交换意见，最好会前有所沟通，至少也要把相关资料分发给有关的人，使大家有时间做好准备。

　　会前圆满沟通，开会时不容易引起歧见，很快就出现相当一致的看法。这种看起来形式化的会议，其实功效显著，参与的人都很有面子。我们不能一竿子打到底，认为所有形式化的会议，都是没有效果的。

　　会前无法达成协议，或者达成协议而有人翻案，开会时主席要装成若无其事的样子，拿平常心来主持会议，不可以愤怒地指责若干人不守诺言，阴谋推翻协议。就算有人慷慨陈述，主席也应该平静地说："不会吧！恐怕这是误会！"才能够"大化小、小化了"地顺利进行，也才能够圆满地达成协议。主持人这种作风，既非乡愿，也不是圆滑，而是身为主席，就应该设法让大家平心静气，理性地进行沟通。

参加会议的人，有意见最好会前沟通时便提出来，不要会前沟通时表示自己没有意见，却在会议时让隐藏的黑马到处乱闯，弄得大家十分生气。如果临场产生灵感，也应该私下向负责沟通的人提出异议，征求相关人士的同意，才公开表达出来。

发言的时候，首先，不要把别人当作傻瓜。有些人一站起来，便标榜自己"具有这方面的专业知识，不说对不起自己的良心"；有些人一开口就宣称自己"拥有许多第一手资料"，暗示旁人并不熟悉内情；有些人吹嘘"我看到法国人如何如何"，炫耀自己到过巴黎；有些人夸口"经过多日的思考"，好像别人都是不经大脑便说出来。这些情况，不外乎自视高人一等，把别人都看成白痴。

其次，不要威胁别人。有些人喜欢说："如果各位有更好的意见，本席不反对。"有些人动不动就是："若是本案不能通过，本人即将辞职，以示负责。"有些人则明示："本案老板已经点头称许，各位还有什么高见，不妨直言。"种种威胁，无非希望自己的建议被接纳。采用比较婉转的口气，不是更好吗？

还有，不要把责任统统推给主持人。主席固然不见得处置正确，我们既然身为会议的一分子，也应该合理地坚持。一个人不可以盲目地坚持己见，那样显得十分霸道；同时也不可以毫无意见，任人摆布，对自己而言，这也是一种不负责任的心态。合理地坚持自己的想法，彼此互动，才是大家好商量。

要 则

1. 中国人不善于会议，以至于会议不是一面倒，便是死对头。前者容易"和稀泥"，弄得没有是非。后者则"不争则已，一争就要你死我活"，往往极端情绪化。主席和每一个参与会议的人，必须把持"大家好商量"的心态，认清楚"谁也未必全对"，一切依法找到合理点，做到在法的范围内衡情论理，才是由情入理的最佳途径。

2. 由情入理的要旨，在于透过彼此之间的情感交流，促使双方都能够自动调整自己的观点，力求合理。双方都自求合理，都觉得很有面子，受到主席和与会者的尊重。因而自己约束，必须自动讲理，和大家好好商量，以求得合理的结果。

请写下您的心得：

_____

_____

_____

_____

_____

第十章

合理的兼顾

‖ 导　言 ‖

中国人重视"兼顾"，希望我们凡事不要一厢情愿地从单一方面去探究，而应该从多方面，站在不同的角度来观测和评量。

合理的兼顾，可以倒过来说："兼顾到合理的地步。"合理不合理，乃是兼顾得有效与否的标准。

表面上看起来，中国人"好不好都犯忌""听不听都可以""找不找都不行"，甚至"罚不罚都有理"，简直乱七八糟，毫无道理。

实际上，五千年文化的熏陶，培养出中国人为人处世的特殊技巧，使我们擅长"清清楚楚地含含糊糊"。其中最主要的用意，至少包含下列三点：

第一，替问话的人保留面子。问话的人，听到清清楚楚的答案，往往会觉得自己怎么连这么简单的道理都不懂，因而自觉难堪。现在答话的人，含含糊糊，根本听不清楚，使我觉得"不是他说得清楚，而是我听得明白"，相当有面子。

第二，坚持不说谎的原则。照实说，大家不好受；不照实说，分明在说谎。于人，我们说得含含糊糊，既不说谎，又没有照实说，岂非两全其美？

第三，提醒对方问得没有道理。人家问一些不应该的话，我如果不回答，甚至明说他不应该问这种问题，他一定觉得没有面子，万一恼羞成怒，对我不礼貌，我也会连带受罪。若是我照实回答，自己保护不了自己，恐怕也会惹人笑话，所以我就答得含含糊糊，让他明白他不应该问这种问题，或者不应该这样问。

对别人的话，我们居然主张"听不听都可以"，实在十分奇怪。中国人听话的态度，可以说是"既不要听，也不要不听"，亦即"要听，也不要听"，或者"不要听，也要听"。反正中国人听别人说话，多半抱着"你说归你说，我听归我听，我才不信你的道"。中国人说"不信"，又是"站在不信的立场来信"，目的在"相信得恰到好处"。

处理事情，我们也懂得"兼顾"，例如工厂招不到人，我们的态度是"招不招都不行"。拼命去招人，结果人来了就走，越招人越少。不用心招人，工厂缺乏人手，许多工作要停摆。

在"招人"与"不招"之间，我们有许多大道理，如果不沟通，不能建立共识，结果就会互相埋怨，解决不了问题。若是在若干观念上建立共识，则招与不招，都能够有效解决问题，这才是我们的奥妙所在。

中国人喜欢本着"原则"而行，不可"离经"。不过，我们知道坚持原则可能引起别人的不悦，甚至因而得罪人。所以我们在"坚持原则"之前特别加上四个字，那就是"广结善缘"。用广结善缘来坚持原则，才是真正的"权不离经"。

广结善缘，叫作"圆"；坚持原则，谓之"方"。内方外圆，就是用广结善缘来坚持原则。

天圆地方的传统观念，使我们巧妙地把"方"和"圆"结合起来。内心十分坚定，有原则，外表相当圆通，能在圆满中分是非。阴阳两极构成的反 S 曲线，象征中国人"圆变方""方变圆"的兼顾行为。

好不好都犯忌

❧ 个　案 ❧

李君毕业于某商学院，服役退伍后，就在商界服务。他一直拥有现代化的决心，努力要做一个现代化的商人。

刚踏入社会不久，他发现商场上有许多不知道从哪里来的习惯和做法，根本是书本里找不到的。例如彼此见面，难免问及近况如何。大家的答案似乎不约而同，不是说"差不多啦"，就是回答"马马虎虎"，更妙的是，用闽南语来一句"花花啊"，弄得大家莫名其妙。

李君相当不满。这种含糊不清的话语使他十分气愤：中国人为什么始终摆脱不了农业社会的恶习？他坚决地告诫自己，绝对不容许如是这般地同流合污，务必树立新的作风，塑造自己的良好形象。

有人问他："近来怎么样？"他就据实以告："还很不错，利润相当的好。"

结果呢？好朋友全跑光了，坏朋友都闻风而来。事后他再三深入探讨，才了解原因并不简单。

请问：

1.李君依据实际情况，告诉朋友利润相当好，为什么好朋友都跑光了，坏朋友却闻风而来呢？

2.若是引来朋友向李君借钱的念头，如何是好？

3.李君若是想通了说好会惹事的道理，改口说不好，又将如何？

4.说好、说坏都不成，怎么办？

5.把话讲得含糊不清，有什么意义？

请把您的高见简要地写下来：

✍ _____

_____

_____

🐉 分 析 🐉

1. 李君把话说得这么清楚，当然可能导致这样的结果，分析如下，以供参考：

第一，没有赚到钱的人，听说有人赚钱，心里总不是滋味，如今竟然当面说出来，更带有一点示威的味道，使人难堪之至。

第二，赚到钱并不是坏事。依中国人心理，赚到钱的人就应该请客，表示有福同享，现在只夸耀赚钱，却没有请客的举动，这种有钱朋友有何用？不如离开一些，免得越看越不对劲。

第三，同样赚钱的人，看别人赚钱总归比较轻松，回头看自己赚钱很辛苦。于是怨自己劳碌命，同时也看不惯别人那样方便地赚钱，心里不舒服，态度上就不会那么客气，偶尔还会在其他人面前讥讽几句，或者轻薄一番。

再怎么说，李君这种态度，可以说毫不顾忌听者的感觉。深一层分析，就是心目中没有他人的存在，才会这样表现自己。

若能将心比心，站在听者的立场想一想，便会有所顾忌而稍微含糊一些，至少表示对听者的一种尊重。

2. 更糟的是借钱的朋友来了。既然"很不错，利润相当好"，朋友有通财之义，周转一些乃属理所当然。手一伸出来，不拒绝伤脑筋，拒绝又伤感情，真不知如何是好。还有一些朋友，专门打听买什么、卖什么，才能利润相当好，大家一窝蜂挤进来，恶性竞争，谁也不要想赚钱。这种凑热闹的朋友越多，自己越倒霉。

又要夸耀自己很不错，所经营的项目利润相当好，又不肯借钱给朋友，帮助其渡过难关，这种人吃一些苦头，想来也是应该的。

李君想通了：钱财不露白，是物质方面的警惕；逢人不说生意好，则是精神方面的告诫。不但不可以说很好，最好不要说"好"，以免惊动对方。

3. 假定从此以后，李君改变主意，遇见人家问及近况，他决心不泄露半点"好"意，表示尊重对方。"好"的反面是"坏"，所以他说："不好，情况相当坏。"

结果呢？依然是好朋友全跑光了，坏朋友都闻风而来。李君百思不得其解：为什么中国人听不惯"好"又害怕"坏"呢？

第一，朋友听到李君的回答，相信的人，就会联想到李君的运气不佳，为了怕被他传染霉气，逃得远些应该是上策。不相信的人，则认为李君不够朋友，又没有向他开口借钱的意思，何必先叫坏装穷？和这种人在一起实在没有必要，干脆离得远些算了。

第二，不迷信的朋友，真的怀疑李君一开口就说情况很坏，莫非接下去便会伸手借钱？不如三十六计，走为上。

第三，既然李君所从事的行业赚不到钱，并不值得花费时间去打听详细的内容，也就没有什么可以谈的。话不投机半句多，彼此打个招呼，再见！

至于若干听到李君的情况相当坏，而又迎上来有话要讲的人，更令人担忧和畏惧。他们不是希望李君放下现在的工作，引诱他跳槽到那些轻松而待遇优厚的不良行业，便是存心趁此机会吃掉李君的东西，叫他赶快廉价脱手，早跑早好。

可见把自己的处境描述得不好，对自己也相当不利。不是被怀疑假惺惺、装穷，便可能被看成倒霉的瘟神，赶紧退避三舍。

4. 说好不成，说坏也非常可怕，李君忽然想起，难道大家所说的"差不多""马马虎虎"以及闽南语的"花花啊"果真有些道理？他开始放弃往昔的厌恶心情，尝试着回答："花花啊！"

结果呢？人缘变好了，大家对他比较友善，比较不猜忌、害怕。这是什么道理？李君想不通，但他至少可以肯定，不管什么情况，每当有人问起"近来怎么样"，他要先答以"花花啊"，然后看情形再做进一步说明，相信可以立于不败之地。

"差不多""马马虎虎"以及"花花啊"这一类的话，含义相当模糊，简直不清楚它所代表的意思。实意是好还是坏，根本无法分辨。李君努力要求成为现代化商人的决心并没有动摇，他认为"差不多先生"非常落伍，不值得学习。然而经验告诉他，偶尔说一些"差不多"的含糊话却相当有帮助，大概"差不多"不是"差不多先生"的专利，不做"差不多先生"，可能不需要完全不说"差不多"。说一些"差不多"，并不一定就变成"差不多先生"。

中国人普遍脑筋灵光，又喜欢猜测人家的弦外之音，言外之意往往超出要表达的意义。何况言者无心，听者有意，更是增添语言沟通的障碍。

我们也不尊重别人的隐私权，见面老喜欢问一些人家不容易答的问题，因此含糊的答语便因应这些需要而产生。

5. 严格说起来，使用含糊不清的答案时，至少代表了三种主要的意义。

第一，委婉地表达"请你不要侵犯我的隐私权"，希望对方自省：原本就不该提这一类问题。既然已经提出来，我也不便拒绝作答，所以含糊其辞，使对方明白：问了也等于白问。

第二，坚持"诚实不欺"的原则，贯彻"我绝对不欺骗，但是可以保守秘密"的原则，对方想要试探我的机密，我就用含糊不清的话来保密，至少可以达到不扯谎的目的。

第三，保住问话人的面子，使其不难堪。"差不多""马马虎虎"以及"花花啊"可以表示正面和负面的意义，同时满足两方面的需要，使双方听了都觉得很有面子，不会受到伤害。

说　明

技术性的问题，千万不可以含糊不清，应该清晰而正确，所以技术人员在回答有关技术层面的细节问题时，务必戒绝这种习惯。一是一，二是二，清清楚楚，正正确确，可能是解答技术性问题的最佳态度。

非技术性的问题，就不用这么刻板。任何事情都说得十分清楚，后遗症相当严重。解答了眼前的问题，却引起更多的问题。为了清楚明白，可能弄得乌烟瘴气，甚至死得不明不白，这是许多人共有的经验。

帕斯卡尔和阿索斯合著的《日本企业管理艺术》便曾指出："组织里有几种情况，需要以含糊的方法来应付。例如意图不明（不说明要采取什么行动）；关系不明（人与人的关系、事实与结论的关系、因果关系等）；沟通不明（双方传递的消息不清楚），这些都是重要的管理技巧。"

　　日本人经常希望有规则可循，但是在许多地方，他们则把不清楚、不确定、不完美视为组织中必然的现象。威廉·大内在"Z理论"中比较日本和美国的控制方法，也坦白说明前者是含蓄的，而后者是清楚的。正因如此，日本员工才能产生外人无法理解的信任、微妙与亲密关系。不像美国那样，以标准化来代替亲密感，彼此漠不关心，很难产生现代化社会所需要的合作与整体关系。

　　其实，西方哲学家也承认不清楚、不明确、不完美乃是"存在的事实"。只是西方管理界，特别是美国，一直相信社会学家马克斯·韦伯的主张，认为理想的组织形式，应该使人们彼此隔离，强迫他专精于技术，一切按照规定进行工作，以便保持公正的态度。斯坦福大学的李维教授，严正指责美国管理界对清楚可衡量事务的爱好，已经超过合理的范围。

　　这些年来，他们逐渐重视 fuzzy（模糊）在管理上的应用，便是肯定模糊与清楚必须取得平衡的证明。那种"理性优于非理性，客观更为合理，以及数量比非数量更为客观"的思潮，似乎经不起时代的考验，有必要重新加以思考。

　　中国人老早就懂得"不应该含糊时，不可以含糊；应该含糊时，不可以不含糊"的道理。我们厌恶"不必要的含糊"，却精于"必要的含糊"。

　　必要的含糊，可压制住紧张的关系，减少不必要的冲突。在争执激烈时，含糊不清很可能会使事情更为恶化。不必要的含糊，却会造成许多无谓的困扰，使管理的效果降低。

泛泛之交，见面时没有什么共同的话题，顺便问一问："吃过饭没有？"我们多半不会正面地回答："还没有，现在正要去吃。"因为这样一来，势必要顺便也邀他同行，不然就会不知不觉中得罪对方。

我们实在也没有必要说："刚刚吃过。"万一接下去有很重要的饭局，不去十分可惜，岂不断送了自己的另一有利选择？

通常我们会含糊其辞地说："中午吃得比较晚。"或者看看手表，说一句"你呢？"让对方猜不透答案。这种"自留余地"的做法乃是含糊的妙用。运用得恰当，就会因含糊而获得相当的利益。

当然，我们也可以严肃地回答："这不关你的事。"正经地告诉他："以后最好不要问这一类问题。"或者趁机教训他："你侵犯了我的隐私权。"只是这种处置方式，对是对，并不漂亮。

"近来怎么样？"

"花花啊！"

结果呢？好朋友不会跑掉，坏朋友不至于闻风而来。含糊中拓展了人际关系，也替自己留有"花花啊！有新的投资机会还可以参与""花花啊！要借钱实在没有办法"的余地，对之外，更为漂亮，这就是含糊的奥秘。

🐍 要　则 🐍

1. 不顾忌别人的面子，不考虑他人的立场，立即将真实的情况明白地说出来，已经是心中没有别人的存在，当然容易引起听者的反感。就算是无心的过失，无意中得罪他人，也是不智之举。

2.说自己的情况很好，很可能引起听者的嫉妒；说自己的情况很槽，也可能引起听者的恐惧。无论如何，都将对说的人产生不良的后果。所以在说好或说不好之前，最好先仔细想想可能引起什么样的后遗症。

3.如果没有足够的时间考虑，或者一时难以明了听者的立场和感觉，不妨先含含糊糊，等待弄清楚情况，看明白情势以后，有把握时才说得清楚，应该比较妥当，更加安全。

请写下您的心得：

_____

_____

_____

_____

_____

听不听都可以

个　案

　　某公司举办基层主管训练，礼聘知名学者专家前来授课，希望建立共识，并且获得一套实际可行的方法，以期马上收到良好的效果。虽然事先详密计划、细心沟通，但学者专家各有一套，而且都能够自圆其说，彼此提出不同的主张，弄得大家一头雾水，认真听竟然也理不出头绪。

　　李学者说："公司最好采取'开门政策'（Open-door Policy），总经理不应该存有什么'越级报告'的观念，每位同人随时可以报告任何有关公司的事项，确保沟通管道的流畅。"

　　他认为："基层主管如果有事只能向中阶主管报告，万一中阶主管不予理会，或者故意歪曲事实，蒙骗上级，就会对公司造成很大的伤害。"

　　王专家却指出："一切沟通，都应该按照层级，也就是向自己的直接主管报告，才能确切而且掌握时效，并且保持沟通系统的一贯与流畅，不至于发生脱节的不良现象。"

　　他坚持，基层主管有事只能向直接的中阶主管报告，即使中阶主管不予理会，那也是中阶主管的责任，与基层主管无关。中阶主管如果存心蒙骗上级，总经理当然会采取适当的措施，不用基层主管担心。

结训时大家趁总经理热心询问有什么意见时，便把李、王两位先生的高见提出来，请教总经理希望基层主管采取哪种做法。

总经理说："李先生的看法很好，像我本人就不会有越级报告的观念。大家既然是一家人，有话好讲。只要是公事，谁都可拿出来讲。但是层级节制也很重要，直接主管能够解决的问题，为什么不和他商量，为什么要越级？所以王先生的主张也很有道理，许多事情，直接主管才最清楚，先和直接主管联系，的确是能掌握时效。至于希望大家采取哪种做法，这实在'很难讲'！"

请问：

1. 李学者所说的"开门政策"，高见如何？

2. 越级报告通常都有正当的理由，高见如何？

3. 王专家一切按层级而行，有没有道理？行得通吗？

4. 总经理为什么认为大家应该采取哪一种方式"很难讲"？

5. 公司成员最好采取什么样的通报方式？

请把您的高见简要地写下来：

✍ _____

_____

_____

🐍 分 析 🐍

1. 李学者的一番话当然很好，不过实际情况要比想象的复杂得多。

往往门一打开，各种意见便蜂拥而来。是是非非，固然很难辨明；逐一处理，更是费时费力，此所谓"善门难开"。凡是开过门的总经理，大概都尝过这种苦头，不是重新封闭门户，便是疲于奔命却仍然忙不过来。

2. 理论上是"越级要有正当的理由"，实际上却是"利用越级的机会制造一些是非"，虽然可能是无心的，却徒然增加彼此的怨憎和隔阂，使得沟通管道更加不畅。

最简单的理由是：主管总认为自己公正又公平，部属却常抱怨主管不公正又不公平，彼此立场不一，看法也不可能完全相同。部属如果随时可以越级报告，便越来越不愿意和直接主管沟通。总经理接受越级报告，有时会做出和直接主管不尽相同的决定，部属就可利用这种矛盾，制造出若干不利于直接主管的形势，增加直接主管的顾虑，甚至造成总经理对直接主管的不良印象，无形中扩大自己的晋升机会。

3. 王专家的话也很有道理，只是不难推断他可能长期在日本式管理的气氛中任职。实际上如果一切强调层级沟通，很快就会造成"一手遮天"的"山头"，这种层级节制的精神，在中国人的组织里，很容易产生"军阀割据"的局面。一旦"山头"对峙，不但会形成严重的本位主义，而且架空总经理，使其难以掌握全局。

理由十分简单：凡事都必须通过直接主管，于是直接主管就成为"操有生杀大权"的"主人"，视所有部属为"奴隶"而予取予求。反正上级会支持他，有何不可？同时也用不着害怕部属会越级报告，所以不必担心上级会发觉本单位的黑暗面。

4. 这位总经理毕竟是中国企业的总经理，深深知悉有关我们中国人的事情，几乎都"很难讲"。我们且站在很难讲的立场，来讲一讲中国人对于权宜应变的做法。

我们要视"层级沟通"为"经","越级报告"为"权"。一般情况，应该按照层级，有事即向自己的直接主管报告，才是"常道"，就是"正常的沟通管道"。特殊情况，例如紧急事项或者正常管道确实走不通，才可以越级报告，因为它是一种权宜应变的方式，乃是一种不得已的非正式管道。

公司成员都必须养成"持经达权"的良好习惯，凡事尽量依照正常的沟通管道，以谋求合理的解决。除非确不可行，或者情况紧急，例如直接主管正好出差或者一时难以联系而又时间十分紧迫，否则尽量不要权变，以免引起常道的曲折或受阻。

这种习惯，说起来就是"站在不要越级报告的立场来采取越级报告的手段"，唯有如此，才能够越级越得恰到好处，使我们"中庸之道"（合理化途径）的高度智慧得以充分发扬。

5. 总经理对于越级报告的态度，最好是"既不要听，也不要不听"。这种标准的中国式原则，乍听起来有点"废话"的味道，听不懂或者听不惯的人，永远无法领略其中的真谛。

总经理"不要听"，部属诉冤无门，蒙受委屈而无法适当地申诉，当然不利于公司。因为日积月累，总有爆炸的一天，到时再来处置，往往棘手难办。

总经理"要听"，则部属申诉之后，便应该给予适当的处理，否则岂不更增加部属的反感，对公司失去信心。听完马上处理，问题便显得更复杂，怎样处理？谁去处理？都是牵一发而动全身的难题。处理得正确，严重伤害中阶主管；处理得不正确，对总经理自身的威信，危害极大。弄得不理想，反而伤害更多的人。这种恶果，在实施"开门政策"的公司比比皆是，可惜有些企业主持人自己看不出来而已。

不要听有其负面影响，要听也有其可怕后果。所以既不"要听"，也不"不要听"，亦即"既不要听，也不要不听"，才能够兼采两者之长，去除两者所短。

部属前来越级报告，总经理不可以表示自己不要听，因为这样一来，部属会失望而回。部属前来越级报告，总经理不可以表示自己要听，因为这样一来，听了而没有采取行动，部属会更失望。

🐍 说　明 🐍

李学者所说的"开门政策"，和王专家所主张的按照层级来沟通，都有相当的道理。但是这两位专家学者所说的道理，实际上都不过是部分的道理，并不能代表道理的全部，缺乏整体性。所以实施起来，都有其局限性，产生若干难以克服的困难。

譬如部属越级报告，身为总经理，怎么可以不听？又怎么可以听呢？我们发现许多总经理，都有摸东摸西的习惯，便是应付这种部属越级打小报告的最佳方式。部属前来越级报告，总经理当然要听，才不会伤害同人的感情。但是，总经理千万不可以全神贯注地聆听，否则听得那么认真，听完以后，就应该有所处置，不然申诉又有何用？所以总经理最好边听边摸东摸西，表现出很想认真听而又实在无法认真听的样子，等待部属说完，才苦笑着说："我看这样，你先同你的直接主管谈一谈，等我这阵子忙过了，我再来找他研究研究，你看怎么样？"然后站起来拍拍他的肩膀，鼓励他几句。暂时告一段落，静待后来的变化。

部属"似乎有结果，又好像没有结果"，得到总经理的鼓励，回去向直接主管报告的时候，自然比较理直气壮。直接主管不是傻瓜，很快就会觉察此事已经越级报告过总经理，当然要更小心，秉公处置。而总经理冷眼旁观，便比较容易客观地了解究竟谁是谁非，更可以趁此机会，看看这位主管的作为如何。

直接主管如果合理处置，总经理可以装成根本没有越级报告，只要把原先申诉的同人找来，轻轻安慰几句，便大功告成。直接主管若处置不当，总经理也用不着找他，只要把这位主管的顶头上司找来，问他知道不知道这么一回事，这位主管的顶头上司就会热心去办理，然后领着这位主管前来说明，此时再予处置，犹为时未晚。

总经理应该认真，反而要装作无法认真，这是什么道理？因为认真是必要的，不认真部属必然心生怨恨。但是一旦表现出认真的态度，便免不了马上要有结果，否则就是推、拖、拉作风，违反"以身作则"的道理。只有"实在无法认真"，不至于引起部属的反感。

为什么不可听完申诉马上把这位直接主管找来，三人当面谈问题呢？有人这样做过，结果很不理想，部属和他的直接主管都相当尴尬，彼此要不是表现得十分客气，便是非常不客气，而事后则是一致的：彼此的关系更恶劣，遇事更不协调。

最后，我们要认清，这一切措施的关键观念便是：在不伤害任何人的面子之下，把问题做合理的解决。部属受了委屈，当然可以越级申诉，总经理既认真而又无法完全认真地聆听，便是给部属很大的面子了。总经理听完之后不立即亲自去处理，让部属的直接主管有合理解决的机会，便保留了他的面子；处置欠妥当，找这位直接主管的顶头上司去处理，也就是给他面子，否则自行处置，夹在中间的顶头上司，岂非难为情？

要　则

1. 有些人害怕"面子"会带来许多管理上的困难，其实面子是摆脱不掉的，不如给大家面子，让大家都有把事情做好的机会。总经理躬亲处置，每一阶层的主管都没有面子；牺牲大家的面子，只成全了总经理一个人的面子，划得来吗？是不是很难讲？

2. 中国社会，听话不听话都可能挨骂。因为听话不一定好，也不一定不好。不听话也是一样，是一种相当不容易摆脱的两难状态。我们最好在听话和不听话之间，用心找出一个合理点，也就是应该听话的时候才听，不应该听话的时候，就不能听。

3. 层层节制，是不变的原则，但是越级报告，以及越级指挥，则是应变的权宜措施，只要合乎原则，当然可以持经达变，以求合理地因时、因地、因人、因事而制宜。

请写下您的心得：

_____

_____

_____

_____

_____

招不招都不行

某工厂招募作业人员，费尽九牛二虎之力，仍然不能募足预期的人数。

有人建议改用比较民主、可亲的字眼，说是"诚征工作伙伴"，结果并没有更大的进展。

请教甲顾问，答案是："这种情况相当普遍，不是我们工厂特有的现象。因为年轻人走向股票市场，无心来应征。"

询问乙顾问，诊断的结果是："员工要辞职，主管批准得太快，来不及补充，才形成较大的缺额。"

丙顾问则认为："未来发展的趋势，以服务业为优先。生产工厂招人，会愈来愈困难。"

至于补救的办法，甲顾问指责社会风气不能及时设法导正，政府难辞其咎。既然本地工人难招，不如到外地寻觅合适的地点，另谋生存之道。

乙顾问坚持改善主管的领导方式，不要"工作导向"，什么事情都是"公事公办"；应该"关怀导向"，让员工觉得相当具有人情味，用"留心"来"留人"。

丙顾问建议既然未来的趋势已经十分明显，生产事业就应该及早觉悟，有多少人，就用这些人来把工作做好。换句话说，顺势精减人员，恐怕是唯一可行的途径。

请问：

1. 社会上失业的人很多，但是公司、工厂想要招人，却常常发现所要的人不知道跑到哪里去了，这是什么道理？

2. 追求社会风气败坏的责任，能够解决工厂招不到人的问题吗？

3. 甲顾问的意见，能够解决问题吗？

4. 乙顾问的看法，高见如何？

5. 丙顾问的看法，是不是合理？

请把您的高见简要地写下来：

✍ _____

_____

_____

🐍 分　析 🐍

1. 工厂招不到人，是活生生的事实。投入的求才广告费用和招来的人数根本不成比例。许多人都觉得诧异："人跑到哪里去了？"

首先被指责的是股票市场。大家认为股票市场投机的风气过分炽热，使许多人丧失工作意愿。有人严正地警告："这样下去，人人恶勤劳、重安逸，弃务本而趋投机，则国人传统勤奋本质，将被完全腐蚀。"

不过，中国人是阴阳思想，有人如是说，马上有人如彼说，反正道理好像是圆的，怎么说都有一定的道理。

持相反意见的人，往往一开口便是"时代在变，潮流在变，而环境也在变"，人人恶勤劳、重安逸，并不能怪股票市场，却应该由"国民高所得"来承担。有些人稍微有一些钱，说话就不用喉咙，怕弄坏嗓子，而是改由鼻孔，显得十分神气。用鼻子说话的人，恶勤劳、重安逸，表示和用嘴巴说话的人不一样。

社会上有了这些恶勤劳、重安逸的人，由于工作意愿低落，对于某些需要找工作的人，反而是一种福音，因为竞争者减少，而机会显著增加。

大家所说的，其实都是"部分道理"。真正令人担忧的，恐怕是"一旦视实实在在工作赚钱为不合算"的心态逐渐普及，那么，产业空洞化的负面影响，便不是任何预期的"比较利益"所能够补救的。

大家把社会风气的责任推给政府，也是"避重就轻"的一种表现。骂"学校"教育失败，立即有"一群教师"走出来教训一番。责备"家庭"教育丧失应有的功能，家长也会苦笑"身处这样的大环境，有这么一大堆专家在倡导，教我如何不妥协？"只好大家一同把责任推给"不代表任何人"的政府，最为简便而安全。

2. 追究社会风气的责任，无法解决工厂自身招不到人的困难。再说，就算政府设法打压股价，这些从股票市场回头的人，工厂欢迎吗？除了极少数被股票教乖了，不敢再碰它的人以外，大多数"尝到甜头"又自认有门路、有名牌的人，大概会"积重难返"吧！

3. 接受甲顾问的意见，到国外投资。相信很多人都已经动过脑筋，甚至有所行动了。但是中国人再"坏"，试来试去，毕竟和中国人在一起，比较热闹，也比较熟悉。就算"骗来骗去"，总比"人地生疏"，赚再多的钱亦有如"锦衣夜行"来得好。中国人的适应能力很强，只要有心挨下去，必然有办法解决。

4. 乙顾问的看法十分切合实际，工人难招的时候，留人比招人更要紧。留人必先留心，所以改变主管的领导方式，让大家很有面子地留下来，便需要"攻心为上"，采用"关怀导向"的领导。任何员工有辞职的念头，主管一定要尽力加以挽留。这不是留住什么人的问题，而是"留给大家看"，使大家明白"真的是一家人，不可以随便说离职就离职"，因而打消或减低辞职的想法。

当然，"留给大家看"之后，还需要有一些实际动作，诸如改善工作环境、提高工作待遇等，以资配合。如果留下来的人，觉得不吃亏，不后悔，才是真正的"有效留住大家的心"。

领导是一种智慧性的学问，不是几则条文或者几个定律就能够奏效的。主管要改变领导方式，必须首先改变某些观念。把"招工人是公司的事，与我无关"，变成"招工人原本就是我自己的事"，因为"万一招不到人，我的工作就会产生困难，甚至连主管都当不成"。

主管认为公司应该招人，就会不费心、不费力地随意批准员工离职。主管了解"有部属才有主管的存在"，便会珍惜现有的员工，时常加以关心，并且自动照顾他们，使部属安心工作，自然减少见异思迁的概率。

5. 真正要紧的，还是丙顾问的一番话。服务业抬头，年轻人宁愿端盘子、擦桌子，也不希望弄得手黑脚黑，到工厂做工。

必须劳力密集的产业，确实无法精减人员，只好忍痛迁出本地区，另觅人工比较便宜的地点，以谋生存与发展。有些人抱着"要走，也要最后一个走"的理念，千方百计地支撑下去，勇气十分可嘉。不过最好不要过分勉强，因为长痛不如短痛，拖下去大家吃亏。

有办法精减人员的生产事业，应该加快机械化、自动化的脚步，以取代人工。依据帕金森法则，人多半会寻找理由，来扩增自己部门的人员。管辖的人越多，至少表示自己越有办法。希望主管自动削减人员，实在非常困难。公司拟定政策，采用高压的手段，迫使各部门减人，有时也会造成大家的不满。

要精减人员，必须做好前期沟通的工作。单凭"人难招"的理由，就要主管自动少用人，实在缺乏说服力，不足以令主管或其他部属产生共鸣。"公司招不到人，证明有若干缺失，并不是没有人，而是大家不愿意来"的流言，会造成严重的伤害。

🦋 说　明 🦋

我们必须建立一个观念，那就是"这是高薪资、高效率"的时代，大家希望获得高薪资，便应该用高效率来争取。怎么表现高效率？最具体的办法，便是精减人员。原本三个人才做的工作，现在一个人就做得同样好，甚至比原来还要好，这就是高效率的铁证。

人愈少，愈有机会磨炼成为精明能干的人。但是，我们不可以要求公司派给我精明能干的人，却应该设法"把平凡的人磨炼成精明能干的人"。

常听大家说，公司要有一套培育人才的计划。如今正好派上用场，让大家一起来，把越来越少的员工，培育成为越来越精明能干的员工。

一方面培育人才，另一方面提高留任的兴趣和信心。公司必须在"人员的薪资和福利"与"机械化、自动化的设备和运用"双方面同时有所增进，才能够把"我们"和"公司"这两个观念密切地联结起来，成为"我们的公司"，产生坚强的"共同"意识，进而愿意"同甘共苦"。

刚开始的时候，有些人会叫苦连天，而且经常埋怨，或者坚决地抗拒。公司的主持人必须征得所有高阶主管的一致体认与支持，同时分别在不同的部门宣示公司的政策，使大家意识到这一政策的"一致性"与"无可变更性"。只要各级主管充分了解各部门一致精减，而且不可能"5分钟热度，很快又松懈下来"，大家就会"各显神通"，把精减人员的政策贯彻执行。

主管依据政策的需要，与部属切实沟通，希望"大家不要拼命，用三个人的力气做五个人的工作"。应该"尽可能地减少工作量"，看看"有哪些工作可以省略或简化的"，可不可以"重新调整工作顺序，来减少往返或重复的浪费"，试试"能不能把一些工作交给机械去做"。大家为了活命，只能够"留下最必要的业务"，运用最有效的方法，在最简短的时间内，把它做好。

🖋 要　则 🖋

1. 把发牢骚、埋怨、生闷气的时间和气力挪出来，用在建设性的事务上。将自吹自擂、贬压同人的心态改变成"我很卖力，大家也都很卖力"的念头，才能够"既精减人员，又逐步增进"地推展业务，提升业绩。

2. 公司有多少人，就要真正发挥这些人的潜力，要达成这一个目标，先决条件是，公司正派经营、产品适合市场的需要、销售通路健全。

3. 在精减的过程中，主管要负起及时指导与及时调整的责任。主管的指导能力与沟通能力，将是企业能否顺利转型的关键。

请写下您的心得：

_____

_____

_____

_____

_____

罚不罚都有理

◎ 个　案 ◎

公司规定，上班时间不得阅读报章杂志，否则应予议处。这项规定，由人事部门通报公司所有部门，自 2 月 1 日起实施。

王经理把规定转告所属人员，希望大家一体遵行，发挥法治的精神。不久，他发现平日表现良好的某甲，竟然上班时间翻阅杂志。王经理非常失望，也很生气，便气冲冲地走到某甲面前，不客气地说：“想不到你平日表现得那么好，居然也不遵守规定！我真不懂，为什么中国人就是不能够守法？”

某甲受责，并没有反辩，也没有和王经理发生争吵，他默默地把杂志收起来，两天后提出辞呈，弄得总经理相当不满，认为王经理的处置“对是对，但是很不圆满”。

李经理同样把规定让部门内的同人传阅，并且口头表示大家一起来养成良好习惯。有一天，他发现部门内最优秀的人员某乙，也在上班时间内看杂志。李经理心想这么优秀的部属，怎么可以给他难堪？就算他不至于一气之下辞职他去，如果因而心里不平，从此不再卖力，只维持60分的及格表现，那还不是部门的损失，甚至可以说是公司的不幸。于是睁一只眼，闭一只眼，当作没有看到，就过去了。

这样的处置，给部门同人带来不平的气氛。不依规定议处，规定有什么用？如果执行不力，规定再清楚，又有何用？大家背后议论纷纷，终于传到总经理的耳朵里，令他十分不高兴，认为李经理不认真执行公司规定，实在有愧职守，至少也是未能善尽职责。

张经理的作风和王经理、李经理都不相同，他对每位部属有不同的处理方式，但是始终坚持"依照规定办理"的原则。有一次，部门内最优秀的助手某丙，违反规定在看杂志，他灵机一动，从自己抽屉里拿出一本杂志，若无其事地走到某丙面前，说："这本杂志有一篇文章，很值得好好看！"然后顺手拿起某丙所看的杂志，两本卷成一卷："我看你干脆把两本都带回家去，免得人家以为你在上班时间看杂志。"某丙欣然接受，仍旧十分热心于工作，表现得如同往日那般优异。

另外一次，张经理发现某丁悄悄地看杂志。他深知某丁经常否认事实，并且擅长恶人先告状，因此请坐在隔壁的某戊过去看看某丁究竟在做些什么，然后在某戊的证明之下签请处罚某丁。

对于既非最好也不是很坏的同人，张经理通常采取先警告后处罚的方式，务期受到违规处置的部属，不至于怀恨在心。若有怨气，也会事后加以安抚，使其知过而改。

请问：

1. 主管对待部属，应不应该一视同仁？为什么？

2. 如何因应部属之间的个别差异？

3. 对于某甲、某乙、某丙这些平日表现十分优异的员工，最好如何处置他们的违规行为？

4. 王经理依照规定办理，却逼走了某甲，高见如何？

5. 对于张经理的作风，高见如何？

请把您的高见简要地写下来：

✎ _____

_____

_____

✿ 分　析 ✿

1. 主管对待部属应不应该"一视同仁"？这个问题看似单纯，其实不然。

道理如果都那么容易论断，明智与昏愚便没有太大的区别了。爱因斯坦一直到 20 世纪初期，才提出"光行曲进"的论说，推翻"直线运动"和"平面空间"的观念，证实弯曲宇宙的理论。中国人则老早就明白"一个巴掌拍不响"的道理，一切行为都牢牢把握着阴阳两极的反 S 曲线。我们既不否定"一视同仁"的重要性，也不肯定"一视同仁"的普遍性。换句话说，主管对部属，当然不可以不一视同仁，却也不可以一直保持一视同仁。

主管初来乍到，对部属并不了解，当然应该一视同仁，才显得没有私心。但是领导了半年、一年，依然一视同仁，对所有部属都同等看待，不是根本不用心，便是不分好歹，没有是非。

2. 部属之间，一定有其个别差异。表现好的、表现平平的以及表现不好的部属，主管一视同仁，合理吗？符合激励原则吗？这样的主管用心了解部属吗？分得清楚谁好谁坏吗？

然而，主管依据自己的了解，对所属同人采取不同的态度，合理吗？公平吗？如果看错了怎么办？难怪有些部属被上司误解得永难超生。

　　可见主管了解部属，不可以单凭主观，应该尽量客观地给予多次的评鉴，透过经常沟通，力求公正。并且不可以一判定终生，印象不好的部属，也可能变好，所以必须时常调整自己的观感。

　　在这种公正的前提下，主管遇事尽量站在"一视同仁"的立场，分出轻重，给予不一视同仁的处置，便是反S形的曲线行为。

　　3. 某甲、某乙、某丙都是十分优秀的人员，却由于自己平时表现相当良好，一方面存有"谅上司也不至于过分使我难堪"的心理，一方面抱持"我倒要试一试，在上司心目中的分量有多重"的心态，有意无意地产生"特权"倾向。事实上，表现平平或者不良的部属，除非存心挑衅，否则便会特别守规矩，因为他们心里都有个数，上司是不会轻易放过他们的。

　　这些平日表现良好的部属，一旦违规，主管马上照章处置，毫不通融，固然是执法甚严。但是，如此做是不是会让员工心寒，心想："平常表现得那么好，稍微不依规定，就要照罚，表现好又有何用？"他并不了解这是两码事，根本不可以摆在一起。

　　可是，不依照规定，大家服不服？这时同人的反应刚好相反："平日表现良好，那是一回事，而且已经好处占尽了。现在明显违反规定，居然不予处罚，简直是宠爱特权分子。"

　　4. 王经理依照规定议处，逼走了某甲，结果引起总经理对他的不满。如果总经理坚持挽留某甲，甚至变更对某甲的处罚，请问王经理何以自处？就算王经理据理力争，总经理干脆开会讨论，请问王经理能稳操胜券吗？有人会说，中国人凡事考虑太多，所以不够正直，这也是两码事，不能混为一谈的。

不依照规定议处，某乙会有何反应？会不会因此养成目无法纪的坏习惯？他原本只想试一试自己的分量，想不到违规主管也不处置，得寸进尺，终至成为公司里最令人伤脑筋的特殊人物，那又是谁的罪过？总经理为此对李经理很不高兴，可见他是讲是非的，并不是一味袒护部属，存心和一级主管过不去。

5. 依照规定议处是"直线运动"，不依照规定议处也是另一种"直线运动"，已经证明不符合宇宙的真理。中国人既依照规定，也不依照规定，因而产生张经理那样的"曲线运动"。

中国人对于同一规定，往往采取不同的执行方式，这种说法并不排除采取同一方式的可能性。因为我们的阴阳文化，阴中有阳，阳中也有阴，亦即相对之中含有绝对。举凡情节重大、影响深远，或者众人皆曰可杀的事件，我们大多不敢随便在执行上有所偏差。至于一般规定，或者有得讲道理的事项，就担保不了什么统一的标准。衡诸交通违规，即可印证。

🐍 说　明 🐍

就纯正中国观点而言，李经理的乡愿作风，显然是不对的。许多人不明白"情"的真谛，认为放对方一马比较有人情味，这正是孔子最痛恶的乡愿念头。许多人受"情"之累，根本原因还是自己拿捏不准"情"的尺度。

中国人喜欢有原则而又能够坚持的人，张经理始终坚持"依照规定办理"的原则，才是担当主管的正道。任何主管，如果不能坚持原则，便已失去应守的本分，算不上好主管。但是，坚持原则而招来怨恨，不仅对自己不利，而且对公司无益。所以我们必须在"坚持原则"之前，加上"广结善缘"，亦即"以广结善缘来坚持原则"，许多主管不是过刚，便是过柔，关键就在不能把这两项要素结合起来。

广结善缘由关心部属着手。了解他的个性，明白他的长处和缺点，然后采取适合于他的方式来坚持自己的原则，才能有效而不至制造更多的后遗症。

某丙对公司的贡献很大，对张经理帮忙很多，但是他的违规行为，又不能不设法抑制或改变，权衡轻重，张经理用"免得人家以为你在上班时间看杂志"这一类"中国功夫话"来兼顾，达成"你说我没有取缔，我取缔了；你说我取缔，我并没有让他难堪"的功效。当然，这不是唯一的方式，中国人喜欢变来变去，更喜欢自己有一套，所以这绝对不是标准方式。

实际上，某丙在上班时间看杂志，已经构成违规的事实，张经理却大声以"免得人家以为你在上班时间看杂志"来为他洗刷违规的存在，这是中国人常用的方法，相信大家都有充分的经验，来体认这一类的管理行为。

看来中国人说"依照规定办理"的时候，已经含有"不依照规定办理"的成分在内。但是，如果有人提出责问，任何主管都不会承认他不依照规定，他绝对不是强辩，而是他有充分的理由：原则不变，方式可变啦！

在企业界，有太多如此的例证，同一公司的同一规定，各部门的执行方式殊不一致，甚至同一部门，不同单位主管的做法也不相同。个案所规定的事项，我们就发现有的主管采取"公法私了"的方式：主管察觉部属上班看杂志，仅在单位内做成记录，并不向上呈报。主管私底下和部属达成协议，用增加业绩来抵消违规，这样大家都好。

🍃 要　则 🍃

1. 中国人常常无事就无事，一有事便牵连一大堆，造成到处存在着这样不好、那样也不行的可资争论的后果。但是，谁的神通广大，足以改变这种作风呢？再深一层想，这种两难的困境，才足以把中国人磨炼得更成熟。最好把握时机，多多在职场中学习。

2. 对中国人来说，部属犯错的时候，罚不罚并不是我们所关心的问题。我们通常比较在乎怎么罚。因为罚得合理最要紧。掌握怎么罚的要领，就不需要研讨罚或不罚的问题。

3. 罚有罚的理由，不罚也有不罚的理由。因为在中国社会，道理大多相对：这样说也有理，那样说也有理。管理者应该以不变应万变，持经达变地有所罚也有所不罚，以求合理。

🖊 请写下您的心得：

_____

_____

_____

_____

_____

中国人的包装哲学

"我十分尊重制度，这样变更，完全是为了整体的利益。"这种冠冕堂皇的话，谁都会讲。但是真相如何，实在"很难讲"，可能是真的，也可能是假的。

有人赞成，替他说好话："虽然略有改变，不过，这是不得已的。不做一些变更，根本办不通。"听起来很有道理，看起来也很像是这么一回事。

有人反对，批评他："明明是假公济私，还要强辩？"听起来有道理，看起来也不无可能。

中国人深受阴阳文化的影响，时常抱持"阴中有阳，阳中有阴"的观念，认为所有事情无非"真中有假，假中有真"，而且"是中有非，非中有是"，以致纯粹从"现象"看，很难分辨一个中国人的言行究竟是真是假，抑或是实是虚。因为"一个因，可能产生两种果"。

孔子主张"听其言，观其行"，实在是告诫我们，不可以从表面上去了解一个人，应该探究他内在的实质意义。言行一致的人，比较合乎"表里合一"的原则。他的言行，可能是真的，需要进一步去追踪，才能证实。

为什么这样麻烦呢？原因是中国人有一套奇特的包装哲学，能够把不同的东西，包装成一模一样。就算是假的，也可以包装得足以乱真。难怪有人慨叹："中国人很会做表面功夫！"

我们一直高呼"防人之心不可无"，便是由于中国人的这一套包装功夫，相当高明。

中国人主张随机应变，却反对投机取巧。但是，"随机应变"和"投机取巧"似乎是孪生兄弟，外表长得完全一样，很不容易辨别。

任何人的权变行为，如果把它当作随机应变，信手拈来，便可以说出一大堆理由，使人不得不信。若是把它视为投机取巧，也能够左采右撷，聚集一大把理由，使人信以为真。中国人的事情之所以常常很难说清楚，恐怕这是一大缘由。

中国人很会拿这种"模糊不清"的包装，把所有"投机取巧"的行为，都包装成"随机应变"的模样，以求合理化，而"自我安慰"。这种自己骗自己的方式，如果"暂时骗一下"，很快就会养成习惯，甚至"用骗自己的方式来骗别人"，配合中国人不喜欢当面揭穿骗局的修养，一路骗自己又骗别人，乐此不疲。

对自己的行为，不论是随机应变还是投机取巧，一律包装成随机应变。万一被识破，便大喊"倒霉"。

对别人的行为，则因为自己最了解自己骗自己也骗别人的心态，因而一律视为投机取巧。

一种包装，两种视觉效果。这是我们吵吵闹闹，很难达成共识的主要障碍。

其实，"随机应变"和"投机取巧"并不是真的那么难以分辨。同样是"变更"，如果"变来变去，不离开根本"，便是随机应变；若是"变来变去，连根本都变掉了"，就是投机取巧。表面上看，同样是变来变去。实质上看，一是不离根本，一是偏离或舍弃根本，全然不同。从外表上观察，中国人的行为"差不多"相同。而实际分析起来，差不多的结果，就会变成差很多，所以说"差之毫厘，谬以千里"。

第一，在基本理念方面，我们秉持"和谐绝非讨好""看开而非看破""圆通绝非圆滑"以及"尊重而不盲从"四大理念。其中"和谐"常常和"讨好"分不清楚，"看开"经常被误认为"看破"，而当代中国人，尤多把"圆滑"和"圆通"混为一谈，将"尊重"曲解成"盲从"，以致扰乱了自己的脑筋，成为"脑筋不清楚"的一代。有充分的知识，却缺乏清楚的头脑，处处看不顺眼，时时恼怒别人也苦恼自己。

第二，我们的工作原则，是"流汗不流血""做事不坐牢""卖力不卖命"以及"争气不争功"。偏偏有些人舍正道而走偏锋，鼓吹流血抗争，被判坐牢还要充胖子装模作样，鼓励大家拼命，却又不争气而争一些虚假的功。弄得是非不明，只好用"时代在变，环境在变，一切都不得不变"来搪塞。不论是先骗自己后骗他人，或者是先想骗别人，结果连自己都一起骗，总归是偏差的原则，害人害己。

第三，中国人的沟通行为，表现在"先说往往先死，不说也是会死"，有本领的人"最好说到不死"。我们深明此理，所以"骂来骂去，都骂得不痛不痒"，并且"台面上一套理论，桌子下又是一大堆牢骚"。5分钟前刚刚说得煞是好听："以往的表现不太好，今天要以理性来处事。"5分钟后马上故态复萌，一副"读书好比没读书"的模样。中国人如果不能认清"行动胜过语言"，不要用听的，要多用看的，而且要用心看，哪里有办法分辨真假、善恶、是非呢？

第四，我们在人我的分寸方面，由于"一切事都离不开人"，因此中国人判断一句话的虚实，必须先"弄清楚对方是谁"。在中国社会，不摸清楚这一句话是谁说的，就判断是非，的确相当冒险。"小心才不会上当"固然要紧，"凡事求自己合理"更重要。我们重视"反求诸己"，自求合理的人，可保立于不败之地。当然，中国人的关系比较复杂，当心"程咬金"系统什么时候会出其不意地杀出来，也是必须兼顾的事项。

第五，中国人最明白自己并不是神，哪里能够明断是非？所以我们对是非的判断，往往站在"是非很难分辨"的出发点上，了解中国人"怎么说都有理"的厉害，一有问题便推给制度，"让制度背黑锅"成为我们的拿手功夫。看起来中国人是非观念很淡薄，几乎到了不分是非的地步。其实，中国人的真正态度，应该是"慎断是非"。我们不可以仅求"是即是是，非即是非"，因为自然界可以如此，人事界必须更进一步追求"圆满中分是非"，亦即把是非分到圆满的境界。说坦白一些，便是分到大家都有面子，才是真的明断是非。

第六，天人合一的思想，使我们体会到"感应"的力量很大。而"情"正是"相互感应"的主要因素，中国人凡事"以情为先"，所以显得十分凌乱。但是"乱中才能看出理来"，独具慧眼的人，必须在凌乱的背后，找出何以如此的道理，并且"不明言"地"启发有心人"，以求彼此感应，切实做到明察秋毫，而不至于吃亏上当。

中国人善于用"情"来包装自己，而且变幻无常，相当"不明确"而又"不确定"。美国人常常抱怨日本人变来变去，日本人则抱怨中国人神龙见首不见尾，可见，中国人的善变是世界闻名的。

要破解中国人这一套包装功夫，最好的办法，就是孔子所说的"直"，也就是中国人最喜欢自夸的"正直"。"直"的意思，孔子认为是"父为子隐，子为父隐"，他不赞成"父亲偷了人家的羊，而儿子亲自去做证"，却倾向于"父亲替儿子隐瞒，儿子也替父亲隐瞒"。

孔子指出"人之生也，直"，表明一个人的生存之道，便是"正直"。如果不正直而居然能够生存，那可以说是侥幸的。君子心里坦然宽广，就是不论你怎样包装，我都以正直的心态来对待。

今天我们口口声声"不要让你的权利睡着了"，弄得怨气四起，到处不安，是不是不顺道而行呢？对中国人而言"不要让你的责任忘掉了"，恐怕是更贴切的呼声。中国人有中国人的道，说一些合乎中国人之道的话，做一些合乎中国人之道的事情，才能够对中国人产生一些实质的作用，带来一些实际的效果。

"父为子隐，子为父隐"并不是不守法，而是既为人父，就应该善尽父责，替儿子隐瞒；既为人子，也应该善尽子责，替父亲隐瞒。说穿了，父子有一方违犯法律，自然有人会告发、会作证，根本用不着父或子来做这些伤害父子感情的事。最后是非自有公证，而父子感情如旧，便是"在圆满中分是非"，合乎中国人的"道"。

至于顺理而言，则是"可以说才说，不可以说不说"，并不是单纯的"我有话要说"。今天我们到处听到"我有话要说"，不知道害死了多少人！就是有些人已经忘掉了"先说先死"的教训，才会盲目地有话就说。"直"不是"有话直说"，而是"应该说的，要说得有效；不应该说的，暂时不必说"。凡是有害于"正直"的话，何必要说？什么话都说，叫作"口没遮拦"，实际上谁都害怕。

了解中国人的行为，明白中国式的因应方式，顺着中国人的道理而调节自己的言行，不论别人如何包装，都将无所遁形，自己也将不忧不惧了。